¿Qué quieren las mujeres
de los hombres?

Si está interesado en recibir información
sobre nuestras publicaciones,
envíe su tarjeta de visita a:

Amat Editorial
Comte Borrell, 241
08029 - Barcelona
Tel. 93 410 97 93
Fax 93 321 50 68
e-mail: info@amateditorial.com

Dan True

¿Qué quieren las mujeres de los hombres?

Amat Editorial

La edición original de esta obra ha sido publicada en lengua inglesa por Blue Dolphin Publishing, Inc., USA

Título: *What Do Women Want From Men?*
Autor: *Dan True*
Traductora: *Isabel Murillo*
Diseño cubierta: *Josep Feliu*

© 2002, Dan True
y para la edición española
© Amat Editorial, SL, Barcelona, 2004

ISBN: 84-9735-150-9
Fotocomposición gama, s.l.
Depósito Legal: B-31.542-2004
Impreso por T. G. Vigor, S. A. - Sant Feliu de Llobregat (Barcelona)
Impreso en España - *Printed in Spain*

Índice de contenidos

¿Por qué se escribió este libro?

Durante los meses que siguieron a mi divorcio me preguntaba constantemente: «¿Qué fue lo que funcionó mal?» Tanto mi anterior esposa como yo disfrutábamos de una inteligencia por encima de la media y la mezcla de nuestras personalidades produjo varios años placenteros. A pesar de ello, llegó la ruptura. Y como que para bailar el tango es necesaria una pareja, ambos compartimos la culpabilidad de la ruptura. No obstante, acabé con la sensación de que de haber sabido lo que ella quería, tal vez podríamos haber conseguido que la cosa funcionase.

Cuando me di cuenta de que teníamos problemas leí los últimos libros y artículos publicados sobre matrimonio y relaciones. Pero ninguno parecía dar respuesta a mi pregunta. Llegó un momento en que me planteé llevar a cabo mi propia investigación sobre lo que las mujeres quieren de los hombres y escribir mi propio libro. Pero me avasallaba el hecho de carecer de un doctorado o de un master en ese campo. De modo que archivé la idea y seguí adelante con mi vida. Pero la pregunta seguía ahí.

Transcurridos un par de años, me decidí a llevar a cabo la investigación para mi uso personal. Trabajaba en televisión y estaba al corriente de que los responsables de las estadísticas televisivas establecían que una muestra de unos pocos centenares de familias de todo el país representaban las costumbres televisivas de los doscientos cuarenta y ocho millones de hombres, mujeres y niños norteamericanos. Pensando en que mi pregunta estaba únicamente dirigida a un miembro de la familia, se me ocurrió que entrevistando a un centenar de mujeres obtendría un resultado bastante fiable. De modo que compré una grabadora, redacté una lista de preguntas que consideraba relevantes y me puse en marcha.

La lista original contenía treinta y siete preguntas. Sin embargo, al final de cada entrevista pedía a la entrevistada que sugiriese más preguntas que pudiese formular en posteriores entrevistas. Las adiciones de las mujeres expandieron mi lista hasta un total de ciento diez preguntas. Algunas de ellas eran extremadamente personales, pero a pesar de ello fueron respondidas con tremenda facilidad, algo que me sorprendió.

Al principio entrevisté a amigas y conocidas, a mi anterior esposa entre ellas. Después de agotar esas fuentes, pedí más referencias a las mujeres ya entrevistadas. En la selección de entrevistadas, elegí mujeres que representaran todas las zonas geográficas de Estados Unidos, junto con representaciones raciales que se acercaran al máximo a la mezcla étnica de la población. La edad media de las entrevistadas fue de treinta y siete años, la persona de más edad tenía sesenta y seis. El nivel medio de estudios era de 2,1 años en la escuela superior.

Mientras resumía el trabajo, se me ocurrió que las verdaderas autoras del mismo no eran otras que las mujeres que había estado entrevistando. Sus ideas y pensamientos, a menudo jugosos y terrenales, revelaban una sabiduría colectiva que como mínimo se equipara a la sapiencia de los profesionales entrenados en el tema. Del centenar de respuestas a cada pregunta seleccioné aquellas que, en mi opinión, proporcionaban la información de mayor utilidad. Para no diluir la sabiduría de las mujeres, y al mismo tiempo conservar todo el sabor y el aroma de sus mentes, he presentado el trabajo utilizando las palabras de las mujeres, con alguna observación ocasional escrita por mí.

Como premio adicional por hacer este libro, surgieron tres preguntas que parecían ser guías rápidas y sencillas para aumentar la posibilidad de que un hombre mantenga una relación exitosa con una mujer. De hecho, si fuese soltero me dedicaría a obtener la respuesta a estas tres preguntas antes de ir más allá de una segunda cita. La información que obtuve de las entrevistas con el centenar de mujeres me llevó a comprender por qué mi anterior esposa y yo acabamos divorciándonos. De haber tenido antes estos conocimientos, es probable que nunca nos hubiésemos casado. Ahora, gracias a que un centenar de mujeres han aumentado mis conocimientos sobre la mentalidad femenina, tengo mayor confianza en mi habilidad para seleccionar más inteligentemente una pareja. Mis entrevistas a un centenar de mujeres fue una experiencia sin parangón. Espero que disfrute entrando en su mente tanto como yo lo hice.

Durante el proceso de escribir esta obra, una de las mujeres entrevistadas me dio a conocer que los primeros hombres no esperaban que el matrimonio les proporcionara romanticismo e intimidad, como esperamos hoy en día. Por aquel entonces (en las sociedades patriarcales), el matrimonio era un dispositivo que servía para consolidar territorios, mantener la paz, producir hijos para el trabajo en el campo y proporcionar la conveniencia de disponer de una pareja sexual (Hendrix, 1988). En otras palabras, el matrimonio «por aquel entonces» se basaba más en la necesidad que en el hecho de que dos personas no pudieran vivir la una sin la otra.

Parece ser que la *idea* del amor cortés y romántico nació en el siglo XIV. El romanticismo en aquella época consistía en el caballero que ganaba los favores amorosos de su dama. Luego los dos se escribían cartas y se comprometían mutuamente, pero no se casaban. El caballero partía a la guerra. Era un amor no correspondido, frustrante, un amor eternamente postergado que sólo podía consumarse en el más allá. Me sorprendió enterarme de que en Estados Unidos llevamos sólo entre cuarenta y sesenta años de matrimonio basado en el amor. Y existe una razón de que así sea.

El lujo de un matrimonio basado en el amor romántico se pone de moda *sólo* cuando la sociedad supera sus necesidades básicas de supervivencia. En muchos países del tercer mundo, donde la supervivencia sigue siendo una lucha, los matrimonios concertados siguen, asimismo, siendo la norma. Un ejemplo de ello es la ex primer ministro del Pakistán, la antigua princesa Benizer Bhutto, que ocupó el puesto de su padre asesinado. Bhutto es una brillante mujer de mundo, aunque su matrimonio fue concertado cuando tenía cuatro años de edad. En estos países, el matrimonio romántico sigue siendo igual que era para los caballeros y sus amantes... sólo un resplandor de luz de luna en la mirada de la mayoría de los jóvenes.

En las sociedades modernas que han solventado la mayor parte de sus conflictos de supervivencia, cada vez son más los ciudadanos que quieren y esperan satisfacer sus necesidades emocionales, algo que supone un factor relativamente nuevo en la ecuación del matrimonio. Allí yacen posibles problemas y/o oportunidades. Los problemas de relación se solucionan cuando las parejas desean soluciones. Si conocemos qué es lo que nos arrastra hacia una relación, será más fácil aprender las habilidades que nos ayuden a que esta unión transcurra apaciblemente durante un período más prolongado de tiempo. El premio adicional es que una relación así puede representar una importante recompensa y una vida enriquecedora para ambos componentes de la pareja. Igual que sucede con muchas ideas nuevas, aún nos queda mucho que aprender sobre el matrimonio basado en la atracción romántica. En muchos casos, este tipo de matrimonio es todavía experimental. (¿Puede usted nombrarme un matrimonio que considere «perfecto»?) Además, con tantos matrimonios fracasados en el «primer mundo», se hace evidente que no poseemos todas las respuestas.

A pesar de que las respuestas de las mujeres en esta investigación hablan sobre los hombres, sus pensamientos y sus palabras revelaron lo más profundo de su ser... sus valores, emociones y motivaciones. Para escuchar clandestinamente estos sentimientos, busqué un momento adecuado en el cual animar a todas esas mujeres a «explicar exactamente lo que siente en lo más profundo de su corazón». Y en esos momentos adecuados fue cuando compartimos y registramos los pensamientos más íntimos y profundos de esas mujeres. Hombres y mujeres, por un igual, pueden adquirir conocimientos, arrastrar fuerzas y disfrutar del beneficio de la experiencia a partir de las opiniones cándidas y elocuentes de estas mujeres.

Este libro se presenta respetuosamente con la esperanza de que hombres y mujeres puedan llegar a ser más confiados y asertivos con respecto a *lo que quieren* y a cómo podrían mejorar en el proceso de cultivar y mantener una relación.

1

Dinero, mujeres y hombres

Me encontraba charlando en el bar de un hotel de Alburquerque, Nuevo Méjico, con una compañera de trabajo soltera, sobre las diferencias que a veces surgen entre hombres y mujeres. Otros hombres y mujeres escuchaban de refilón nuestra conversación. En un momento dado, le pregunte a mi compañera:

–¿Qué es lo que en realidad quieren las mujeres de los hombres?

A mi lado, un hombre dio un puñetazo en la barra y dijo con una risotada:

–Quieren dinero, tontorrón. –Cuando apaciguó las carcajadas, levantó la copa para brindar. Y antes de dar un trago, añadió–: Cualquier idiota lo sabe.

A su comentario le siguieron otras risitas masculinas, acompañadas por más brindis y comentarios por lo bajo. Las mujeres ponían mala cara. Me volví hacia mi amiga.

–¿Cómo respondes a eso?

Echó un vistazo a los hombres.

–¿Alguien ha visto el BMW plateado aparcado fuera? –Sin dejar transcurrir más de un segundo, añadió–: Es mío... comprado y pagado por mí. –Miró a los hombres de uno en uno–. Pueden pensar que las mujeres van detrás de ustedes por dinero. Pero de lo que algunos no se han dado cuenta es de que muchas mujeres no necesitan su dinero... tenemos la habilidad de conseguirlo solitas. No necesitamos el suyo para sobrevivir.

Ese sencillo intercambio me animó a seguir escribiendo este libro. Y así pensé en formular al centenar de mujeres, diversas preguntas relacionadas con el dinero y los hombres. La primera fue precisamente la que nació en aquel bar:

¿Cómo responde usted a los hombres que dicen que el dinero es lo primero que ustedes quieren de ellos?

La recepcionista nocturna de un motel, de treinta y un años de edad, respondió:

–Chorradas. Viviría con un hombre en una tienda plantada en medio de un prado y comería dientes de león y conejos. Trabajaría codo con codo con él, siempre y cuando me quisiese, me respetara y me tratara con decencia. Eso es lo que a mí me importa... no su dinero.

Una mujer de metro cincuenta, cuarenta kilos de peso y treinta y seis años de edad, me dijo que el tema del dinero era más importante para el hombre que para la mujer:

–Los hombres parece como que necesiten posesiones. Las mujeres suelen dejar el asunto del dinero de lado en el momento en que se niegan a adoptar el apellido del hombre y a conservar el suyo, y también su trabajo.

La opinión de una asesora financiera fue la siguiente:

–Hay mujeres que quieren el dinero del hombre, pero creo que se trata de mujeres que no profundizan en su propio desarrollo, es decir, cabezas huecas. No dedicaría mi energía a relacionarme con un hombre que piensa que voy detrás de su dinero. Si él fuera de esa opinión, me preguntaría en qué otros estúpidos sentidos considera a las mujeres. Sería una idiota de permitir que un hombre así entrara en mi vida.

Una contable presentaba una perspectiva distinta sobre los hombres y el dinero:

–Espero que contribuya en los ingresos con su parte. Yo no tengo problemas en poner mi parte. De hecho, siempre he ganado más que mi marido y acabo dándole dinero. Pero espero que mi pareja lleve un sueldo a casa. Y el dinero se equipara con mi deseo de que sea una persona honesta. Quiero tanto dinero como honestidad. Ahora bien, si él no lleva un sueldo a casa, olvídalo. No quiero un inútil honesto.

Una psicoterapeuta de cuarenta y cinco años de edad, dijo:

–A mi edad tengo un concepto distinto a cuando tenía veinticinco años. Entonces, el dinero de un hombre significaba que podía cuidar de mí. Hoy en día sé que el dinero no representa en realidad que cuide de mí. «Cuidar de mí» significa darme apoyo emocional. Tengo una visión de la vida que va más allá del dinero. El dinero no es algo que considere responsabilidad del hombre.

Una directiva de servicios de seguridad de una fábrica, de cuarenta y nueve años de edad, dijo de los hombres que piensan que lo que las mujeres quieren es dinero:

–Mierda. Mi primer marido ganaba mucho dinero. Se consideraba como el que llevaba el pan a casa, pero mi sueldo servía para aumentar nuestra calidad de vida. Sin reconocerme ningún mérito, actuaba silenciosamente como si él dependiera de mi paga. Dígame, entonces, ¿quién iba detrás del dinero de quién?

La propietaria de una agencia de publicidad, dijo:

–Yo aporté el dinero en mi segundo matrimonio. Fue un comerciante poco escrupuloso con mi dinero. Después de que me dejara sin blanca, me divorciara y me recuperara económicamente, comprobé lo que ya sospechaba... puedo ocuparme sola de mis necesidades financieras. No necesito ningún hombre por dinero, ni ninguno que controle *el mío*.

Una asesora matrimonial, de cuarenta y tres años de edad, respondió:

Muchos hombres vienen a verme por problemas de inseguridad económica. Es un tema que resulta devastador para los hombres porque ellos equiparan riqueza con poder, autoestima, privilegios y éxito. No me sorprende que los hombres piensen que las mujeres quieren de ellos su dinero. Pero lo que deberían hacer los hombres es preguntar a las mujeres lo qué ellas quieren del matrimonio o de una relación, en lugar de ir presumiendo de lo que ellas quieren o esperan de ellos. Su honestidad puede ser agradable, pero está en último lugar, por detrás de la devoción, el apoyo emocional y el compañerismo. –Hizo una pausa para añadir–: Mire a todos esos ricos que son tan desgraciados en su matrimonio... prueba de que el dinero por sí solo no da la felicidad.

En un intento de aumentar la exactitud de las respuestas de las mujeres, fui salpicando mis entrevistas con preguntas relacionadas con el dinero. Mi intención era dejar espacio suficiente entre cada pregunta para proporcionar así a las mujeres nuevas ideas y nuevas respuestas. Mi siguiente pregunta relacionada con el dinero fue:

¿Preferiría que su pareja tuviese un trabajo en el que se sintiera infeliz, pero que estuviera bien remunerado, antes que un trabajo que le gustase, pero peor pagado?

El noventa y nueve por ciento de las mujeres dijo que quería ver a su pareja feliz con su trabajo, aunque ello significara ganar menos dinero. Algunos de sus comentarios fueron los que siguen.

Una secretaria ejecutiva de un banco, dijo:

–En su último trabajo, que estaba bien remunerado, se sentía infeliz e insatisfecho. No puse objeciones cuando dijo que quería dejarlo. Desde que está en su nuevo empleo, peor pagado, se ha convertido en una persona con la que es mucho más fácil convivir.

Una trabajadora de cuarenta y un años de edad, de una empresa de transporte aéreo, apuntó:

–Mi marido era directivo, pero no le gustaba andar todo el día peleándose, así que decidió bajar un escalafón y cobrar menos. Me sentía emocionada porque recuperé a mi marido. La diferencia de dinero no valía su infelicidad.

La propietaria de una tienda de Santa Fe, destacó:

–Si parte de tu trabajo realmente te engulle y da color a tu vida, no merece la pena molestarse. No querría menos para él que para mí. Quiero que tenga un trabajo que le guste, aunque le paguen menos, antes que verlo mejor pagado, pero triste y lleno de estrés.

Una ama de casa rubia, de veintinueve años de edad, cree:

–Si está feliz con su trabajo, está feliz con todo lo que compone el resto de su vida. Si su vida es mejor, también lo es la mía. Entonces no llega a casa descargando sus frustraciones profesionales sobre mí, los niños o el gato.

La única mujer de entre cien que votó para que su marido conservara el trabajo aunque no le gustase, dijo:

–Si gana cantidades industriales de dinero, pero no es feliz, no me haría muy feliz que utilizara su infelicidad como motivo para convertirse en un peón de carretera.

A pesar de que los hombres parecen tomar como mandatorio por parte de las mujeres que les guste su trabajo, varias de las mujeres dijeron que no querían tampoco una persona que sólo viviera para el trabajo. Una de ellas lo expresó como sigue:

–Quiero que su trabajo le importe, pero no quiero que sólo viva para él. –Añadió–: Los hombres dedican muy poco tiempo a las mujeres... a menos que se trate de llevárselas a la cama... no quiero a nadie obsesionado por su trabajo.

Una maestra de cuarenta y cinco años de edad, resumió cómo se sienten la mayoría de mujeres respecto al trabajo de sus maridos:

–Llega a casa después de trabajar. Y lo que quiero es verlo entrar sonriente.

Es evidente que si la mujer tuviera que elegir entre un hombre feliz o uno rico, optaría probablemente por uno feliz. Hasta ahora, las mujeres parecen consistentes en su punto de vista con respecto a los hombres y el dinero... y parecen dispuestas a cumplir sus promesas.

Mi tercera pregunta relacionada con el dinero fue:

¿Qué es más importante para usted? ¿El poder adquisitivo actual de un hombre o el potencial poder adquisitivo que pueda tener en un futuro?

El sesenta y cuatro por ciento de las mujeres puntuó como más importante el poder adquisitivo potencial, mientras que el veintidós por ciento prefería el poder adquisitivo actual del hombre. El catorce por ciento dijo no ver la diferencia. Las mujeres más jóvenes tendían a responder de forma distinta a las mayores. Por ejemplo, una mujer de cuarenta y cuatro años de edad dijo:

–La edad del hombre marcaría la diferencia en esta pregunta. Cuando yo era joven, me parecía más importante el poder adquisitivo potencial. Pero a medida que me hago mayor, lo que más me importa es el presente.

La esposa del propietario de una empresa constructora, afirmó:

–Prefiero el poder adquisitivo potencial porque si él es el mejor fabricante de granizados de la ciudad, en algún momento futuro ganará mucho dinero como fabricante de granizados. Quiero un tipo que quiera ser el mejor en aquello a lo que se dedique. Quiero un tipo que no se arredre frente a los problemas, sino que se lance a ellos y los solucione. Esta actitud comunica que es una persona mentalmente fuerte. Con un chico así, lo del dinero viene siempre solo.

La esposa de un médico, respondió:

–No me importa a qué se dedique. No me importaría que fuese peón, abogado o presidente. Siempre y cuando tenga buenos valores emparejados con decisión, lo que gane en este momento no importa porque su futuro será bueno.

A la recepcionista del motel le gustaba la capacidad potencial de ganarse la vida de un hombre:

–Lo que tenga en su interior me importa. Si no tiene objetivos, ni carácter, etc., no me liaría con él porque no quiero un tonto. Por otro lado, no le presionaría. Debe motivarse solo. Lo que él decida hacer es cuestión suya, no mía. Cuando le conozca, lo que más importa es cómo responda e interactúe, no que gane mucho dinero. Si tiene corazón y sintonizamos la misma frecuencia, su potencial poder adquisitivo, nuestro potencial, será elevado.

Una mujer respondió:

–Si está ganando dinero y tiene dinero en el banco, es un signo seguro de que es un hombre. Me gusta la idea.

Una responsable de cámara de una televisión dijo que ni el salario actual del hombre ni su potencial ingresos se situaban en un lugar elevado de su lista.

–Lo que quiero es inteligencia. Si tiene buena cabeza, el poder adquisitivo vendrá solo. Mientras tanto, mientras llega allí, tengo la ventaja de estar con alguien que tiene una mente ágil.

Una escritora y conferenciante, de treinta y siete años de edad, dijo:

–No me importa lo que sea capaz de ganar, aunque tenga que estar recogiendo botellas y latas, siempre y cuando siga *intentándolo*.

La reportera de televisión, afirmó:

–Tuve una relación porque pensaba que el chico tenía potencial y que en el fondo todo iría bien. Pero no estaba tremendamente motivado y tenerlo en mi vida me absorbía. Hoy lo que quiero son resultados concretos, no un potencial soñador. No quiero un chico en cuya lápida rece: «Pero tenía un gran potencial».

Otra mujer dijo:

–Si ganas un millón de dólares al año y viertes tu felicidad de una botella a un vaso, en lo que a mí se refiere no eres una persona de éxito. Cambiaría un millonario infeliz por un chico feliz que cobra el salario mínimo. Lo que quiero es disfrutar del aroma de las flores y de las puestas de sol.

Ya que el dinero y el estatus social están a menudo interrelacionados, les pregunté a las mujeres:

En una escala del cero al diez, ¿qué importancia otorga a la posición social de un hombre al elegir con quién sale o se relaciona?

En una escala del cero al diez, 4,3 fue la puntuación media que el centenar de mujeres otorgó al estatus social del hombre. Los valores asignados oscilaron desde «menos cinco» hasta «más de quince».

Una representante de servicio al cliente de una empresa de trabajo temporal, de cuarenta y un años de edad, dijo:

–El estatus social no tiene para mí mucho peso. Simplemente quiero un hombre que comunique con los demás y se lleve bien con gente de todos los niveles sociales, desde conserjes hasta presidentes de banco. No quiero tener que darle instrucciones antes de asistir a un acto social. Pero su estatus social carece de importancia.

Una abogada de treinta y siete años de edad, contestó:

–Idealmente, diría que podía salir con un peón. El problema es que no sería capaz de respetarle porque creo que un hombre que trabaja como peón lo hace porque así lo ha elegido. Creo que podría ser algo más si se esforzase. Su falta de motivación se convierte en un prejuicio para mí. En la escala pondría un siete.

–Hace unos años habría sido un cero –dijo una contable–. Pero ahora sería un siete o un ocho. He aprendido que un hombre sin estatus social es algo que habla de su personalidad. Puede indicar que sea introvertido, o cerrado, o lo que sea. Si es así fuera de casa, probablemente lo será también dentro. Por otro lado, un hombre con estatus social elevado es algo que me dice que seguramente será agradable tenerlo a mi lado.

Una ama de casa, admitió:

–La gente interesante tiende a hacer cosas interesantes. Algunos combaten fuegos forestales o pilotan cazas. El estatus social del hombre carece de importancia, siempre y cuando sea una persona interesante y en desarrollo.

Una de las asesoras matrimoniales, observó:

–Me encantaría poder decir que el estatus social no tiene importancia. Pero de joven, locamente enamorada de un hombre, le pregunté tontamente a qué se dedicaba. Cuando me dijo que era conductor de un camión de basura, descubrí de repente que yo era más snob de lo que me imaginaba. Hasta aquel momento me consideraba bastante igualitaria. Después de suspender aquella prueba, el estatus social pasó a ocupar un seis o un siete, y ello se basa más en cómo está él considerado en su entorno que en el dinero que gana.

La recepcionista nocturna de un motel, dijo:

–No se trata de lo *alto* del escalafón social que ocupe, sino de lo *bajo* que esté. Sin que yo lo supiese, mi segundo marido tenía un informe de acusación por crimen de cuatro hojas y media. No busco un hombre que sea rico o un encanto social, porque los hombres así suelen creerse demasiado lo que son y luchan por mantenerse en su puesto. No tienen tiempo para ser cariñosos. Están demasiado pendientes de sí mismos como para resultar divertidos.

La propietaria de una tienda de antigüedades, de cuarenta y cuatro años de edad, opinó:

–Si se refiere usted a si quiero un hombre que sea competente, seguro de sí mismo y que tenga imaginación, además de determinación, la respuesta es sí. Encuentre un hombre con todo esto y será un hombre con estatus notable. Apueste lo que quiera.

Estas preguntas relacionadas con el dinero fueron formuladas en un momento en el que la economía nacional iba hacia «arriba». Las mujeres que leyeron esta sección durante la «recesión» dijeron que creían que una mujer que lo hubiese pasado mal económicamente se casaría con Godzilla si Godzilla tuviese dinero. Incluso así, parece ser que, en general, sus respuestas siguen reflejando su afirmación de cómo se sienten en relación con los hombres y el dinero.

La quinta pregunta que formulé en relación con los hombres y el dinero fue:

¿Qué piensa que sienten los hombres con respecto a la mujer que tiene un trabajo mejor remunerado que ellos y/o más prestigioso?

Una maestra californiana de cuarenta y cinco años de edad, respondió:

–Creo que eso espanta a la mayoría de los hombres. Casi todos ellos piensan que deberían ser más altos, más inteligentes y ganar más dinero que la mujer. Un hombre tiene que estar muy seguro de sí mismo para sentirse cómodo junto a una mujer que tenga todo lo que he mencionado por encima de él.

Una directora de personal, de cuarenta y un años de edad, opinó:

–Por mucho que repitan una y otra vez que no les importa, no me los creo. Pienso que en lo más profundo de su ser les preocupa y se sienten infravalorados ante los ojos de la mujer y ante los ojos de sus amigos. Y para empeorar la situación, a veces sus amigos realizan comentarios quisquillosos, como «¿ya está ella otra vez de viaje?». O se lo refriegan por la cara preguntándole sobre cosas que ella realiza en su trabajo y él no.

Una mujer de cuarenta y siete años de edad, dice:

–Por mucho que digan, no lo hacen. Creo que se sienten resentidos de que su mujer haga más cosas que ellos. Podemos remontarnos a los tiempos bíblicos en los que el hombre se describe como el cabeza de familia. Si su esposa gana más que él, se pregunta quién es él y por qué está ahí. Creo que le preocupa que ella pueda prescindir de él.

Una secretaria ejecutiva de un banco, dijo:

–Creo que les da miedo. Temen que una mujer que haga más que ellos ensombrezca su masculinidad. Esa estupidez... su masculinidad, debería depender de la imagen que tienen de sí mismos. El mecánico del garaje de Joe está muy seguro de sí mismo, su mujer o su novia gana más que él y no le molesta en absoluto. –Sonrió–. Pero los hombres así son una excepción.

Una directiva de veintiocho años de edad, opinó:

–Su reacción a esta situación depende de su inteligencia. Si es capaz de llevarlo bien, es un hombre para mí. De lo contrario, no pienso bajar mis estándares.

La cajera de un banco, de veintisiete años de edad, afirmó:

–El tipo seguro de sí mismo se alegrará. El tipo inseguro se subirá por las paredes.

La directora nocturna de un establecimiento abierto las veinticuatro horas, pensaba:

–Un hombre capaz de llevar bien que su esposa gane más que él, es varonil y masculino, y me excita.

A destacar que estas mujeres mantenían un punto de vista tolerante respecto al hombre que gana menos que su pareja. Y siguieron siendo consistentes en sus posturas declaradas sobre el dinero y los hombres. A pesar de ello, la paz y la tranquilidad escasean en los hogares en los que ella gana más que él. Por ejemplo, las investigaciones demuestran que la tasa de divorcio en parejas donde ella ganaba más que él era un cincuenta por ciento superior al de las parejas en las que él ganaba más (Cherlin, 1981; Whyte, 1990; Fisher, 1992). Resultaría interesante ver un estudio que identificase qué componente de la pareja tiene mayor probabilidad de iniciar el proceso de separación en hogares donde es ella quien más gana.

Mi siguiente pregunta en la serie sobre el dinero fue:

¿Cómo gastaría o utilizaría una cantidad importante de dinero adicional que han conseguido reunir usted y su pareja?

El sesenta y siete por ciento de las mujeres respondió: «Viajando». La secretaria dijo:

–Utilizaría el dinero para viajar... la vuelta al mundo, si tuviese suficiente. Creo que viajar es una inversión en uno mismo. Viajar es una experiencia positiva. Cuando regreso de un viaje siento que he ganado conocimientos. Además, los viajes crean recuerdos bonitos. Compárelo, por ejemplo, con utilizar el dinero para comprar cosas, como un anillo de plata. En lugar de viajar, me quedaría sentada en casa con mi precioso anillo y no ganaría nada en conocimientos... y sacarle brillo a la plata no es precisamente algo que me produzca recuerdos maravillosos. Por otro lado, viajar nos llena la cabeza de cálidos recuerdos para compartir frente a un fuego durante el resto de la vida.

Una fotógrafa de prensa, apuntó:

–Para mí es importante disfrutar de tiempo de calidad con mi pareja. Muchas parejas caen en la trampa de querer ganar más y más. Y entonces pasan muy poco tiempo juntos y, cuando tienen tiempo, ambos están tan cansados de la carrera en que se ha convertido su vida que son incapaces de divertirse. Yo utilizaría el dinero extra para alejarme de todo eso... para viajar a algún lugar lejano, lejos de rebaños de turistas.

Una ama de casa y responsable de un negocio familiar de librería, dijo:

–Cuando era más joven habría utilizado ese dinero extra para arreglar la casa. Pero ahora elegiría los viajes.

Del veintiocho por ciento de mujeres que votaron destinar su dinero adicional a la inversión, una de ellas, afirmó:

–¿Por qué gastarlo? Ahórralo. Mi filosofía es: no compres nada que quieras y sólo la mitad de lo que necesites.

El tres por ciento de las mujeres donaría una parte del dinero extra a obras de caridad. Una de ellas, opinó:

–Encontraría una pareja de ancianos o esa señora mayor que apenas llega a final de mes con su pensión. Después de saber que sus necesidades básicas están cubiertas, pensaría en cosas más allá de estas mínimas necesidades.

La vicepresidente de un servicio aéreo, de veintinueve años de edad, dijo que compraría un jet privado. Clasifiqué su preferencia bajo la categoría de «viajes».

Para disponer de una opinión profesional sobre el dinero, las mujeres y los hombres, hablé con una asesora matrimonial de cuarenta y ocho años de edad. Lo que me contestó fue:

–El dinero en la relación simboliza energía concentrada, energía probablemente nacida a partir de la relación. Las discusiones sobre dinero suelen versar en cómo utilizar esa concentración de energía, quién va a tener acceso a ella, para qué se utilizará «nuestra» energía, sobre si los dos queremos utilizar esta energía en algo concreto. –El consejo de la asesora fue–: En lugar de discutir de dinero, intenten discutir sobre cómo los dos pueden maximizar la utilización de esa energía para el placer compartido o el bienestar de ambos.

Parece ser que las mujeres le dan más vueltas al asunto del dinero de lo que suponen los hombres. Es evidente que la capacidad de ganar dinero de la mujer le ofrece alternativas, incluyendo entre ellas la posibilidad de vivir soltera e independiente. Esto incomoda a muchos de mis amigos hombres, les incomoda porque permite que la mujer de su vida les abandone si así lo desea. En la historia de la civilización, las mujeres llevan poco tiempo disponiendo de esta alternativa, los últimos cincuenta años, aproximadamente. Antes de eso, hombres y mujeres solían emparejarse por lo que yo denomino «dependencia congénita», una idea que se me ocurrió observando las vivencias de una pareja de águilas doradas.

Las águilas hembra son un veinte por ciento mayores que las águilas macho. Al ser de menor tamaño, las águilas macho son el avión de caza de la familia y se supone que son las responsables de la defensa del territorio. Debido a su tamaño inferior, el macho está concebido también como el constructor del nido de la pareja. La teoría que soporta su función es que, ya que las aves se turnan en la labor de incubación de los huevos, si la hembra construye el nido, el tamaño inferior del macho podría permitir que el viento y la nieve amenazaran los huevos en un nido que apenas podría cubrir cuando le tocara el turno. La diferencia de tamaño entre águilas macho y hembra incide también en otros aspectos de su relación. Con la creencia de que en la naturaleza todo tiene su razón de ser, me pregunté: ¿Por qué la naturaleza ha concebido al hombre de mayor tamaño que la mujer? Y, lo que es más importante, ¿cómo afecta sobre las relaciones nuestra diferencia de fuerza y tamaño? Ya que el ser humano parece estar más dirigido por la biología que por la sociología, parece lógico empezar por los primeros tiempos del hombre. Me imaginé el entorno de hombre de las cavernas.

Mi escenario mental se imaginó un macho solitario, cubierto con una piel de animal, sentado en el interior de una cueva y asando la pierna de un venado. El suelo estaba cubierto de nieve. En media hora se pondría el sol.

Mi fantasía se desplazó a un punto situado a un kilómetro de distancia del primero. Una hembra al borde de la inanición avanzaba en silencio de arbusto en arbusto persiguiendo un venado. Se le notaban las costillas y su rostro era enjuto. Después de acercarse todo lo posible, extrajo una flecha y la disparó al animal. La flecha dio en el blanco, pero apenas penetró la piel del venado. El venado huyó corriendo. El estómago de la mujer rugía. Inconscientemente, introdujo la mano en su saco de hierbas y raíces vacío, maldijo aquel suelo helado, se estremeció y se detuvo. Observó con ojos hundidos el paisaje nevado. Su estómago rugió de nuevo. Se apartó el pelo de la cara y vislumbró a lo lejos el humo procedente de la hoguera de la cueva. Dando tropezones, avanzó en la nieve en dirección al humo.

Casi había oscurecido cuando la hembra se situó para observar detrás de un arbusto a escasos metros del macho. Musculoso, robusto y bien alimentado, se encontraba sentado junto al fuego. Tenía las piernas cruzadas y con un palito de madera se limpiaba los dientes de restos de venado. El suelo de la cueva estaba cubierto de esquirlas de silex y astillas de madera. En su regazo, una prenda hecha con pieles de animal que había estado arreglando. Su arco, más potente y grande que el de ella, estaba a su alcance, junto con varias flechas. Empezaba a pensar que si no tuviese una constitución tan débil en comparación con la del hombre, podría sostener un arco más potente y penetrar el venado con la fuerza necesaria para derribarle. Envidiaba la fuerza que parecía ser un derecho de nacimiento de los machos. Sobre una piedra, a cierta distancia del fuego, quedaban restos de comida. La mujer tragó saliva. Tenía la boca seca. Serpenteó en silencio hasta lo más cerca que se atrevió y se abalanzó, agarró la comida, corrió unos cuantos metros hacia la oscuridad y devoró su presa.

Dos horas después, el hombre y la mujer de las cavernas se encontraban sentados junto al fuego. Bajo el encanto de su velada compartida, habían decidido que para el bien de ambos era mejor permanecer juntos. El acuerdo era que ella se encargaría de que no se apagase el fuego, de teñir y coser las prendas y de mantener la cueva ordenada. Él construiría arcos y flechas y cazaría. «Una familia instantánea», musité, y me pregunté si nuestra diferencia de tamaño se habría concebido a propósito para obligar a nuestros antepasados a emparejarse y depender los unos de los otros. Sin embargo, la vida del hombre de las cavernas, al menos en los climas más fríos, parecía ir en contra de las mujeres, haciéndolas más dependientes de una pareja masculina para sobrevivir, que en el caso contrario. Así pues, rebobiné mentalmente hasta donde la mujer perseguía su venado.

Al representar de nuevo la escena, me imaginé una época de las cavernas fantasiosa, donde las mujeres fueran exactamente iguales en tamaño y fuerza a los hombres. En la repetición, la mujer de la nueva escena era fuerte, sana y físicamente tan poderosa como cualquier hombre. Esa mujer del tamaño de un hombre lanzó una veloz flecha que derrumbó con éxito el venado. El hombre escuchó los bramidos y se precipitó hacia el exterior de su cueva para ver qué sucedía en «su» territorio. Cuando descubrió a la mujer despellejando el venado, rugió: ¿Qué haces con mi venado?

Siguió entonces una lucha con puños y dientes por la pertenencia del animal. Durante la batalla, ella mató al cavernícola y siguió despellejando el venado que luego cocinó en el interior de su cueva. Después de comer, se limpio los restos entre los dientes con un palito de madera. Evidentemente, el encuentro entre aquel hombre y esta mujer no había desencadenado la creación de ninguna familia. Mi hipótesis: una mujer ancestral físicamente tan fuerte como un hombre ancestral habría amenazado a la larga la supervivencia de nuestra especie.

La tecnología moderna ha hecho que las mujeres sean, económicamente, *casi* tan grandes y *casi* tan fuertes como los hombres. Cultivadas, sanas y robustas, las mujeres de la actualidad disparan con tino a buenos puestos de trabajo en los cotos de caza del mundo empresarial. El hecho de que la mujer gane dinero con su trabajo la ha hecho menos dependiente del hombre.

Y ahora que las mujeres no están obligadas a emparejarse con un hombre para sobrevivir, pueden elegir permanecer solteras. Desde que los métodos de control de natalidad las han liberado del miedo y la carga del embarazo, estas mujeres son libres de mantener relaciones sexuales con cualquiera y en cualquier momento, si así lo desean. Probablemente por vez primera en la historia de la humanidad, las mujeres pueden tratar a los hombres como simples objetos sexuales, del mismo modo que, durante millones de años, muchos hombres han considerado a las mujeres como «objetos».

Para muchos hombres resulta frustrante, confuso e incómodo ver que se han calzado el zapato en el pie equivocado. Y sumado al estrés que siente el hombre está el hecho de que la mujer a la que posiblemente adoran y con la que desean tener hijos puede comprar esperma en un banco de espermatozoides. Ella puede inseminarse sin ni tan siquiera acostarse con él y crear sola una familia.

Una brillante y atractiva interventora que gana más que muchos hombres, puso en perspectiva su opinión sobre la vida de la mujer moderna al observar:

–Con Jim, tengo una relación de cuatro años de exclusividad más otros cuatro de no exclusividad. Vivimos separados y estaría bien, tanto si nos casamos como si no.

Jim, nervioso ante la posible existencia de otros hombres en su vida, quería casarse. Ella insistía en la libertad de seguir con su estilo de vida. Al final del octavo año, Jim decidió dejarla y comprometerse para casarse con una persona que acababa de conocer.

La interventora encontró fácilmente un nuevo hombre, aterrizó en un trabajo todavía mejor y buscó un segundo hombre por si acaso el primero le fallaba como Jim. Felizmente soltera y dispuesta a seguir así, sigue viviendo la mayor parte del tiempo sola en una casa espaciosa y confortable. Evidentemente, poder mantenerse independiente ofrece a la mujer alternativas de las que no disponía hace sólo un par de generaciones.

Otro efecto que la independencia creciente de la mujer puede tener sobre las relaciones se refleja en los comentarios de una mujer soltera, bonita y económicamente independiente que conocí después de acabar este estudio. Dijo que en el instante en que un hombre que no trabaja descubre su seguridad económica, se siente amenazado. Invariablemente pasa de cortejarla a combatir contra ella y ataca su autoestima y/o la menosprecia utilizando sutiles métodos. Inteligentemente, añadió:

–Mientras que mi reloj biológico suena cada vez con más fuerza, el romance muere antes de darle la oportunidad de florecer.

¿Es posible que la tecnología moderna esté yendo en contra de los planes de la naturaleza de concebir hombres y mujeres distintos en cuanto a su fuerza y su tamaño? ¿Es posible que el aumento de violencia de los hombres hacia las mujeres esté producido por hombres que se sienten amenazados o que se han visto apartados de sus trabajos por mujeres? Puede parecer una estupidez, pero ¿es posible que cierto porcentaje del aumento de violaciones sea el resultado de hombres desempleados que han visto disminuido su estatus con la consecuente disminución de su acceso sexual a las mujeres? ¿Es el acoso sexual en el puesto de trabajo de hombres hacia mujeres, incluyendo «hacerle a ella la vida imposible», en parte el resultado de la competencia que imponen las mujeres? ¿Se relacionan las tasas actuales de divorcio con el estatus cambiante de las mujeres en la sociedad moderna? Dejo en sus manos, en las de los sociólogos y en las de los antropólogos, las respuestas a estas preguntas.

Comprenda, por favor, que esto son observaciones, no opiniones. Pienso que es maravilloso que las mujeres tengan oportunidades de ser todo lo que pueden ser. Además, después de haber estado en una guerra, creo que el mundo sería mejor si los países estuviesen gobernados por mujeres. Simultáneamente, el avance de las mujeres parece tener costes sociales relacionados. Las respuestas pueden estar en la siguiente pregunta: ¿Cómo podemos minimizar los posibles costes sociales, a la vez que maximizamos las oportunidades de la mujer?

A pesar de que he propuesto una teoría y he realizado observaciones en cuanto a algunos posibles *efectos* sobre las relaciones entre hombres y mujeres debidas a la diferencia de tamaño y musculatura entre el hombre y la mujer, no he abordado la cuestión de *cómo* llegamos a esta diferencia de tamaño. Al principio, ¿eran iguales Adán y Eva, o era Adán deliberadamente más fuerte que Eva, o llevaban ambos esta huella genética para propagar este modelo perpetuamente? En otras palabras, ¿han sido instruidos nuestros genes masculinos para crecer mayores y más fuertes que los femeninos? ¿O podría ser que detrás de nuestras diferencias de tamaño hubiesen fuerzas selectivas? Considere con detalle los dos párrafos siguientes.

Después de entrevistar a cien mujeres, he llegado a la conclusión de que, en general, ellas tienen más «mundología» que los hombres. Humorísticamente, porque mi ego masculino exige que lo haga con humor, me pregunto si las fuerzas de la selección natural que funcionan en el interior de los hombres nos llevaron a elegir como pareja mujeres de menor tamaño y físicamente menos fuertes. Es decir, si las mujeres tienen más «mundología», súmese a ello que fueran además tan grandes y fuertes como los hombres y ahí está la jerarquía matriarcal. En estas condiciones, los hombres de todo el mundo habrían estado *totalmente* dominados por las mujeres. Dicho de otra manera, si las mujeres fueran a la vez las más listas y las más grandes, estaríamos probablemente en un mundo de mujeres. Por lo que una vez más me pregunté: ¿es posible que las fuerzas de la selección natural guiadas por estrategias de supervivencia masculina (o ego) hubieran animado a los hombres a elegir como pareja mujeres más pequeñas y menos fuertes y, como resultado de ello, el tamaño natural de las inteligentes mujeres haya disminuido? Puede que sea asimismo la otra cara de la moneda.

Quizá el principal objetivo de las estrategias sexuales de las mujeres, desde el principio de la historia de la humanidad, fuera emparejarse con hombres de mayor tamaño y más musculosos que ellas para ganar una mayor «protección» y beneficiarse de sus habilidades para la caza (el sueldo). A lo largo de generaciones, esta estrategia habría dado como resultado una población de hombres de mayor tamaño y más fuertes que las mujeres. De manera coincidente, estas alternativas de pareja habrían sin quererlo, atrapado a las mujeres de la época de las cavernas en el dilema de la dependencia obligada. Tengan o no algún merito estas ideas, la pregunta sigue ahí: ¿Por qué los hombres son mayores y más fuertes que las mujeres? y ¿ha afectado esto las relaciones entre hombres y mujeres? (La respuesta que más he escuchado es: «Los hombres son mayores y más fuertes porque tienen tanto que cazar como defender a su familia contra los enemigos.» Sin embargo, si la mujer fuera tan grande como un elefante, y mientras siguiera como espectadora, su tamaño no tendría relación con el resultado de las habilidades de caza de su pareja o sus batallas contra los invasores.)

Esta pregunta lleva directamente al tema de «sentirse cuidada». Después de entrevistar a estas mujeres, supe que hombres y mujeres suelen tener definiciones distintas en asuntos importantes. Intuyendo que «sentirse cuidada» podía ser uno de esos asuntos, pregunté a las mujeres:

¿Qué significa para usted «sentirse cuidada»? ¿Qué cree que significa para el hombre promedio?

El noventa y cinco por ciento de las mujeres dijo que creía que la definición por parte del hombre de «cuidar» de la mujer se basaba en proporcionarle dinero para sus necesidades materiales. El sesenta y uno por ciento dijo que *su* principal definición de sentirse cuidada era tener satisfechas las necesidades emocionales. La seguridad económica aparecía en segundo lugar, con el treinta y nueve por ciento de las mujeres.

Así es como lo expresó una abogada de treinta y un años de edad:

–La mayoría de los hombres piensan que cuidan de ti en el sentido económico. Sin embargo, para la mujer, sentirse cuidada significa ante todo tener las necesidades emocionales satisfechas, dejando las necesidades económicas en segundo lugar. Por el simple hecho de que alguien me dé dinero no me siento cuidada. Él debe también escuchar mis problemas y ser alguien con quien pueda conversar. No quiero simplemente que se ocupe materialmente de mí. Eso puedo hacerlo perfectamente por mí misma. Para estar bien cuidada, debo sentirme bien emocionalmente.

Una oficiala de cuarenta y un años de edad, dijo:

–Sentirse cuidada significa que tengo un hombre sensible a mis necesidades o heridas... a mis emociones. Dame apoyo emocional y cariño y estarás cuidando de mí.

La recepcionista nocturna del motel, respondió:

–Cuando mi mundo se tambalea, o he tenido un día muy largo, o cuando hago ojos de gato degollado y me duelen los pies y la espalda, y él se acerca y me dice: «Deja que te abrace.» Esa es mi idea de sentirse cuidada.

La viuda de un piloto de carga ha cambiado su definición de sentirse cuidada. Apuntó:

–Desde que le perdí, me he dado cuenta bruscamente de su importancia como pilar emocional de mi vida.

Y a esa mujer le pregunté:

–Antes de su muerte, ¿anteponía la seguridad económica al apoyo emocional?

Y su respuesta fue la siguiente:

–Sí. No era consciente de la importancia de la seguridad emocional hasta que desapareció de mi vida. Ahora, atesoro y valoro la seguridad emocional que me daba el matrimonio, más que la económica.

Cuando entrevisté a la esposa de un médico, el marido estaba también presente. Antes de formularle a ella la pregunta, le pregunté su opinión sobre lo que significaba cuidar de su esposa. Y me respondió:

–Me ocupo de todo lo que necesita en la vida.

Su esposa le miró.

–Cariño, odio aguarte la fiesta, pero todas las necesidades *materiales* puedo proporcionármelas yo misma... no te necesito para eso. –El médico se quedó sorprendido. Ella continuó hablando–: *Cuidar de mí* significa que cuando me sienta emocionalmente dolida, tengas la intuición de abrazarme y consolarme. *Eso* es cuidar de mí.

Él y yo intercambiamos una mirada rápida y pasé a la siguiente pregunta.

Una técnica de diagnósticos, de cuarenta y un años de edad, dijo:

–Cuidar de mí es darme apoyo moral y mental. Sin eso, no tengo una relación. –Añadió–: Además, me gusta que me ayuden a tener un techo sobre la cabeza y un plato en la mesa.

La secretaria de una empresa de servicios proporcionó un punto de vista distinto. Explicó:

–Cuidar de mí incluye mi bienestar diario, mi bienestar emocional y mis necesidades económicas de supervivencia. Puede que suene mercenario, pero no lo es. Hay mucho que decir de un hombre que desee trabajar lo bastante para proporcionar las comodidades que convierten una casa en un hogar. Es algo que puede hacer el hombre y que muchas mujeres no pueden hacer, a menos que hayan heredado una seguridad económica, o sean listas y tengan talento y puedan convertir en dinero esa inteligencia o ese talento. –Se quedó un momento en silencio, antes de añadir–: Y recuerde, caballero, que muchas mujeres y niños viven en la pobreza, simplemente porque las mujeres no reciben los mismos sueldos que los hombres.

Una psicóloga y escritora, de treinta y siete años de edad, contestó:

–La autosuficiencia es mi solución de que alguien cuide de mí. Puedo cuidarme sola y quiero un hombre que pueda cuidarse solo. Si no es capaz de hacerlo, estoy segura de que no podrá cuidar de mí. No conozco muchos hombres capaces de cuidarse solos, ni tampoco mujeres. Todo el mundo busca una mamá.

Una escritora de novelas de detectives, dijo:

–Una vez la mujer se convierte en una persona completa por ella sola puede mantener una relación con un hombre. Pero no es justo que la mujer responsabilice de su felicidad a los hombres o al hombre de su vida.

Siento que, número uno, tengo que cuidar de mí misma. Si estoy feliz con lo que hago y me trato física y mentalmente bien, entonces, tener un hombre en mi vida es un añadido estupendo. Añade un toque masculino en el cuidado, en el amor, apoyándome. Pero no debería pretender que fuera él quien generara mi felicidad. Eso es trabajo mío.

La asesora financiera de treinta y nueve años de edad, opinó:

–Mi primera reacción es, sí, sería maravilloso que cuidaran de mí y tener ese colchón de seguridad. Eso podría interpretarse como que soy amada y deseada, lo que disminuiría mis ansiedades. *Por otro lado*, no creo que sea saludable depender de alguien para que cuide de mí, porque primero debo cuidar yo de mí misma en los niveles más básicos. Siento que debo aprender a cuidar de mí misma a todos los niveles. Luego, sumarle a eso una buena relación será un beneficio... un bono adicional a lo que ya tengo. En lugar de necesitar un hombre que haga de mí una persona completa, un hombre vendría a sumarse a lo que ya tengo en marcha. Tenerle haría mi vida más placentera y agradable.

Y mi comentario a eso fue:

–Es evidente que no le gusta la idea de que cuiden de usted... que prefiere cuidarse sola.

–Es cierto. Quiero ser autosuficiente. Quiero cuidar por mí misma de mis necesidades prácticas. Y quiero ser emocionalmente fuerte en mi interior. Quiero tomar mis propias decisiones, como comprar un coche, contratar un seguro, etc..., en lugar de depender de otra persona. Quiero tomar mis decisiones diarias, aunque pueda equivocarme. Quiero ser capaz de cometer mis propios errores y tener la alegría de aprender de ellos. Eso es para mí un verdadero conflicto porque tenía un hermano que tomó por mí todas mis decisiones relacionadas con los estudios, «para que yo no cometiera errores». Bien, conseguí graduarme en tres años y medio con él apartando de mi camino todos los obstáculos, de modo que me gradué junto con muchos empollones, pero que no sabían nada de la vida. Tenía veintiún años cuando entré en el mundo de verdad. Me sentía como si me hubiesen lanzado a él desde un cañón. No sólo no tenía un camino que seguir, es que no sabía ni tan siquiera trazar ese camino, porque él lo había hecho todo por mí. Durante años estuve dando tumbos, lanzándome por precipicios porque no había aprendido a superar los obstáculos por mi propia cuenta. Ojalá mi hermano me hubiera enseñado a aprender de mis errores en la universidad, en lugar de evitármelos. Necesitaba esos errores por lo que enseñan, para con ello abrirme camino en el mundo real. Mi hermano me negó la oportunidad de aprender cosas muy importantes. Por lo tanto, veo los peligros que implica que otro cuide de ti. Para ir un paso más allá, si la persona que te cuida sufre una invalidez, o muere, o hay un divorcio, veo muchos problemas para la persona que es cuidada por él.

Una fotógrafa, de veintinueve años de edad, afirmó:

–En una relación, si la mujer no está cuidada emocionalmente es que no está cuidada. Muchos hombres dedican su energía a ofrecer cosas materiales. Y luego piensan que ya no se necesita nada más. Pero para mí, si el hombre no está allí emocionalmente, escuchando mis preocupaciones, compartiendo mis sueños o preparándome un caldo cuando estoy enferma, es que no está allí.

Una asesora matrimonial, de cuarenta y tres años de edad, dijo:

–No puedo permitirme colgar mis esperanzas en que otra persona cuide de mí. La gente muere, se va, sufre sus propias batallas emocionales, y se torna mentalmente ausente durante determinados períodos de tiempo.

La siguiente observación la realizó una maestra de cuarenta y tres años de edad:

–Las palabras «cuidar de mí» pueden parecer rígidas. Ser cuidado implica un sentido de propiedad. Cuidas las cosas que te pertenecen... el coche, el perro, la casa, etc. No quiero ser propiedad de nadie. La diferencia es la siguiente, y escúchela bien: puedes cuidar de una persona o puedes querer a esa persona. Yo prefiero que me quieran. Una experiencia que pasé en Dallas destaca esa diferencia. Dos hombres muy elegantes y dos mujeres muy elegantes acababan de aterrizar en un pequeño jet privado y se encontraban con su equipaje en la terminal. Los dos hombres discutían un asunto de negocios cuando una de las mujeres se sumó a la conversación para expresar su opinión sobre el problema. Uno de ellos se volvió y con un fuerte acento sureño le dijo: «Cariño, nosotros nos encargaremos del razonamiento. Tú encárgate de la seducción.» Eso es propiedad... yo cuido de ti (y, por lo tanto, eres mi propiedad), así que no te metas en mis asuntos.

Debo admitir que mi definición de cuidar a una mujer se ha derrumbado después de escuchar sus respuestas. Al mismo tiempo, quiero destacar con interés que lo que dijeron cuadra con sus actitudes con respecto a los hombres, las mujeres y el dinero. Pero, ¿por qué tantos hombres de hoy en día, como aquellos del bar del hotel de Alburquerque, siguen creyendo que «lo que quieren las mujeres de los hombres es dinero, estúpido»?

Desde los inicios del ser humano, hace casi cuatro millones y medio de años (revista *Nature*, septiembre de 1994), los hombres han dado por supuesto que las mujeres tenían pocas alternativas distintas a depender del hombre para sus necesidades materiales. Sin embargo, las dos guerras mundiales, y especialmente la segunda, abrieron la posibilidad a la mujer de disfrutar de puestos de trabajo bien remunerados. Estos trabajos permitieron a las mujeres romper un techo económico contra el que generaciones anteriores de mujeres habían topado. Por primera vez en la historia de la humanidad, muchas mujeres pueden mantenerse económicamente.

Las mujeres que entrevisté indicaron que muchos hombres se aferran a actitudes anticuadas en relación a la imposibilidad de las mujeres de mantenerse por sí solas. Las mujeres dijeron que, en términos generales, los hombres más jóvenes parecían menos convencidos del pensamiento masculino anterior al siglo XX sobre las mujeres y el dinero. Y por las respuestas que las mujeres proporcionaron a las preguntas relacionadas con el dinero, es evidente que comprenden el equilibrio de poder que genera en las relaciones su estatus económico. Las mujeres parecían también sentirse impacientes ante hombres a quienes les resulta complicado asimilar que las mujeres *no necesitan en realidad* el dinero de los hombres.

Dicho esto, conocí también a muchas mujeres trabajadoras cansadas de esta carrera diabólica. Algunas dijeron que alegremente intercambiarían su independencia económica por llevar una casa si pudiesen mantener el ritmo de vida de su familia con un solo sueldo (el de él).

2

Las mujeres hablan de las relaciones con los hombres

(Incluyendo razones por las que creen que peleamos a veces)

Ya que el dinero del hombre parece importar poco a la mujer moderna, ¿qué es lo que quiere entonces la mujer moderna? Formulé directamente la pregunta:

¿Cuáles son los puntos número uno y número dos que quiere usted del matrimonio o de la relación con un hombre?

La «honestidad» ocupó la cabeza de la lista de lo que las mujeres dicen querer de los hombres. Eso me sorprendió, así que empecé a preguntar por qué. Y la respuesta, invariablemente, fue: Si es honesto es muy probable que la relación funcione sola. Tiene sentido. Después de la honestidad, lo que las mujeres quieren es:

Amor.
Cariño.
Compañerismo.
Romanticismo.
Buen sexo.
Intimidad.
Comunicación.

Sólo dos de las cien mujeres que respondieron pusieron el dinero al inicio de la lista. Otros comentarios sobre lo que más querían fueron:

–Quiero saber que no existe otro ser humano con quien comparta más cosas que conmigo, y no me refiero únicamente a nivel físico. Me refiero a los aspectos emocionales de su vida conmigo... a lo que compartimos mentalmente. Esta es la cosa número uno que quiero del matrimonio... compartir mentalmente. Eso no quiere decir que lo enviaría todo a paseo si se entregara físicamente a otra mujer. Eso heriría mi orgullo, pero no destruiría mi amor. Sin embargo, lo que sí destruiría mi amor sería que compartiera sus ideas más profundas.

Y a esto le respondí:

–Me sorprende que le afectara más que compartiera mentalmente que físicamente.

–Su cabeza es algo más privado que su cuerpo. El cuerpo puede ser violado, la mente no. La mente se entrega voluntariamente. Me destrozaría que compartiese con otra mujer su ser más interior.

Cuando pregunté cuál era la segunda cosa más importante que quería en el matrimonio, la misma mujer me respondió:

–Un buen amante. Un hombre que comprenda cómo están hechas las mujeres... que sepa lo qué es mi clítoris y su importancia en mi satisfacción sexual plena. Un buen amante es sensible a mis necesidades y o bien sabe cómo satisfacerme, o está dispuesto a cumplir mis amables peticiones.

Las ideas de esta mujer sobre las características de un buen amante fueron repetidas por otras mujeres.

Una secretaria, de veintinueve años de edad, dijo:

–Lo único que quiero de él es que esté ahí. Quiero su amistad. No necesito su dinero... tengo un buen trabajo. Por amistad me refiero a que quiero que hable conmigo y quiero que me escuche cuando yo le hablo, y respondernos mutuamente. Quiero estar cerca de sus pensamientos... de verdad, una proximidad total a lo que corre por su cabeza. La segunda cosa más importante es el buen sexo, unas relaciones sexuales que me llenen y me dejen satisfecha... y eso no significa necesariamente tener cada vez un orgasmo.

Un personaje televisivo de treinta y nueve años de edad, dijo que lo primero que quería en un hombre era la honestidad:

–La verdad, por el amor de Dios. No sé cómo relacionarme contigo si no conozco la verdad. Si la verdad tiene que dolerme, pues me dolerá. Ya encontraré una manera de manejar la situación, pero soy incapaz de gestionar con inteligencia la mentira y el engaño. Prefiero no tener información que tener información falsa, porque con la información real puedo tomar decisiones y acercarme a los resultados esperados. Pero las decisiones que se basan en información errónea están mal encaminadas de entrada. Por ejemplo, si te doy instrucciones erróneas para ir de Dallas a Houston, tendrás que dar la vuelta al mundo para llegar allí. Una pérdida terriblemente innecesaria de tiempo y energía. La verdad facilita nuestro viaje por la vida, lo hace mucho más predecible y mucho más agradable. La segunda cosa más importante que quiero del matrimonio es un equilibrio entre cariño e intelecto.

Una contable dijo también que la honestidad era su deseo número uno:

–Buena, mala, dime siempre la verdad. Si no te gusto gorda, dime que no te gusto gorda. Puede que no haga nada al respecto, pero al menos sé lo que opinas. Si no te gusta el color de la alfombra que he elegido, dilo. Entonces sabré por qué arrugas la nariz cuando entras en esa habitación. He dedicado la mitad de mi vida y mucha energía en imaginar lo que piensa mi pareja. Podríamos ahorrar mucho tiempo y energía si me lo dijera. Podría decirme en diez segundos lo que puedo tardar diez días o diez años en averiguar. Los hombres que no dicen sinceramente lo que piensan son cobardes.

Una mujer entrevistada dijo que esperaba que su pareja «soportara su propio peso». No quiero una relación donde él sea dependiente, excepto en ciertos lazos de unión. Si depende excesivamente de mí, es lo que denomino el síndrome de las tetas grandes, y mis tetas no dan para tanto. No necesito una persona así. Los niños lo hacen y no pasa nada porque son niños. Pero no quiero un hombre que necesite tetas grandes.

La recepcionista de noche de un motel, apostilló:

–Un hombro sobre el que apoyarme. Un puerto en la tormenta. Brazos cálidos que me rodeen cuando el mundo se tambalea... alguien que me sonría y me dé una palmadita en la espalda si lo hago bien. Alguien que no esté demasiado ocupado y se dé cuenta de cuándo estoy bien, mal o indiferente.

Escuche lo que dijo una chica de cabello castaño de veintiséis años de edad, para ver lo distintas que pueden llegar a ser las mujeres:

–Espero que mi marido me lea lo que pienso sin necesidad de tener que decírselo. Los hombres saben en qué pueden ayudarte, pero les resulta más fácil escurrirse por la puerta y hacer ver que no lo saben. –Esta dama desea también–: compañerismo, respeto, amor, comprensión y compartir más los sentimientos emocionales.

Esta que sigue es una respuesta que demuestra que las mujeres cambian con el tiempo:

–Lo que quiero de un hombre ha cambiado. Cuando era más joven, lo quería sólo como un billete para marchar de casa. En ese momento yo era una persona emocionalmente dependiente porque la vida estaba desmadrándome y necesitaba *cualquiera* en quien apoyarme. Ahora que soy mayor y he crecido emocionalmente, puedo cuidar de mí misma. Ahora quiero un hombre con quien me guste estar. Eso significa que debe ser inteligente de verdad. Quiero un hombre con quien pueda disfrutar y enamorarme, alguien que tenga ideas de cosas para hacer que sean agradables, alguien que se dé por mí o que me lleve a lugares que me gusten. Evidentemente, mi prioridad ha cambiado a medida que me he hecho mayor.

–Respeto –es lo que quiere por encima de todo una directora de ventas de un canal de televisión, de cuarenta y dos años de edad–, respeto hacia mí como persona, no sólo como un buen culo. Nuestra relación empezó como algo totalmente sexual, pero ha acabado en un respeto mutuo realmente estupendo. La segunda cosa más importante que quiero es atención amorosa. Mucho contacto físico. Que puede ser tan sólo arrumacos y contactos... mirar la televisión con la cabeza en mi regazo. Contacto físico. Eso es muy importante para mí.

Una mujer que entrevisté dijo que quería que su pareja la hiciese sentirse mujer. Y a eso le pregunté:

–¿Qué es lo que le hace sentirse mujer?

–Esa mirada de aprecio que dice que le gusta estar conmigo. Me gusta ese aprecio.

Ya que muchos de nosotros hemos sentido la tentación de correr el riesgo de ser deshonestos en un momento u otro con nuestra pareja, pregunté:

¿Cuál sería su reacción si descubriera que su pareja le ha mentido?

La respuesta que con mayor frecuencia recibí fue: «Le haría frente.» La respuesta era inmediata y siempre sin pensársela dos veces. La seguían con: «Querría saber por qué me había mentido.» Su razón por querer saber por qué él mentía era que entonces podrían decidir entre abandonarle o quedarse con él. Una secretaria explicó:

–Me gustaría saber por qué había tenido la necesidad de mentirme. Que mintiese me haría sentir mal conmigo misma... ¿qué he hecho mal? ¿Tan ogro soy que no se atreve a decirme la verdad? De ser así, yo tendría parte de culpa y buscaría en mi interior para ver si necesitaba cambiar en alguna cosa. Al mismo tiempo, su mentira debilitaría el respeto que siento hacia él.

Un personaje televisivo de veintisiete años de edad, respondió:

–Si me mintiera sobre algo extremadamente importante para mí, como una mentira para ocultar una infidelidad, pasaría a la historia. No debido a los celos... me sentiría fatal.

Y esta es la respuesta de la asesora profesional:

–Examinaría toda nuestra relación. Una relación romántica entre dos personas es un sistema familiar. Si en este sistema hay algo enfermo... por ejemplo, si a él le resulta complicado cumplir mis expectativas, podría verse empujado a la mentira. Antes de echarle la culpa, debo estudiar toda la relación. Necesito saber por qué no podía decirme la verdad. Después de eso, o bien podemos solucionar el problema, lo que mejoraría nuestra relación, determinar el culpable, o separarnos.

La esposa de un contratista opinó sobre que le mintiesen:

–Ese imbécil. Si piensa que no puedo adivinar la verdad, ¿de qué cree que estoy hecha? –Sonrió–. Yo le pillé una sola mentira durante nuestro matrimonio. Dijo que llegaba tarde porque la circulación iba muy lenta. Después descubrí que había estado en otro sitio y me había mentido. Cuando me enfrenté a él, me dijo durante la discusión: «Tienes toda la razón... tengo un doble estándar, uno para ti y otro para mí.» Así que le dije: «Muy bien, ahora ambos conocemos las reglas.» –Rió entre dientes–. Me imagino que el guiño que le hice le asustó porque, que yo sepa, nunca volvió a mentirme. Cuando murió, mucha gente me dijo que admiraba a mi marido porque sabía siempre lo que pensaba, no tenías que imaginar nada. La verdad es el único camino.

Otra asesora profesional respondió sobre la mentira:

–Muchas mujeres no quieren saber si su marido las engaña. Estas mujeres ven la mentira como una forma de proteger sus sentimientos. El problema es que no saben si él ha tenido una aventura de una noche o si se ve regularmente con otra. De ser así, la esposa se engaña con una mentira para protegerse. Es como tener la cabeza hundida en la arena.

Una cosmetóloga de veinte años de edad, apuntó:

–Cuando le pillara, gritaría y bramaría. Luego buscaría un motivo para aquella mentira y por qué era más importante para él mentirme que decirme la verdad. Finalmente, seguir con él no dependería de en qué me habría mentido. Si se tratase de otra mujer, después de hacer las maletas le desearía buena suerte con ella.

Una abogada de veintinueve años de edad, contestó:

–Enfrentarle. Si me mintiera con otra mujer en su vida... no, escriba en *nuestra* vida... probablemente cortaría la relación. Si me mintiera respecto a gastar mucho dinero en alguien, lo solucionaríamos juntos.

Una cajera de banco de veintisiete años de edad, afirmó:

–Me dolería y me enfadaría, pero me gustaría conocer el motivo. Si tuviera miedo o se sintiese avergonzado por su mentira, ningún problema, siempre y cuando diera los pasos necesarios para solventar esos dilemas. Pero si no estuviera dispuesto a mejorar y ser sincero conmigo en el futuro, acabaría dando por terminada la relación.

Una licenciada de treinta y un años, opinó:

–Simularía no saber que me había mentido y entonces haría planes para pillarlo por sorpresa. Le formularía preguntas que le dieran la oportunidad de ser sincero o mentirme. Sus respuestas me dirían cómo pretende funcionar conmigo en el futuro. Si no es sincero, fuera.

Una mujer afirmó:

–La primera vez que me mintiera sería la última.

Una especialista en terapia de comportamiento animal, de treinta y siete años de edad, juró:

–Me sentiría como si me hubiesen taladrado. Creo también que lo que es bueno para el ganso es bueno para la gansa. Se enteraría de que si me miente, yo también podría mentirle.

Una técnica de cámaras y fotógrafa, respondió:

–De entrada me enfadaría. Luego querría conocer el motivo. No me importa cuál resultara ser ese motivo... sólo que fuese directo. La verdad sucede. Es real. La mentira es una ficción... no convirtamos la verdad en ficción.

Una contable de cuarenta y un años de edad, dijo:

–Me sentiría herida, resentida y no dispuesta a perdonar. Que tuviera necesidad de mentir, por trivial que fuese el tema, sería algo prácticamente imposible de perdonar para mí. A partir de entonces, no sería buena con él, así que mejor que desapareciese del mapa.

A menudo escuché mujeres preguntándose qué habrían hecho *ellas* para que el hombre no fuese sincero. Le pregunté a una de ellas su opinión al respecto. Su respuesta fue:

–Chorradas. De ningún modo me culpabilizaría de su mentira. Es él quien tiene que solucionar el problema, no yo. Si me miente, me miente con todas las consecuencias. Yo no me culpo de sus carencias.

Una escritora reconocida, de treinta y siete años de edad, observó:

–En una relación sana, no hay motivo alguno para mentir.

Una propietaria de una granja avícola, de cuarenta y cuatro años de edad, dijo:

–Cuando me mienten y tomo decisiones a partir de esas mentiras, parezco estúpida. No me gusta parecer estúpida. Ya que únicamente puedo tomar decisiones inteligentes basándome en hechos, me alejaría de una relación que incluyese mentiras.

A destacar que «afrontarlo» fue una respuesta universal, frecuentemente instantánea, a la pregunta respecto a ser mentida por un hombre. Los sentimientos de las mujeres fueron, en general, que los hombres tienden a evitar la confrontación. Consideran como una debilidad masculina esa tendencia a evitar situaciones con las que no se sienten cómodos. Evidentemente, las mujeres tienen sentimientos extraños sobre ser mentidas, especialmente si es con relación a otra mujer. Sin embargo, en otras mentiras estas maravillosas mujeres parecían lo bastante justas como para «solucionarlo» y luego buscar un castigo ajustado al crimen.

Las mujeres tenían otros elementos en su lista de lo que deseaban de los hombres, incluyendo entre ellos «buen sexo». Pero ya que simplemente el hecho de llevarse bien con las mujeres ocupa un puesto muy elevado de la mentalidad de los hombres, mi siguiente pregunta fue:

¿Por qué hombres y mujeres no se llevan bien y, en su opinión, cuáles son las principales causas de conflicto?

La recepcionista de motel, de treinta y un años de edad, se echó a reír y soltó:

–Los hombres y las mujeres no se llevan bien porque las mujeres acostumbran a pensar con el corazón, mientras que los hombres suelen hacerlo por debajo del cinturón, con sus carteras y con sus pollas.

Cuando pudimos dejar de reír, añadió:

–En serio, la mala comunicación es probablemente lo que más conflictos provoca entre hombres y mujeres.

El cincuenta y dos por ciento de las mujeres coincidían con la afirmación de la recepcionista. Y a esas mujeres, les pregunté: ¿Quién creen ustedes que comunica peor, el hombre o la mujer?

El treinta y ocho por ciento de las cincuenta y dos mujeres que creían que la comunicación era el principal problema dijo que, en general, los hombres tenían una capacidad de comunicación verbal inferior a las mujeres. Una asesora matrimonial de cuarenta y seis años de edad explicó:

–Las chicas se reúnen en grupitos y hablan y hablan y hablan. Mientras las chicas aprenden a hablar, los chicos juegan al rey de la montaña, o al fútbol, o al baloncesto. De modo que los chicos aprenden a gruñir y gritar, mientras que las chicas aprenden a conversar. –Levantó los brazos para encogerse de hombros–. ¿Por qué debería sorprendernos que los hombres no sean tan buenos conversadores como lo son las mujeres? –Se inclinó hacia mí señalándome con el dedo–. Pero esperad un momento, chicos... eso es sólo una excusa temporal. La comunicación efectiva es algo que se aprende. Mire la lista de escritores hombres, poetas, periodistas, abogados, etc. Todos *han aprendido* a comunicar... muchas veces con mayor habilidad que las mujeres.

La asesora matrimonial siguió diciendo que pensaba que cuando los hombres realizan el esfuerzo, aprenden a conversar tan bien o mejor que las mujeres. Y añadió:

–Pienso que los hombres *conocen* sus verdaderos sentimientos... sólo que no se les ha ofrecido el modelo a seguir o el motivo para aprender a verbalizar estos sentimientos. Para empeorar la situación, las mujeres dicen muchas veces a su pareja: «Dime lo qué piensas», cuando lo que en realidad quieren decir es: «Dime algo, por favor... háblame. Puede que yo tenga la respuesta a tu problema.» –Y prosiguió–. Desgraciadamente, los hombres no captan fácilmente las indirectas. ¿Por qué deberían hacerlo? Sus conversaciones serias no pasan muchas veces de «lanzar» al aro en el baloncesto, «pegarle» al balón, o simples gruñidos. Sus conversaciones largas se limitan a un «buen lanzamiento» o «cómo le ha pegado». Muchos hombres no están equipados para encontrar las palabras necesarias para desarrollar una conversación, *o* hablan repitiéndose.

Y le pregunté:

–Muy bien, pero ¿por qué las mujeres dan tantas vueltas al asunto antes de afrontarlo directamente?

–Las mujeres lo hacen así porque se dan cuenta de que en una conversación cara a cara el ego del hombre es tremendamente frágil. –Se echó a reír–. Gracioso... no queremos herir el ego del hombre pero esperamos, injustamente, que nos lea los pensamientos. –Continuó–: Desgraciadamente, los hombres lo han compensado dándose cuenta de que se espera de ellos una respuesta «correcta» y se unen a la danza de ella de darle vueltas al tema buscando el «¿Qué querrá ella que le diga?», en lugar de decir lo que en realidad piensan. Muchas veces, el hombre sabe lo que quiere decir, pero no se arriesga a ello. Por mi experiencia, a ellos les gustaría decir: «No sé lo que siento», o «Esto es demasiado», o «No sé cómo manejarlo en este momento». Pero la idea de decir esas cosas, a expensas de parecer poco macho, les asusta. –Levantó las manos–. Tanto darle vueltas al tema y esperar lecturas de pensamientos podría evitarse si los hombres aprendieran los principios básicos de la conversación. De una vez por todas, los hombres deberían aprender que las palabras solucionan muchas veces los problemas... que las palabras muestran el camino. Muchos hombres parecen no comprenderlo. –Hizo una pausa–. El problema es que o bien no se les ha enseñado, o bien no han aprendido por su cuenta a comunicar con palabras tan bien como lo hacen las mujeres. Por lo tanto, los hombres no han aprendido a confiar en las palabras para la relación social o para la solución de problemas. Puede que los hombres no sean tan buenos con la palabra como las mujeres, pero son tremendamente efectivos en la comunicación no verbal.

Después de una carcajada, continuó:

–Hay pocas cosas más efectivas que, en plena discusión, echar un bufido y salir de la habitación. Las mujeres se sienten dolidas y confusas con esta actuación, porque de pronto sus palabras ya no sirven de nada... recuerde, creemos, con buenos motivos, que las palabras pueden solucionarlo casi todo. Otras comunicaciones no verbales que los hombres suelen utilizar son los portazos, o no volver a casa, etc. Estas formas de comunicación fuerzan la paciencia de la mujer. Además, ella se siente amenazada, porque un portazo reduce su oportunidad de solucionar el problema de un modo que los beneficie a ambos.

Otro punto que sacó a relucir la asesora fue:

–Todos comunicamos constantemente. Desgraciadamente, lo que muchas veces se dice a alguien que intenta comunicar es: «Apártate de mi vista... no tengo ganas de escucharte.» –Hizo una pausa para añadir–: Chicos, os sorprendería las recompensas que podéis obtener de una mujer a la que le hagáis saber: «Tengo ganas de verte... quiero verte y quiero que me veas, de modo que, entre tus ideas y las mías, podamos solucionar los problemas y crear una vida más placentera para ambos.»

Una directora de servicios me dio sus impresiones sobre la comunicación entre hombres y mujeres:

–Pienso que los hombres tienen demasiados tabúes sobre la conversación porque, por la razón que sea, perciben ciertos temas como poco masculinos. Lo ocultan intentando ser machos. Se protegen excesivamente... intentando evitar que veas su verdadera personalidad. El hecho de no ver al hombre que hay dentro destruye cualquier posibilidad de intimidad. La intimidad *sólo* aparece cuando conoces la totalidad de la persona. El hombre fuerte es aquel que comparte su personalidad interior. Los hombres jóvenes parecen más abiertos a mantener conversaciones... a hablar de todo, incluso de lo que piensan que no es masculino. Los hombres mayores parecen pasarlo peor hasta comprender que cualquier tema está bien... La masculinidad no tiene nada que ver con ello.

Aprendí lo libremente que las mujeres hablan con un hombre de *cualquier* cosa cuando les pregunté su opinión sobre el sexo oral.

Una mujer de veintiocho años de edad, dijo:

–El problema es que los hombres prefieren hablar con un grupo de colegas que mantener una conversación cara a cara con su pareja. Creo que todo tiene que ver con el ego del hombre... Tienen miedo de expresar sus sentimientos porque aparecería su lado sensible, un lado que muchos hombres temen mostrar por miedo a volverse vulnerables.

–¿Consideraría que un hombre es débil o poco masculino por compartir sus sentimientos? –pregunté.

Ella sacudió negativamente la cabeza.

–Jamás. Hombres, por favor, no tengáis miedo de hablarnos abiertamente. Os sorprendería lo atractivo, incluso sexy, que puede resultar esta «debilidad» para las mujeres.

Una secretaria pelirroja explicó cómo desearía que fuese la comunicación con el hombre:

–Que nos presten atención... que nos escuchen. No todas somos estúpidas, como algunos parecen pensar. Interaccione con su mujer e intente ser más sensible con respecto a sus necesidades (emocionales), por ejemplo, cuando hago el amor y comunico al hombre mis necesidades sexuales... para mí, la penetración puede no ser tan importante. Puede excitarme y complacerme de otras maneras. Por ejemplo, para mí pueden resultar más satisfactorias sus manos y su boca que su pene. Pero para comprender mis necesidades, es necesario que me «escuche». Y si es realmente bueno, mucho antes de llegar a la cama puede haberme excitado mentalmente hablándome sobre cosas que puedan interesarme o interesarle a él. Esta conversación puede prolongarse durante horas... y nada de indirectas sexuales, por favor. El nivel de conversación que yo quiero exige tiempo. Si él está dispuesto a tomarse ese tiempo, me sugiere que es un hombre por encima del gatillazo. Si me escucha y presta atención, primero y principalmente, a mis necesidades emocionales, llega un momento en que se me hace irresistible. En otras palabras, si no está lo bastante interesado en mí como para conectar con mi cabeza, que no se moleste en intentar conectar con mi cuerpo.

Le pregunté a la cámara de televisión, de veintiocho años de edad, su opinión sobre las comunicaciones entre hombre y mujer.

–Las barreras impuestas por los roles se han roto desde los años 70 y nos hemos como quedado allí sin saber exactamente cuáles son los nuevos límites. Para mí, esto ha creado mucha fricción. Y para los hombres creo que ha sido devastador, porque los educaron para ser «hombres» y se supone que el hombre debe ser el cabeza de familia y hacer cosas masculinas. Valoro que un hombre comparta las responsabilidades hasta ahora consideradas femeninas, porque yo estoy haciendo lo que normalmente antes sólo hacía él (en el trabajo). No pienso dejar de lado este estilo de vida independiente que proporciona el trabajo. Soy demasiado independiente como para retroceder y entregarlo todo por un hombre.

Cuando le pregunté:

–¿Cree que las mujeres están rompiendo viejos moldes y que los hombres se adaptan más lentamente? –me respondió:

–Creo que sí. Muchos hombres parecen más perdidos que las mujeres. Las mujeres son supervivientes... tenemos que serlo porque somos las que parimos los hijos. Estamos obligadas a sobrevivir, mientras que los hombres están como dándose con la cabeza contra la pared, preguntándose, «Si este no es mi papel, ¿cuál es entonces?». Y se hace esta pregunta porque si antes se suponía que tenía que ser el señor Macho y el señor Todo, qué es ahora, entonces, si la mujer no sólo le arrebata eso, sino que le pide además que le ayude en las tareas «femeninas». Las nuevas mujeres están generando mucha inseguridad en algunos hombres.

–¿Cree que los hombres llegarán algún día a adaptarse? –pregunté.

–Creo que tienen que hacerlo. No va a ser fácil. Creo que el ego de los hombres está desproporcionado, va a ser muy duro para ellos. Cuando a algunos se les pide que ayuden en la casa, nos dicen ¿Qué? Evolucionar hacia una postura distinta requiere mucho tiempo. A la población masculina le va a costar mucho cambiar. La respuesta está en que los hombres aprendan a comunicar.

Un ejemplo de los problemas que provoca la falta de buena comunicación es la triste, aunque divertida, historia de una brillante y atractiva tejana de cuarenta y cuatro años de edad. Esta mujer sentía pasión por el baile y su sueño de infancia era convertirse en bailarina. Se casó a los diecinueve años y su marido no sólo no la llevaba nunca a bailar, sino que le dejó muy claro que jamás lo haría. El tema del baile quedó sin solucionar durante toda su vida matrimonial. La mujer creía que este problema fue erosionando su comunicación, lo que contribuyó a su separación final. Después del divorcio, durante una prueba de oído que se le practicó a su anterior marido se descubrió que era musical y rítmicamente sordo. La comunicación habría solucionado su problema.

Veamos otros comentarios sobre la comunicación:

Una interventora de cabello castaño, de una empresa de maquinaria pesada, dijo:

–Mirarme directamente a los ojos y hablarme, *abiertamente*, es acariciarme la mente. Si no puedes acariciarme la mente, no podrás acariciar mi cuerpo.

Una periodista rubia resumió su sentimiento sobre la comunicación:

–Os sorprendería, chicos, lo valiosa que puede llegar a ser una compañía femenina si trataseis de forma más continuada con su cabeza... no sólo para engatusarla y satisfacer temporalmente vuestro placer. Podéis engatusarla una temporada, pero ella acabará pillándoos (las mujeres son inteligentes, ¿lo recordáis?) y cuando esto suceda, seréis agua pasada.

Una abogada de treinta y ocho años de edad, dijo:

–Creo que a veces los hombres no hablan «de ello» porque no quieren zarandear la embarcación... es su forma de evitar el conflicto. Además, piensan, o *espero* que lo hagan, que con el tiempo las cosas se solucionan solas. Y bien, mientras ella espera que él diga algo sobre el problema, no sólo no desaparece, sino que se hace mayor. –Me miró a los ojos–. Puede que le sorprenda, pero hay mujeres que se alegran de que los problemas aumenten de tamaño.

¿Se alegran? Estoy seguro de que enarqué las cejas ante una revelación de este tipo. Ella me sonrió.

–Hay mujeres que disfrutan manteniendo la relación en el filo. Para conseguirlo generan problemas u observan, sin hacer nada al respecto, cómo un problema pequeño e insignificante va aumentando de tamaño.

He escuchado historias de misterio femenino que llegan a dejar perplejos a los hombres. Me parecía que lo que estaba contándome la abogada era una luz que alumbraba un rincón oscuro de la mente de la mujer. Intuyendo que estaba sobre alguna cosa, pregunté con cautela:

–¿Por qué la mujer desearía mantener una relación en el filo?

La abogada se agitó en su asiento y dijo:

–Los problemas suman emoción a su vida, de modo que ella provoca que ocurra algo, cualquier cosa, en parte porque cuando sus compañeras de trabajo le preguntan, «¿Qué hiciste anoche?» y ella responde «Nada», se encuentra en una situación violenta. Para estar segura de tener algo de que hablar, estas mujeres tienen a su pareja al borde del abismo y luego explican con detalle, golpe a golpe, la pelea que mantuvieron la noche anterior. –Miró por la ventana, como si no estuviera muy segura de permitirme observar este lado del cerebro femenino. Esperé, sin decir nada. Ella continuó apartando la vista pero al final prosiguió–. Y la pelea es normalmente por tonterías... qué canal ver en la tele... a qué película ir. –Me miró de reojo y añadió, casi sumisamente–: Puede que esa mujer haya aprendido también que cuando le pone al borde del abismo, él vuelve a repetirle lo mucho que la quiere o lo bonita que es. Probablemente dice esas cosas mientras se pregunta «¿Qué diablos pasa aquí?». –Vuelve a apartar la vista–. La tensión puede aumentar también la necesidad sexual de ella.

Su candor explicaría unos cuantos conflictos sobre los que hasta ese momento me había preguntado el porqué de su existencia. Hasta aquella entrevista solía atribuir esas extrañas discusiones al derecho de la mujer a cambiar de idea o al síndrome premenstrual. Pero parece ser que las tácticas deliberadas son mucho más comunes de lo que sospechamos. Dos de las mujeres que entrevisté afirmaron también utilizar conflictos preparados para «mantenerlo a raya». Otra admitió que los dilemas elaborados le servían al menos para captar su atención. Destacó que cuando necesitaba que le prestaran atención, prefería una mala atención que ninguna.

Según parece, estas mujeres son una minoría de la población femenina (sólo un tres por ciento de las entrevistadas). Incluso así, me gustaría haber conocido la existencia del fenómeno cuando tenía dieciocho años. Empezaba a presumir de mi recién adquirida información, cuando la abogada cambio de posición, cruzó las piernas y empezó a trazar círculos en el aire con el pie.

–¿Se ha preguntado alguna vez por qué algunas mujeres prefieren ir detrás de hombres casados?

–Nunca me lo he planteado, pero me interesaría conocer sus ideas.

–La conocida como «la otra» tiene una ventaja intrínseca sobre el hombre casado. Puede empujarlo siempre por la borda.

Consideremos ahora un resultado distinto, posiblemente positivo, que puede ser resultado del conflicto entre hombre y mujer. Una maestra de instituto de cuarenta y cuatro años de edad, dijo:

–Tengo amigas que parece que mantienen el buen estado de su relación a base de peleas. –Rió–. Resulta interesante cuando te pones a pensar en las relaciones de amigas que pelean a menudo con su pareja. Superficialmente, pensarías que su relación es muy complicada. Cuando airean sus platos sucios, piensas automáticamente que deben tener problemas. –Cambia entonces y se pone seria–. Pero a la larga, estas parejas suelen ser relaciones más estables que las que aparentemente se llevan bien. Es normal que las que se llevan bien nos sorprendan con un anuncio de separación. Quizá estas parejas aparentemente sin problemas se aguantan, simplemente, porque carecen de ese vehículo de conflicto. (Al fin y al cabo, el conflicto puede ser un medio de comunicación... la idea es la de «ponle en un conflicto y conseguirás que comunique».) Estas parejas que parecen sufrir graves problemas son capaces de medir sus diferencias y solucionar sus temas. El hecho de airear los problemas puede ayudar a obtener soluciones que mantienen la pareja unida. –Me miró pensativa–. Quizá sean ellos entonces los que sepan reñir con equidad... sin personalizar ni ponerse negativos. Quizá son ellos los que conocen el arte de la comunicación.

Así es cómo una ama de casa, de cincuenta y cinco años de edad, solucionó los problemas de comunicación con su marido. Admite que fue ella quien tuvo que aprender a comunicar.

–Al principio de mi matrimonio yo no quería herir sus sentimientos. Le quería inmensamente, de modo que dejaba pasar las cosas. Durante el primer par de años nos resultaba difícil comunicar porque yo me guardaba para mí mis preocupaciones. A veces las escribía, pensando que resultaría menos doloroso si las reflejaba en un papel. Finalmente me di cuenta de que si pretendía que mi matrimonio sobreviviese, tenía que aprender a comunicar de un modo más efectivo. Él me lo ponía fácil porque no se andaba con rodeos diciéndome lo que no le gustaba... no parecía importarle herir mis sentimientos, pero yo sabía que me quería. De modo que decidí, ¡qué demonios!, que yo iba a hacer lo mismo. Decidí ser abierta con él, pasara lo que pasase. Así que un día le dije lo que quería discutir. Me ayudó el hecho que él fuera un buen conversador. De este modo, empezamos a abordar los pequeños problemas antes de que crecieran. Treinta y cinco años después tenemos una relación fuerte y amorosa que crece cada vez que solucionamos un problema. Creo que nuestro éxito estriba en no guardarnos las cosas y en que aprendí a ser abierta con él respecto a mis verdaderos sentimientos.

Una profesora de oratoria y lengua inglesa se hizo eco de los anteriores comentarios sobre los problemas de comunicación entre hombres y mujeres. Entonces dijo:

–En estos días y en esta época, no hay excusa para comunicar mal. Hay muy buenos libros sobre el tema.

Parece ser que las mujeres han pasado el balón de la conversación a nuestro terreno y que nuestro reto ahora es aprender a mantener el balón en juego.

Después de la mala comunicación, son las *luchas por el poder* las que se definen como segunda causa principal (quince por ciento) de los conflictos entre hombres y mujeres. Algunas de las observaciones realizadas por las mujeres fueron:

–Cuando se educa a una persona teniéndolo todo, es poco probable que sepa dar y ahí es donde empiezan los problemas. Si aprendes de pequeño a dar y recibir, luego, al llegar a la edad adulta, es más fácil dar y recibir.

Otra mujer dijo:

–Todo el mundo quiere mandar... uno quiere dominar y se produce una lucha por el poder. Creo que las mujeres luchan más que los hombres por el poder.

Una vendedora de publicidad de una emisora de radio, respondió:

–En general, creo que los hombres infravaloran a las mujeres para «mantener a la mujer en su lugar». Por ejemplo, los hombres de mi trabajo son competitivos y agresivos en el mundo de los negocios, pero unos inútiles cuando la cafetera de la oficina está vacía. Creo que eso es un juego de poder y no me gusta.

Una publicista lo expresó como sigue:

–Hay hombres que han sido educados con la creencia de «Yo soy el hombre y, por lo tanto, me debes obediencia». A lo que muchas mujeres reaccionan con un «No me des órdenes ni esperes que te pida permiso para nada». Con más frecuencia que no, este tipo de hombre permite que la mujer tome sólo las decisiones insignificantes... según él, eso es el «departamento» que le corresponde a la mujer. El departamento de las decisiones importantes es responsabilidad de él.

–¿Y tiene usted problemas con esto? –la interrumpí.

–Apueste lo que quiera a que sí. Es por eso que él está allí y yo estoy aquí.

Una escritora y conferenciante, de treinta y cinco años de edad, tenía una sugerencia para disminuir, y posiblemente eliminar, las luchas por el poder. Lo expresó como sigue:

–Muchos hemos sido educados para obtener lo que queremos de la vida utilizando una mentalidad de «ganar o perder». Eso significa que creemos que para obtener lo que queremos el otro debe perder, o al menos salir herido. Esta actitud se origina en las relaciones de autoridad de la infancia. Diversos padres y maestros nos enseñaron con su ejemplo que al ser ellos mayores podían hacernos daño si no hacíamos lo que nos exigían. Eso es utilizar el poder para ejercer el control y un modelo muy pobre de enseñarnos a conseguir lo que queremos. Esa actitud llevada a una relación es un caldo de cultivo para los conflictos, pues una de las personas piensa únicamente en sus propias necesidades, sin consideración de las de la otra. Uno o el otro cree: «Tengo que enseñarle quién es el jefe aquí... no puedo permitir que me domine». En ese ambiente, los principales objetivos se pierden en la lucha por el poder. Ganar o perder se convierte en presionar y ceder. Una forma menos dañina es que cada componente de la pareja se pregunte: «¿Cómo puedo conseguir lo que quiero y al mismo tiempo que tú consigas lo que quieres?» Dicho de otra manera: «¿Cómo puedo conseguir lo que quiero sin hacerte daño ni privarte de nada?» De ese modo, ambos ganamos. –Hizo una pausa–. Otro hecho que daña la comunicación es que uno o el otro tengan algo que esconder. Incluso en el caso de que él o ella comuniquen bien, los intercambios son cada vez más escasos por miedo a tener un desliz. En ese punto, la relación empieza a sufrir. Cortar las líneas de comunicación es una forma segura de asesinar una relación, y cortar la comunicación se utiliza a veces como arma para conseguir exactamente eso.

La mujer de un médico, de treinta y nueve años, describió la lucha por el poder como sigue:

–Cuando la señora quiere tener la última palabra y también él. Es un juego de mía, tuya, mía, tuya. Si tienen cuentas bancarias separadas se produce una lucha de poder (y seguramente problemas). Soy de la opinión de que todo tiene que ser nuestro, todo tiene que ir al saco familiar. Cuanto más operen como entidades separadas, menos relación habrá. No compartir los recursos financieros es como decir: «No confío en ti.» Mi abuela, una señora muy sabia, decía: «Si tú le pones por encima de todo y él te pone por encima de todo, no hay luchas de poder.» Mi abuela estuvo felizmente casada durante casi ochenta años.

Otras causas de conflicto que preocupaban al centenar de mujeres fueron:

Diferencias económicas, 14%
Exceso de expectativas (por parte de uno o del otro), 6%
Diferencia de intereses, 5%
Diferentes ideas sexuales, 3%
Falta de consideración, 2%
Falta de intimidad, 2%
Ego desfigurado, 1%
Nada en común, 1%
Falta de flexibilidad, 1%
Falta de compromiso, 1%
Falta de sensibilidad, 1%

Pregunté a la asesora profesional *cuál* era la que su experiencia revelaba como la principal causa de conflicto entre hombres y mujeres.

–Invariablemente, el conflicto es: «¿Cuidas de mí tal y como yo quiero ser cuidada?» Esa es la principal área de conflicto, según mi experiencia. –Se explicó–: Cuidar de la persona incluye comunicar... escuchar... hablar... y arreglar la casa, cocinar, sexo, dinero, etc... todas las áreas que sean importantes para cada uno. La gran pregunta es entonces, en todos los aspectos: «¿Cuidas de mí tal y como yo quiero ser cuidada?»

Y esa pregunta-afirmación me conmovió en gran manera.

Ya que las mujeres satisfechas consigo mismas parecen ser una compañía más agradable, les pregunté:

¿Qué puede hacer un hombre que la haga sentirse bien consigo misma?

La respuesta de una viuda de cincuenta años de edad, era un eco de lo que mujer tras mujer fue respondiendo:

–Las mujeres necesitan... probablemente es innato... aprobación. Lo necesitan en todo. Es por eso que cuidamos tanto cómo nos vestimos y nos ponemos todo ese maquillaje encima. Lo hacemos porque necesitamos aprobación, un halago, o un reconocimiento de que estoy aquí y le importo a alguien. Ese cariño es una de las cosas que yo busco. Quiero alguien a quien realmente le importe si estoy o no. Si se percata de mi presencia, que lo diga. Y si no, es o bien porque no le importo, o porque mentalmente está reduciéndome a un ser invisible... un fantasma. Un poco de eso y me hago invisible.

«Que me halague», fue la respuesta que oí repetida una y otra vez. Veamos ejemplos:

–Pequeños halagos... en cualquier aspecto. Cómo he arreglado la casa, mi vestido, mi maquillaje; que esté al tanto de lo que hago. Que se dé cuenta. Cualquier tipo de halago.

La cosmetóloga tenía la siguiente petición:

–No me ofrezcas halagos vacíos como «Tienes un buen cuerpo» o «Cómo puedes ser tan bonita». Me gustan los halagos sobre algo que yo pueda controlar, como mi personalidad. Si alguien me considera divertida, o una compañía agradable, o inteligente, o concienzuda... son este tipo de cosas las que me hacen sentir que no soy intercambiable con cualquier otro cuerpo bonito. Es como si cualquier persona con un buen cuerpo pudiera llenar ese espacio. Un halago como ese me hace sentir que en su cabeza, si encontrara alguien con un cuerpo mejor que el mío, yo pasaría a la historia. Eso me hace sentir incómoda... como si estuviera juzgando una vaca.

Y yo le pregunté:

–¿Le importa escuchar comentarios sobre su forma de vestir?

–No en particular. Me gusta como visto, por lo tanto, no me siento insegura al respecto. Lo que más me interesa es dónde se encuentra nuestra relación... disponer de información sobre eso. Si me dice que le gusta estar conmigo, me siento bien. Un halago sobre lo competente que soy. Como: «Esta fiesta que hemos celebrado ha sido un verdadero éxito» o «Un viaje estupendo, me lo he pasado muy bien contigo», o «Hiciste un gran trabajo».

Una mujer de cabello castaño, apostilló:

–Pienso que muchos hombres tienen miedo de halagar a su pareja porque creen que no es masculino... se sienten vulnerables al hacerlo. Para mí, un hombre así es un débil o un estúpido.

Una oficinista, dijo:

–Me siento halagada cuando un hombre me pide que haga algo, como montar un comité para algún proyecto que tenga en mente. O cuando un hombre me pide mi opinión sobre algo me lo tomo como un halago personal. Me ha dado la libertad de poner en marcha un proyecto, lo que significa que reconoce mi capacidad para realizar un trabajo concreto. Si me pide opinión significa que valora mis ideas. Esto me hace sentir muy bien conmigo misma y que soy de algún valor para él.

Una ama de casa, respondió:

–Me siento bien conmigo misma cuando se percata de pequeñas cosas que he hecho, se da cuenta de que he cambiado de peinado, o que llevo un vestido nuevo. Eso me dice que nota que estoy allí... que no me ignora. O cuando he dedicado tiempo a prepararle una comida y me dice que valora lo que he hecho, es importante que me diga si estaba bueno o malo. Eso no me importa en absoluto, siempre y cuando reconozca el esfuerzo que he realizado. Esas cosas significan más para mí que un regalo.

La propietaria de una tienda de Santa Fe, apuntó:

–Me siento bien conmigo misma cuando el hombre tiene un estilo de vida confiado. Si su estilo de vida es inseguro, paranoico, culpable y celoso, luego, al cabo de un tiempo, yo también empiezo a ser así y la relación enferma. Pero si él es confiado y seguro, yo también siento esas energías y las compartimos. En otras palabras, si él es básicamente negativo, con el tiempo yo acabaré sintiéndome también negativa. Pero si él tiene la moral alta, yo también. Ahora bien, si se trata de una negatividad pasajera, acabo sintiéndome bien. Pero si es un comportamiento interno y un estilo de vida, no lo quiero para nada y salgo de ahí, porque una actitud negativa constante acabará derrumbándome. No puedo ser fuerte mucho tiempo y pretender que la situación cambiará. Si no lo hace, empiezo a sentirme mal conmigo misma. Por lo tanto, no lo necesito y acabo dejándolo y buscando un sentimiento más bueno y positivo.

Además de los halagos, otras cosas que hacen que las mujeres se sientan bien consigo mismas son:

–Me gusta el romanticismo. Los chicos me ganan con grandes ramos de flores y siguiéndome la corriente. Han habido algunos que han seguido haciéndolo durante la relación... mientras que otros, una vez me han tenido, se han olvidado del ramo. Me encantan las flores. Recibir flores de un chico es una muestra de respeto, admiración y un poquito de algo más. Las flores me hacen sentir especial.

La cámara de televisión, contestó:

–El mejor halago que puedo recibir por parte de un hombre es que lea mis pensamientos... que adivine por mi mirada, por mi forma de caminar, o por mi tono de voz, que he tenido un mal día. Si es así me siento estupenda y luego que lo solucione insistiendo en que me siente, me relaje, mientras él prepara la comida, acaba con la colada o lo que sea. Ese hombre me llega al corazón.

Esta mujer dijo que quería que su pareja «me diga qué aspecto tengo. Quiero escuchar si estoy bien o mal. Que no me ignore».

Otra mujer, opinó:

–He llegado a la conclusión de que soy una adicta al trabajo porque todos los halagos los recibo en el mismo. La gente me dice que estoy haciendo un gran trabajo, que estoy colaborando en la construcción de un negocio maravilloso. Pero cuando llego a casa todo es: «¿Cuándo estará lista la cena?» o «¿Por qué no están limpios los platos?». Creo que los hombres pierden el tren no dándole a su esposa los halagos suficientes en casa.

La abogada, dijo:

–Un hombre me hace sentir bien cuando me halaga sinceramente. Decirme que he llevado bien un caso es algo que me llena. Pero no me gustan los halagos prefabricados. No quiero que la gente me halague por el simple hecho de querer ganar puntos. Quiero halagos más sobre mis logros que sobre cómo visto o sobre mi aspecto. Todo el mundo puede comprarse una prenda bonita y, en cierto sentido, «comprar un halago». Tal vez sea esta la razón por la cual muchas mujeres van de compras y salen con ello puesto. Quizá si su pareja las halagase sinceramente por algo que han hecho, no tendrían la necesidad de salir y gastar dinero en lo que a menudo acaban siendo cosas frívolas, temporales. El otro lado de la moneda es que ella debe hacer algo que merezca el halago... cocinar... llevar la casa... coser... cuidar de los niños... logros profesionales. Si es un saco de patatas, estoy segura que no se llevará muchos halagos.

La reportera de televisión, afirmó:

–Quiero cariño físico y eso no va siempre unido al sexo. Darnos las manos, o un beso cuando llega a casa. Además, me gustaría que me mirase como si yo fuese alguien importante... algo más que un cuerpo. Sentirme querida sin decir, «Muy bien, ya te he hecho sentirte querida, prosigamos». Quiero cariño de verdad. De lo contrario, tengo la sensación de que la única ocasión en que me dice que me quiere es cuando quiere llevarme a la cama. Eso no está bien. Me siento utilizada, como si fuera un objeto.

Intenté formular mis preguntas de modo que ayudaran a las mujeres a sentirse cómodas. Mi siguiente cuestión seguía este objetivo:

¿Cuál es su concepto de pasar un buen rato, como una tarde o una noche, en compañía de un hombre?

Un motivo adicional al formular esta pregunta era disminuir las cavilaciones del hombre en cuanto a lo que a la mujer puede gustarle hacer cuando tiene una cita. Quedé sorprendido y me imagino que a usted le sucederá lo mismo, ante la respuesta de la mayoría de las mujeres.

La respuesta más frecuente (cincuenta y cinco por ciento) fue: «Un paseo por el parque.» Al principio, me limité a llevar la cuenta de las diversas respuestas. En aquel momento no pregunté por qué una actividad concreta puntuaba alto para disfrutar en compañía de un hombre. Pero luego me interesé cuando un joven compañero de mi trabajo, que sabía que me dedicaba a entrevistar mujeres, me preguntó qué tipo de preguntas les formulaba. Le di esta como ejemplo y le expliqué la respuesta más repetida.

Un par de semanas después volví a hablar con él, me dijo que había intentado lo del paseo por el parque con su novia y que no había funcionado... con todo lo que implicaba lo de «no funcionar». Curioso, le pedí que me relatara su experiencia.

El joven me dijo que todo iba bien hasta que empezó a darle lecciones de fotografía con su cámara.

–Eso terminó con nuestro paseo por el parque –dijo.

Perplejo, sopesé su experiencia. Tardé un par de días en discernir por qué su paseo por el parque con su novia había terminado tan bruscamente. (Algunos de ustedes deben tener ya la respuesta y estarán leyendo esto por encima. Si se ríe de mí... y de su... lentitud, no sea tan duro, por favor. Los hombres, a veces, podemos ser lentos.) Poco a poco se fue haciendo la luz de que el atractivo que para una mujer supone el paseo por el parque con su pareja es que allí dispone de su plena atención: nada de teléfonos, ni niños, ni vecinos, ni cámara, ni distracciones. En el parque, o de picnic, son ella y él... uno y uno, que es lo que ella quiere. Para comprobar mis ideas, en las entrevistas posteriores seguí con la pregunta: «¿Por qué un paseo por el parque?». Mujer tras mujer fueron confirmando mi «brillante» deducción.

Más adelante, le pregunté a la novia de mi compañero por qué sus instrucciones con la cámara la habían incomodado tanto en aquel momento. Y ella me respondió:

–Me hizo sentir poco interesante, poco querida y poco atractiva. Otras veces, con otros amigos que no sumaban ninguna distracción, habían sido agradables y satisfactorias. Esos buenos momentos me atraían y quería más. Quería que él estuviera por mí al cien por cien.

Otro lado de esa moneda, no obstante, podría ser una bandera roja de alerta que el hombre necesita considerar. Cuando le expliqué esa historia a otra mujer, ella me dijo:

–Las instrucciones con la cámara me habrían parecido bien. Eso habría servido para comunicarme que yo era lo bastante importante como para incluirme en su mundo. Si a ella le molestó lo de la cámara, es posible que fuera porque él no le interesaba mucho, ni tampoco su mundo. Puede también significar que ella no tuviera ningún interés en aprender nada nuevo. Su enfado puede ser asimismo una pista de que se trata de una persona egocéntrica, que sólo se interesa por las cosas que a ella le interesan. Si lo que le interesa a él le molesta a ella, eso puede demostrar que quiere su atención al cien por cien, siempre. Si yo fuese ese chico, huiría corriendo.

Después de escuchar estas opiniones, llevé mi pregunta un paso más allá y pregunté: «¿Cuánto tiempo a solas desea pasar con su pareja?». Las respuestas oscilaron entre «el cien por cien» y «cinco minutos una vez por semana». Ya que la cantidad de tiempo exclusivo que la mujer quiere con su hombre varía tanto de caso a caso, puede que sea importante establecer esa información a nivel individual. Lo que una mujer pueda esperar de la atención exclusiva del hombre puede ser más de lo que éste esté dispuesto a dar.

Otras formas de pasar el tiempo en compañía de su pareja fueron:

Cenando, en casa o fuera, 20%
Viendo una película, 5% (a veces combinado con la cena).
En el cine, 3%
En la discoteca, 2%
En casa juntos, 2%
En una galería de arte o un museo, 2%
Jugando al golf, 2%
Compartiendo un interés mutuo. 2%
Montando en bicicleta, 1%
Navegando, 1%
De acampada, 1%
Junto a la chimenea, 1%
Con un juego de equipo, 1%
Jugando al tenis, 1%
Pasando la tarde en la cama, 1%
Viendo un espectáculo deportivo, 1%
En el zoo, 1%

Veamos ahora los comentarios individuales que realizaron las mujeres sobre el tiempo pasado con su pareja. La propietaria de una agencia de publicidad, de cuarenta y cuatro años de edad, dijo:

–Soy una romántica. Me gusta llevarme la cesta del picnic al parque. Esa es mi idea de una tarde perfecta. Me gustaría disponer de una hora ininterrumpida sólo para comunicar. Si es por la noche, un dormitorio iluminado con la luz de las velas, música suave y vino, y que la naturaleza siga su curso.

–¿Con cuánta frecuencia desearía este tipo de tiempo? –pregunté.

–No más de una vez por semana. Tengo dos hijos adolescentes y dirijo un negocio. Me sentiría satisfecha con la tarde de un sábado o un domingo, o una noche a la semana. No podría con siete días semanales. Y no quiero nada programado, sino espontáneo. Tampoco quiero el sexo programado.

Una mujer de cabello castaño, vendedora de publicidad de una emisora de radio, dijo:

–Una de las tardes mejores que he pasado fue paseando por el parque. Ambos asistíamos a una convención. Él me pidió que diésemos un paseo por el parque porque no tenía dinero para llevarme a ningún lado. Ni tan siquiera podíamos comprar algo para picar después de la reunión de negocios de la mañana. Aquel paseo por el parque con él fue un momento muy placentero para mí... sobresaliente.

Una secretaria ejecutiva de banco, de cuarenta y ocho años de edad, afirmó:

–La forma en que quiera pasar mi tiempo con él dependerá de mi estado de humor. Soy como cinco mujeres en una. Lo más probable es que me gustará alquilar tres películas, cerrar la puerta con llave, correr las cortinas y acostarme con él. O quizá me apetecería una cena a la luz de las velas. De ese modo puedo tener su tiempo y su atención. Él pensaba antes que ser romántico era ser frívolo y quisquilloso. Ahora aprecia el tiempo de calidad que podemos pasar juntos. Ha aprendido a ser romántico para mí. Eso demuestra que es posible enseñar a los hombres... pueden aprender. Le amo con locura por esto.

Una técnica de cámaras de treinta y tres años de edad, dijo que durante el día prefería disfrutar de su tiempo de calidad al aire libre. Su teoría era la siguiente:

–Siempre quedo primero tres veces a luz del día. Cuando sales con alguien de día hay menos preocupación por todo el tema sexual... evitas la decisión de última hora de la noche sobre qué hago si me pide que duerma con él antes de tener la oportunidad de conocerle de verdad. Pienso que las mujeres se inclinan por actividades al aire libre porque eso disminuye la presión sexual. El sexo puede matarte hoy en día. Ser soltera en el mundo en que vivimos es complicado.

Una maestra de cincuenta y cinco años de edad, dijo:

–Lo mejor de pasear por la naturaleza es que piensas en ti misma y puedes reflexionar. Con una cena, las conversaciones pueden quedar atrancadas y hablar siempre de lo mismo... a menos que la persona tenga una cabeza que funcione muy bien. Pero cuando paseas al aire libre hay silencios intrínsecos, como cuando saltas una valla, o cruzas un riachuelo. Pienso que pasear entre los árboles con alguien me permite ver a la persona de verdad, en lugar de verlo como un vendedor, un ingeniero o un piloto. Y los paseos por el bosque siempre acaban con sorpresas. Me gusta esa sensación de descubrirse mutuamente. Me ofrece la posibilidad de ver si un prado lleno de flores le conmueve. La sorpresa es el ingrediente clave en una cita. Me gustan las cosas impredecibles. Me gusta el hombre que dice: «Quiero llevarte aquí y allá». Me resulta más difícil cuando me dice: «¿Qué quieres hacer?» Prefiero que tome la iniciativa, que me sorprenda con algo que él considere especial y diferente.

Otra mujer que entrevisté dijo que le encantaban las sorpresas. Esta contable de cuarenta y un años de edad, apostilló:

–Me encanta que me sorprendan, sería maravilloso que él planificara algo... que se encargara de todo y que yo fuese totalmente pasiva. Eso me encanta.

Una secretaria de una inmobiliaria, respondió sobre las cenas en casa:

–Me gusta preparar juntos la comida. Así ambos somos los responsables de una buena cena o, si sale mal, compartimos las culpas.

Comentarios variados de diversas mujeres fueron:

–La mayoría de nosotras estamos siempre tan liadas que no necesitamos salir por ahí para pasar una buena velada. Me encanta ponerme en camisón y zapatillas y ver un buen programa de televisión comiendo palomitas. No necesito gran cosa para pasar una buena noche.

–No necesito que me regalen con un buen vino y una cena. Eso es plástico. A veces está bien, pero lo que realmente importa es lo que transmite su corazón y su mirada... no su tarjeta de crédito.

Mi siguiente pregunta fue concebida para evitar que los hombres choquen en los cruces con las mujeres. La pregunta era:

¿Qué puede hacer un hombre, que a usted le moleste o la haga sentirse incómoda?

La respuesta más escuchada fue «humillarme». Para una rápida impresión de cómo las humillaciones afectan a la mujer, escuchemos a esta preciosa madre de tres hijos, de cuarenta y cuatro años de edad y poseedora de dos licenciaturas. Una de las mujeres más brillantes, inteligentes y bonitas que he conocido en mi vida. Dijo:

–Mi marido estuvo humillándome durante quince años... diciéndome que era una estúpida, que no era buena y que era fea.

–Pero si usted es todo el contrario de la fealdad –destaqué–. De hecho, es tremendamente bella.

Ella bajó la cabeza.

–No lo soy.

–Me ha dicho que se ha divorciado. ¿Por qué seguir repitiendo lo que él le decía?

–Tengo este pequeño aquí que dice que me decía que no era bonita, así que no lo soy.

–Entonces mírese al espejo.

–Ya lo hago, pero es igual. Lo que cuenta es lo que me decía.

Contemplando a esa mujer, sentí tristeza por lo mucho que un hombre puede influir sobre su mentalidad. Se me pasó por la cabeza que aquel tipo sería un buen predicador.

Una telefonista de veintiséis años de edad, dijo sobre las humillaciones:

–Estoy abierta a que se me expliquen las cosas; estoy dispuesta a aprender cosas nuevas y puedo cometer errores. Pero no me hables como si no pudiera hacer nada de eso que acabo de mencionar. A veces tengo la sensación de que piensa que mis ideas son como las de un perro.

La relaciones públicas de una emisora de radio, de veintinueve años de edad, respondió:

–Algunos de los hombres con los que he salido me han hecho saber que por ser hombres, entienden de eso y de aquello... insinuando que como yo soy mujer, no puedo o no debo entender tanto de eso y de aquello como ellos. O bien dicen: «Deja que lo haga yo, tú no sabes hacerlo.» Y también pueden decir: «Tonta, salte del medio.» Eso lo odio.

La segunda queja más común sobre las cosas que hacen los hombres que molestan a las mujeres fue «no comunicar». Ejemplos de ello son:

–No escuchan. Piensas que oyen, pero no escuchan. Cuando les decimos algo, responden automáticamente «Muy bien», como una forma de despreciarnos y de seguir con lo que quiera que tengan entre manos. Es como si la voz de la mujer fuera una interrupción en su vida.

Una ama de casa, de treinta y cuatro años de edad, dijo:

–Me molesta cuando no comunica conmigo. Yo no puedo leerle los pensamientos si no me dice qué le preocupa o le molesta, y no quiero tener que formularle veinte preguntas.

Una profesora y propietaria de una librería, apuntó:

–Me molesta cuando no habla o cuando su cara se muestra inexpresiva. Cualquiera de esas dos cosas me dice que no le gusto. El hombre con quien salía vivía una vida inexpresiva y no tenía arrugas de expresión en la cara. A veces le apretujaba la cara para darle un carácter, un significado. Me siento más cómoda con hombres que hablen mucho... y que tengan arrugas de expresión.

La tercera queja fue de mujeres trabajadoras que querían, como mínimo, repartir por la mitad las tareas de la casa.

Otras quejas fueron las siguientes.

La asesora financiera, contestó:

–Que no me escuche o que me grite cuando yo intento hablar con alguien. También que invalide mis sentimientos cuando algo me preocupa. Si estoy preocupada, no quiero tener que oír que me obsesiono por ridiculeces. Quiero alguien que al menos intente comprenderme. También me molesta cuando sabe que va a llegar tarde y no llama para avisar. Si llama, ningún problema... pongo de nuevo en marcha mi cerebro y me dedico a mis asuntos.

Otros comentarios fueron:

–Que no me preste toda su atención cuando hablamos... una mirada desviada, mirar quién se acerca a la puerta, o quién se marcha. Cuando hablo con un hombre, quiero contacto visual.

–Odio que me esté hablando y mirando, a la vez, a otra mujer.

–Cuando mira a otras mujeres, eso me molesta. Y me gusta aún menos a medida que voy haciéndome mayor. En el centro comercial, cuando pasamos junto a un bomboncito sin una arruga. Me fastidia que se le peguen los ojos a ella y vuelva la cabeza. Y tampoco me gusta oír exclamaciones cuando sale una jovencita en la tele. Yo no digo nada cuando veo un jovenzuelo estupendo en el centro comercial o en la tele, porque respeto los sentimientos de mi pareja.

Otras quejas fueron las que siguen.

–No escuchar e interrumpir. Cuando interrumpe lo hace, evidentemente, porque no me escucha.

–Odio cuando un hombre se pone especialmente pesado con la camarera... quejándose o pidiéndole cosas irrelevantes.

–Cuando me dice lo que piensa que yo estoy pensando, en lugar de preguntármelo. Como cuando estoy triste y me dice que no lo estoy. O si me pregunta algo y yo le respondo, y luego concluye que lo que le he respondido no es en realidad lo que pienso. Si lo cree así, ¿por qué se molesta en preguntar? ¿Es que piensa que por la mañana lo primero que hago yo es plantearme que voy a pasarme el día entero mintiéndole?

–Me siento incómoda con el pretencioso musculitos que se pasa el día diciéndome: «¿Verdad que soy maravilloso y macho, pequeña?». Son realmente repugnantes.

Y a esto yo pregunté:

–¿Por qué? Creía que a las mujeres les atraían los tipos que estaban buenos.

–Una cosa es estar tonificado y en forma, pero esa actitud de: «Tengo que ser el más musculoso, el más grande y el más valiente» es de inmaduro. Cuando llegan al punto en el que dicen: «Lo siento, querida... no puedo hablar... tengo que ir a las máquinas de musculación», eso es egoísmo y va mucho más allá de estar bueno.

Cuando le pregunté a una secretaria ejecutiva qué hacían los hombres que la molestase, dijo:

–Lo primero de la lista es la actitud de macho. Es como si estuviera diciéndome: «No estoy realmente seguro de quién soy, por lo tanto, voy a demostrarte que soy un hombre adoptando una actitud de macho.» Eso normalmente significa dominio. El macho da por supuesto que tengo que aceptar como un hecho que el genero masculino tiene licencia para dominar. Un ejemplo de ello es cuando se le da más importancia al nacimiento de un niño que de una niña. Ahí empieza todo. –Sonrió–. Incluso los caballos reciben más consideración que las yeguas. Cuando nace un caballo macho, tenemos un caballo. Pero cuando nace un caballo hembra, tenemos una yegua, como si una yegua no fuese un caballo.

La recepcionista nocturna de un motel pronunció un discurso para explicar cuáles son las cosas que hacen los hombres que la incomodan. A veces, sus pensamientos fueron más lejos del alcance de la pregunta. Sin embargo, creo que presentó ideas muy valiosas para el hombre que desea iniciar una relación con una mujer, o para el hombre que pretende conservar una relación. Por lo tanto, presento sus ideas por completo. A modo de recordatorio, la pregunta era: «*¿Qué puede hacer un hombre que a usted le moleste o la haga sentirse incómoda?*»

–Ser falso o postizo. Que esté haciéndome creer que es algo que no es. Ser falso al presentarse como galante, educado, caballeroso.

Le pregunté:

–¿Cree que estas cualidades suelen ser más falsas que reales?

–Sí. Los hombres suelen ser muy parecidos a las mujeres, mucho más ahora que hace diez o veinte años. Las mujeres pueden ser muy falsas o postizas... dejamos ver a los hombres sólo lo que queremos que ellos vean. En los últimos años, los hombres se han vuelto más así. Diez o veinte años atrás, tocaban más con los pies en el suelo. Entonces, la actitud de los hombres era más del tipo «Soy como soy, o me tomas o me dejas». Pienso que la sociedad está obligando al hombre a ser algo más pulido, hasta el punto de que son un poco más falsos.

–¿Por qué?

–Porque hay muchos más profesionales de corbata, más ejecutivos, y menos picapedreros, trabajos físicos que han dejado de existir. Los hombres se han visto obligados a adaptarse, y se han quedado con la idea de que si la falsedad funciona en los negocios debería funcionar también en su vida social. Las mujeres sufrimos las consecuencias de que los hombres sean deliberadamente descorazonados, faltos de sentimientos o de que nos hagan creer que no les importamos. Esa no es la naturaleza humana y no está bien. Quiero decir que si vas a llorar detrás de una puerta cerrada y a sentirte dolido estando tú solo, entonces es que tienes carencias. Si una persona te importa de verdad y realmente la quieres, no deberías avergonzarte de sentirte dolido delante de ella. Al mismo tiempo, la gente frente a la que eliges sentirte dolida debe ser receptiva e importarle que lo estés. Deberían animarte e invitarte a llorar temporalmente sobre su hombro para recibir apoyo. Y quiero destacar la palabra temporal. Puede que el problema no se solucione en ese momento, pero al menos puede mejorar durante un rato... permitir un respiro que puede ser todo lo que necesites para solventar el problema con tus propios recursos después de estar más centrado. Me molesta que los hombres sean falsos y también que tengan hielo en las venas.

Descubrí que las mujeres entrevistadas eran optimistas, confiadas e inteligentes. Eso me hizo interrogarme al respecto y entonces pregunté:

¿Envidia alguna de las cualidades o características comunes a todos los hombres en general?

Más que cualquier otra característica, hubo más mujeres, el diecisiete por ciento de ellas, que dijeron que envidian la confianza de los hombres. En la definición de confianza incluían la habilidad que ellos tienen para hacerse cargo de las cosas.

Un comentario típico fue:

–Había una época en la que envidiaba la facilidad con que los hombres parecían hacer todo lo que querían. Tuve que darme cuenta por mí misma de que nadie me ha dado o me ha negado el permiso para actuar de la misma manera. De modo que ya no envidio más a los hombres por eso.

Una ama de casa de treinta y dos años de edad, dijo:

–Tenía un amigo que era completamente autosuficiente en todo lo que hacía. Entonces le admiraba, en parte porque yo fracasaba en lo mismo. Pero aprendí mucho de él en cuanto a controlar mi vida. Creo que las madres enseñan a sus hijos estas características y lo envidio. Pero la autosuficiencia es algo que también pueden aprender por su cuenta las mujeres. Pienso que las madres deberían enseñárselo a sus hijas, igual que lo hacen con sus hijos.

Este es el punto de vista de una reportera de noticias de televisión, de veinticuatro años de edad:

–Envidio el hecho de que los chicos jóvenes estén programados desde un momento temprano de la vida para saber lo qué quieren y luego vayan a por ello. Generalmente, las mujeres están programadas para ser más pasivas... «No hagas un plan de juego para tu vida, porque acabarás casándote y teniendo hijos». Envidio a los hombres en el hecho de que parecen hacerse cargo de su propia vida.

La propietaria de una agencia, de cuarenta y cuatro años de edad, explicó de esta manera la envidia que sentía por la confianza que mostraban en sí mismos:

–No sé si es innata o aprendida, pero los niños parecen poseer una confianza dominante en ellos mismos que las niñas tienen que aprender. Yo fui hija única y mis padres me educaron con la actitud de que podría hacer lo que me propusiera. Y lo he hecho. En lo que a mí refiere, la confianza en uno mismo es algo que se aprende.

La secretaria dijo:

–Envidio que los hombres no tengan miedo a andar solos de noche. Nunca parecen tener miedo de la oscuridad. Como mujer, tengo muchos miedos que no tienen los hombres. Envidio la asertividad de los hombres y que la sociedad se lo acepte. Envidio que puedan cambiar una bombilla sin necesidad de subirse a una escalera.

Una empleada de control de calidad de una empresa de telefonía móvil, opinó:

–A los hombres se les enseña a tomar el toro por los cuernos y a hacerse cargo de lo que ocurra en su vida. Creo que cada vez hay más mujeres así y que son menos víctimas de lo que eran antes. Admiro el hecho de que tantos hombres emprendan acciones que les permitan controlar su vida.

La segunda característica que las mujeres envidiaban más era la fuerza física y mental del hombre. Una empleada de un supermercado de veintisiete años de edad, dijo:

–Envidio su fuerza física. Envidio también su fuerza mental para manejar una situación complicada en el momento que se produce... una situación en la que lo primero que yo habría hecho sería llorar.

Una secretaria de líneas aéreas con base de operaciones en un aeropuerto, envidiaba también la fortaleza física del hombre.

–Pienso que las mujeres serían consideradas más iguales de tener la fuerza muscular de los hombres.

Otros comentarios diversos sobre los que las mujeres envidiaban de los hombres fueron:

–Los hombres se colocan por encima de los pequeños problemas que agobian a las mujeres. Los hombres, o solucionan el problema, o lo desprecian como demasiado pequeño para merecer su interés.

–La mayoría de los hombres no cotillea, y eso me gusta.

–No envidio al hombre. El hombre no tiene nada que yo pueda envidiar.

–Envidio que el hombre pueda andar tan tranquilo sin camisa.

–Envidio las habilidades mecánicas de los hombres. Me gustaría poder reparar el coche y la cómoda y todas esas cosas con la misma facilidad que ellos.

–Envidio que los hombres no parecen preocuparse por nada. Si tengo un problema encima, no funciono. Hay hombres capaces de pasar de sus preocupaciones hasta que encuentran el momento de manejarlas como mejor les conviene. Me encantaría poder hacerlo.

–Envidio la habilidad del hombre de poder olvidarse de un mal día o de hacer caso omiso a los comentarios, buenos o malos.

–Pienso que los hombres que trabajan juntos no son tan «maliciosos» como las mujeres que trabajan juntas. Me gustaría que fuésemos así.

–Creo que a los hombres se les toma más en serio que a las mujeres. Por ejemplo, cuando una mujer va al banco a pedir un préstamo, el banco suele decir: «Preciosa, vuelve otro día cuando tu marido pueda acompañarte». Lo odio.

–Envidio el espíritu corporativo de los hombres. Pueden salir juntos, incluso estando casados, y pasárselo como en los viejos tiempos. Últimamente me han permitido unirme a un grupo de hombres que toman unas cervezas junto al río. Soy la única mujer. Cuando veo su interacción, los envidio tremendamente. Me siento privilegiada por poder estar con ellos y conozco las reglas... nada de sentimientos... no quieren ponerse pensativos. Hacen tonterías... se salpican con el agua... pelean revolcándose por la arena y el barro, como una manada de monos. Son mucho más físicos que las mujeres. Es superficial en cierto sentido, pero me gustaría que las mujeres se divirtieran física y tontamente de esta manera. Los hombres se alían, las mujeres suelen enfrentarse las unas con las otras.

–Admiro la camaradería que tienen los hombres con otros hombres. Me gustaría poder experimentarlo. Además, parece que los hombres controlan mejor sus emociones, tienen una personalidad más constante, mientras que las fluctuaciones hormonales de las mujeres las vuelven locas. Cuando me pongo a llorar sé que no hay ningún motivo para ello, excepto que una parte de mi cuerpo me hace emocional. Me da envidia que los hombres puedan ser tan equilibrados y constantes.

Una última área donde las mujeres envidian a los hombres. Una directora de personal de treinta y siete años de edad dijo:

–Me gusta su capacidad de aprender de otros hombres, como a través de un mentor. Las mujeres no están todavía en eso. Tener o ser mentor es una estrategia inteligente. Creo que las redes de contactos de los hombres son maravillosas. Hay muchas cosas que admiro de los hombres.

Casi todos los hombres han experimentado ocasionalmente la impaciencia de una mujer. Para descubrir si podría haber algo capaz de anular o disminuir este hecho, pregunté:

¿Cuál opina que es la debilidad que la mayoría de los hombres tiene en común?

La mayoría (treinta y cuatro por ciento) dijo que los hombres suelen comportarse demasiadas veces como machos y tomar actitudes de gallito para proteger su ego. El veintiocho por ciento opinaba que una debilidad común en los hombres es su incapacidad de mostrar los sentimientos y las emociones. Una atractiva matemática de un laboratorio atómico dijo:

–Hay hombres que son tan egoístas que son incapaces de pensar con otra cosa que no sea su pene.

La reportera de televisión se río al escuchar la pregunta y respondió:

–Su debilidad más común es lo que está dentro de sus pantalones. Más allá de eso, cuando entra otra mujer noto escasa lealtad hacia mí. Creo que los hombres no tienen gran fidelidad hacia la zona que cubren mis bragas y eso ofende. Caballeros, escuchen ustedes un secretillo: las mujeres nunca estamos bastante satisfechas con nosotras mismas. Tenemos inseguridades. La mayoría de nosotras intenta ocultar estas inseguridades con maquillaje, vestidos y una atención constante hacia nuestro cuerpo. Me siento insegura cuando estoy en compañía de un hombre cuyos ojos se distraen en el momento que ve una tía buena. Ya hay bastante. Maldita sea, no le echéis más sal a nuestras inseguridades. Antes largaos con otra mujer.

Una doctorada en ciencias de los negocios, de treinta y siete años de edad, dijo:

–El ego de la mayoría de los hombres se encuentra dentro de sus pantalones. Mi primer marido decía que las mujeres no tienen cerebro porque Dios no les dio un pene donde guardarlo. –Se echó a reír y añadió–: Ese marido pasó a la historia. Mi segundo marido no opina lo mismo. Su cerebro está en el lugar que le corresponde, igual que su ego. Por eso sigo conservándolo.

La responsable de una casa de empeños dijo que la debilidad que menos le gustaba era la necesidad que sienten algunos hombres de actuar como machos... la camisa abierta con cadenas en el cuello... el síndrome de «Yo, Tarzán, soy el rey».

–En el extremo opuesto del macho, tengo un amigo que es un palmo más bajito que yo. Siento hacia él el máximo respeto porque no tiene ni pizca de ese aspecto machista, aunque es uno de los hombres más fuertes que conozco.

Y pregunté:

–¿Fuerte? ¿En qué sentido?

–Seguro de sí mismo. Nada chulo, pero seguro de sí mismo, con buenos motivos para ello. Es bueno en muchas cosas. No es falso, una persona increíble.

En relación a la opinión más repetida en segundo lugar (veintiocho por ciento) con respecto a las debilidades masculinas apareció «no mostrar los verdaderos sentimientos... incapacidad de llorar... contener las emociones».

Una directora de oficina de cuarenta y tres años de edad dijo:

–Una posible debilidad, una debilidad más enseñada a los jovencitos que llevada en los genes, es la falta de voluntad para expresar sus sentimientos. Por ejemplo, tengo un amigo que tenía un compañero de pesca con quien pasaba los fines de semana en un pequeño barco. Un fin de semana de pesca, su amigo dijo, sin darle importancia: «Por cierto, me divorcié la semana pasada.» Mi amigo no tenía ni idea de que aquel hombre y su mujer tuvieran problemas. A los hombres se les ha enseñado a esconder sus sentimientos... «No llores, que no es de hombres.» Pero como que se trata de algo socialmente impuesto, los hombres acaban superándolo. Los fuertes, al menos.

–La mayor debilidad que veo –dijo una azafata de veinticuatro años de edad– es su incapacidad para mostrar las emociones... para llorar, como si les diera miedo que alguien les considerase débiles. Yo no considero que llorar sea una debilidad. Para mí, el hombre que no tiene miedo a llorar es un hombre fuerte... el que lo suelta y me lo cuenta todo.

Otras respuestas diversas sobre lo que las mujeres consideran debilidades masculinas son:

–Suelen jugar. Piensan que está bien mientras tú no te enteres. No se comprometen.

–Creo que una debilidad común entre los hombres es que no se confían entre ellos los asuntos emocionales tan fácilmente como lo hacemos las mujeres. Eso es una debilidad porque obliga a los hombres a necesitar una mujer que les apoye emocionalmente de forma intensa. Si los hombres compartieran entre ellos sus traumas emocionales... si comentaran sus trapos sucios... no tendrían esa impaciencia por estar con una mujer. Creo que les resultaría más fácil.

–¿Una debilidad masculina? Los hombres no llevan bien el rechazo, el divorcio ni cualquier conflicto con una mujer. Tiene que ver con la educación que reciben los hombres. Cuando son pequeños, rara vez se ven obligados a afrontarse a nada porque sus madres les protegen. Por lo tanto, los chicos no tienen la posibilidad de sentirse defraudados de pequeños. A las chicas, por otro lado, se les enseña a reprimir sus deseos... se les enseña que no pueden hacer eso o aquello, de modo que las chicas aprenden pronto a superar los desengaños y lo llevan mejor cuando son mujeres. Por ejemplo: en un proceso de divorcio, el estrés obliga a muchos hombres a faltar al trabajo. La mujer, sin embargo, se dedica con más empeño al trabajo durante el estrés del divorcio. Su trabajo se convierte en algo vital, de modo que cuando la mujer sufre estrés suele faltar menos en el trabajo. Porque de pequeñas las niñas aprenden pronto a doblegarse, mientras que los hombres no suelen estar obligados a aprender a dominar esta habilidad en edades tempranas.

Una manicura de veintiocho años de edad, cree:

–Los hombres se muestran inseguros con lo que ellos piensan que la mujer quiere en un hombre, físicamente o con relación al dinero. Los hombres temen no alcanzar sus esperanzas. Muchos no se dan cuenta de la importancia que la mujer le otorga a la inteligencia. Su cerebro es lo que encabeza mi lista.

La joven viuda de un piloto de transporte aéreo muerto en un accidente de aviación, dijo sobre la debilidad masculina:

–Creo que los hombres son más rompibles que las mujeres.

–¿Rompibles? –pregunté.

–Emocionalmente. Son rompibles porque se espera que esta gran figura del macho masculino nunca sucumba a una debilidad, como admitir que puede haberse equivocado o llorar internamente sin demostrar nada en su exterior. Todas estas responsabilidades que descargamos sobre ellos y luego no les damos espacio para el error o el fracaso. Creo también que el rendimiento sexual de los hombres es un aspecto muy frágil. Debe aterrorizarles darse cuenta de que no pueden hacer el tonto, que deben satisfacer presiones sociales para demostrar que son totalmente masculinos, siempre. A veces, pienso que los hombres soportan tanta presión que esta actitud les impide ser humanos. Pero todos tienen su punto débil, como Sansón o Aquiles. Dos hombres fuertes como ellos, también tenían una pequeña debilidad capaz de destruirles. Físicamente es evidente que los hombres son más fuertes que las mujeres, pero tienen un punto de fragilidad. Los hombres pueden ser destruidos fácilmente. No considero que los hombres sean enclenques, pero son mucho más rompibles de lo que nos imaginamos. Tienen un punto de ruptura y no quieren que nadie sepa de su existencia. No me gustaría que la presión que tienen encima estuviera continuamente recogiendo mis pedazos y uniéndolos para seguir con mi actuación.

Después de escuchar la respuesta de las mujeres a esa pregunta, valoro mejor su tendencia a suavizar lo que consideran las debilidades de los hombres.

En mis días escolares, me di cuenta de que mis compañeras de clase tenían siempre una relación íntima con una o más chicas. Estas amistades femeninas parecían más fuertes que entre chicos y chicos o chicos y chicas. Con la esperanza de que los hombres podamos comprender mejor por qué las mujeres eligen otras mujeres como sus mejores amigas, pregunté a mi panel de mujeres:

¿Su mejor amigo es hombre o mujer? ¿Por qué?

El sesenta y tres por ciento de las mujeres dijo que su mejor amiga era una mujer. Los motivos que me dieron fueron:

–Porque ella comprende mis sentimientos mejor que un hombre. En su cabeza tiene lo mismo que yo.

–Una mujer es mi mejor amiga porque puedo compartir con ella cualquier cosa. Podemos hablar sobre el pene de un chico o sobre cualquier cosa. Con un hombre tengo que ir con más cuidado y no decir ciertas cosas o discutir de ciertos temas. Con un hombre estoy en guardia, lo que no me sucede con las mujeres.

Una maestra de escuela, dijo:

–Puedo ser amiga de hombres, pero no me siento cómoda porque temo que finalmente se produzca una atracción. Eso no sucede cuando tienes por amiga a una mujer. Por otro lado, resulta más fácil hablar con una mujer sobre los problemas del cuerpo femenino y esas cosas.

Otra mujer, afirmó:

–Mi mejor amiga es mujer, sin embargo, si quiero una respuesta directa me dirijo a un hombre.

–A lo largo de toda mi vida, siempre ha sido una mujer mi mejor amiga, pero en la universidad era un hombre.

–Hay muchos motivos por los que una mujer es mi mejor amiga. En primer lugar, es más difícil entablar amistad con hombres porque suelen traducir la amistad en excesos sexuales que no deberían estar allí. Además, mantener una amistad con un hombre suele ocasionar los celos de su mujer. Las mujeres suelen seguir siendo amigas aun después de casarse, pero cuando un amigo se casa, la amistad termina. Por lo tanto, no sólo es más fácil tener una mujer como amiga, sino que es también más conveniente.

Una mujer que tiene como mejor amigo un hombre, dijo:

–Las mujeres son más estrechas de miras y un poco maliciosas. Cuando encuentro un hombre dispuesto a hablar conmigo, me relaciono más con él que con una mujer. Obtengo su punto de vista sobre los problemas y él obtiene el mío. Como reportera de televisión, la opinión de un hombre es más valiosa que la de una mujer.

A medida que he ido cumpliendo años, voy teniendo la sensación de que mis amigos albergan un miedo hacia las mujeres profundamente asentado. Entre otras cosas, sentimos un miedo de muerte a pedirles para salir, sobre todo si se trata de la chica guapa del lugar. De modo, que pregunté a las mujeres:

¿Cree que hay hombres que tienen miedo de las mujeres? De ser así, ¿de qué cree que tienen miedo?

El cien por cien de las mujeres preguntadas dijeron que sí, que creían que algunos hombres tenían miedo de las mujeres. Veamos a continuación una selección de sus respuestas:

Una maestra de cuarenta y cinco años de edad, apostilló:

–Hay hombres que todavía piensan que a menos que la mujer dependa económicamente de ellos, no tienen ninguna base sobre la que soportar su relación. Estos hombres temen que las mujeres actuales no les necesiten.

Una vendedora de una emisora televisiva, de cuarenta y dos años de edad, dijo:

–Los hombres temen que veamos o conozcamos sus fallos, por ejemplo, en el aspecto sexual. Temen que la mujer llegue a conocerles demasiado bien. Temen que ella pueda decidir que él no es lo que quería o necesitaba y rechazarlos. Temen jugar mal su mano y dejar ver su fondo. Quizá esta sea la razón por la cual los hombres no hablan abiertamente con sus esposas o sus novias.

La vendedora de publicidad de una emisora de radio, de cuarenta y cuatro años de edad, creía que los hombres temen a las mujeres porque:

–Tienen miedo de poder ofender a una mujer, de no hacer lo «correcto». Creo que los hombres quieren complacer a la mujer, pero algunos no tienen ni idea de cómo conseguirlo.

Y entonces le pregunté:

–¿En qué áreas cree que los hombres se preocupan por complacer a las mujeres?

–Los chicos no saben si quiero que me abran la puerta o si voy a pensar que es un chauvinista por intentar hacerlo. No saben si debería darme fuego o si voy a cortarles diciéndoles: «Gracias, pero tengo mi propio encendedor.» Tienen miedo de que si se ofrecen para pagar un fin de semana, yo pueda decirles que gracias, pero que puedo pagármelo yo.

–Deme, por favor, un consejo para su hombre.

–Que siga sus instintos. Lo que nunca va a funcionarle es modificar su comportamiento para satisfacerme. Con el tiempo, llegaremos a descubrirnos, por lo tanto, mejor empezar bien desde el principio. Mi consejo es, sigue adelante y dispara tus torpedos.

Una secretaria de veintinueve años de edad, dijo:

–Creo que los hombres tienen miedo de que las mujeres los engullan... de que los expriman emocionalmente, económicamente y en todos los aspectos. Creo que es por eso que tanta gente joven sigue sin casarse. Creo que a los hombres les preocupa que una mujer llegue a engullirlos.

Una abogada de veintinueve años, dijo:

–Los hombres empiezan teniendo miedo de pedirle a una mujer para salir. Después, cuando salen, tienen miedo a arriesgarse a acercarse demasiado a la mujer. Luego, el hombre teme que lo abandonen. Mi marido dice que los hombres tienen miedo de las mujeres estupendas... miedo de no conseguir una oportunidad con ellas. Y si consiguen captar su atención, temen perderla en brazos de otro tipo. Cuando iba al colegio, a las chicas más bonitas no les pedían tanto para salir como a las otras. Tardé un tiempo en comprender que la mujer especialmente atractiva intensifica las inseguridades del hombre. Sí, los hombres sienten muchos miedo respecto a las mujeres.

Una empleada de un salón especializado en manicuras y de veintiocho años de edad, dijo:

–Pienso que a los hombres les asusta la intimidad.

–¿La intimidad tal y como la definen las mujeres?

–Sí.

Una cosmetóloga de veinte años de edad respondió:

–Creo que una inmensa mayoría de hombres tiene miedo a las mujeres. Piensan que las mujeres quieren dinero, coches y cosas materiales.

–¿Y qué quieren de verdad?

–Amor, respeto, confianza.

Una asesora de cuarenta y seis años de edad, dijo:

–Tanto hombres como mujeres tenemos algo mágico con respecto a nuestras madres y a cómo nos trajeron al mundo. Pero cerca de los tres o cuatro años, las pequeñas se imaginan que están hechas igual que su madre. Es entonces cuando ser mujer no es tan importante para la niña y las niñas empiezan a ver menos la maternidad como algo mágico. Pero para los hombres, las mujeres siempre parecen de otra especie. ¿Quién son? ¿Por qué actúan así y asá? A los hombres les damos miedo... quizá sean nuestras hormonas. Sea por lo que sea, a los hombres les da miedo casi todo lo relacionado con la mujer.

La recepcionista nocturna de un motel, apuntó:

–Seguro, los hombres tienen miedo de las mujeres, y así debería ser.

–¿Por qué?

–Porque somos malas y retorcidas. No afrontamos directamente muchas cosas. Les damos la vuelta y atacamos por la espalda. Prefiero trabajar con hombres... ¡demonios!, también a mí me dan miedo las mujeres.

Una asesora de cuarenta y tres años de edad, dijo:

–Los hombres temen las expectativas de las mujeres, temen no poder ser capaces de cumplir las exigencias de algunas mujeres. Como serlo todo para ella y cuidarla en todos los aspectos... emocional, económico y sexual. La mayoría de los hombres no llega a cumplir todo eso y lo saben, y les da miedo.

Una abogada de treinta y siete años de edad, contestó:

–Los hombres que conozco tienen miedo de que la mujer pueda ser superior a ellos, bien ganando más dinero, o bien, por el hecho de que la mujer va aprendiendo más cosas cada vez. Es como si los hombres llegaran a un punto en la vida con el que ya se sienten satisfechos y paran allí. La mayoría de mujeres que conozco siguen estudiando, intentando aprender y conseguir logros. Creo que a los hombres les da miedo este tipo de mujeres.

Una peluquera de veintiocho años de edad, opinó:

–Los hombres tienen miedo de que la mujer les eche las zarpas y restrinja sus actividades. Creo que tienen miedo a sentirse atados. Creo que tienen miedo a ser responsables de ocuparse de sus hijos y de no tener la oportunidad de vivir su vida, de hacer lo que les dé la gana.

Una ama de casa de treinta y siete años de edad, que se describía como una «diosa doméstica», dijo:

–Los hombres nos tienen miedo porque no nos comprenden. Nos ven como un enigma y creo que eso es estupendo, porque mientras sigan cuestionándoselo es que están interesados. Con tanta química que corre por el cuerpo de la mujer, con todos estos cambios de humor que genera, el cebo donde picar cambia a menudo. Mientras nuestras hormonas sigan cambiándonos a diario, seguiremos resultándoles misteriosas y nunca aburridas. Los hombres tienen miedo de nuestro elemento desconocido. Gracias a Dios. De lo contrario se dedicarían a contemplar puestas de sol... que el cielo me perdone.

Una secretaria ejecutiva de banco, de cuarenta y ocho años de edad, afirmó:

–Pienso que los hombres temen la sensibilidad de la mujer a determinadas situaciones y a otra gente. Hay quien lo llama intuición femenina, pero el nombre es erróneo. Se trata de una sensibilidad que la mujer obtiene al nacer. Por ejemplo, una mujer puede entrar en una sala llena de gente y adivinar quién acaba de tener una discusión, quién acaba de contar un chiste, si alguien acaba de hacer el amor, o si alguien acaba de mantener una conversación profunda. Los hombres entran en la misma sala y no intuyen ninguna de esas cosas. Ellos viven en su mundo. Creo que los hombres tienen miedo de la sensibilidad de las mujeres porque no la comprenden. Colocan nuestra «intuición» en la categoría del vudú y la magia negra. Esa es la razón por la cual los hombres nos tienen por seres misteriosos.

A continuación, respuestas más breves:

–Creo que temen lo que de desconocido tenemos para ellos. No saben qué esperar o qué hacer, y eso les asusta.

Una piloto de avión, dijo:

–Creo que los hombres se sienten intimidados por que sé pilotar.

–Las mujeres cambian de humor. Los hombres temen no saber sí están haciendo lo correcto. Temen lo desconocido que tenemos las mujeres.

–Los hombres temen no dar lo que creen que la mujer espera recibir, que nunca serán lo bastante guapos, lo bastante altos, tendrán un trabajo lo bastante bueno, etc. Temen que podamos opinar en exceso sobre ellos.

–Creo que los hombres tienen miedo de las mujeres fuertes. Especialmente, el hombre débil teme la mujer fuerte. Además, temen también a la mujer con potencial de ganar más dinero o tener un trabajo mejor.

–Los hombres temen sentirse atrapados.

La propietaria de una agencia de publicidad, apostilló:

–Nos tienen un miedo de muerte. Miedo de que nos «hagamos con ellos», o de que seamos más inteligentes que ellos, o de que su papel como fuerza dominante pase a segundo término. Tienen miedo de que podamos descubrir que son débiles.

Y yo quise saber:

–¿Cómo define usted a un hombre fuerte?

–Como el que no tiene miedo de las mujeres, conoce sus propias ideas y las sigue.

Una ama de casa de cincuenta y seis años de edad y propietaria de una librería, dijo:

–Hoy en día, los hombres tienen miedo de las mujeres porque nosotras tenemos muchas alternativas. En la época del hombre de las cavernas, las mujeres disponían únicamente de dos alternativas: o lo tomas o lo dejas. Y sólo hace cincuenta años que la sociedad ha dicho de las mujeres infelices: «Habéis hecho vuestra cama y por Dios que podéis acostaros en ella.» Los hombres tienen miedo de las mujeres porque ya no los necesitamos... podemos mandarlos a paseo siempre que nos hartemos de ellos. –Sonrió–. Tratad con respeto a la mujer, chicos, y no tendréis motivos para temerle.

A modo de seguimiento, pregunté:

¿Cómo piensa que la mayoría de los hombres perciben a las mujeres?

La secretaria ejecutiva de un banco, dijo:

–No creo que ellos nos perciban de ninguna manera especial. Nos miran, se preguntan sobre nosotras, quieren conocernos, nos necesitan, nos aman, pero no nos comprenden.

Una ama de casa de cincuenta años de edad, cree:

–Los hombres piensan que la mujer busca un vale de comida. Ven además a la mujer como una muesca más en su pene. Por ejemplo: un tipo me tiraba los tejos. Me dijo que se sometía a análisis del SIDA cada seis meses. Para mí, ir con un tipo así sería como utilizar los baños públicos del juzgado o del aeropuerto. Es como si fuera una propiedad pública. Qué triste que pensara que lo único que a mí me interesaba era si se sometía, o no, a los tests del SIDA. Es evidente que no sólo era un endeble, sino que además, tampoco él se considera gran cosa.

Una de las asesoras, dijo:

–Los hombres ven a las mujeres como asombrosas. Parecen estar bajo los encantos de las mujeres y sentir que no pueden vivir sin nosotras. Las mujeres son las que acostumbran a satisfacer las necesidades emocionales de los hombres... amantes, esposas, hijas, hermanas, etcétera.

Una abogada de treinta y nueve años de edad, cree:

–Los hombres nos ven como una carga. Nos aferramos a ellos y somos manipuladoras. También nos ven como objetos sexuales y luego nos tratan como si fuésemos una patada en el trasero que no les queda otro remedio que aguantar.

La oficial responsable de vigilar a presos en libertad condicional, dijo:

–Muchos hombres infravaloran las habilidades de la mujer y son incapaces de apreciarla como persona. Las percepciones de los hombres con respecto a las mujeres no están centradas. Nosotros comprendemos mejor a los hombres que ellos a nosotras.

Otra abogada, respondió:

–Los hombres nos tienen a todas por presas fáciles. Piensan además que vamos detrás de su dinero y que queremos cambiarles. Yo soy de las que me gusta cambiarlos. Sé que conlleva muchos problemas, pero lo intento igualmente. Encontré un chico que me gustaba de verdad, de no haber tenido alguna cosa que debía mejorar, probablemente lo habría soltado. Me sentiría infeliz si no hubiese algo en él que yo pudiese mejorar.

Una vendedora de unos grandes almacenes, de treinta y ocho años de edad, dijo:

–Muchos hombres de hoy en día salen a ver qué pueden conseguir de las mujeres. Se limitan a utilizarlas... quizá porque han tenido una mala experiencia. A partir de ahí, incluyen a todas las mujeres en una misma categoría y las utilizan. Son injustos con ellos mismos y con las mujeres.

Una vendedora de cuarenta y tres años de edad, dijo:

–La mayoría de los hombres nos ven como un enigma, misteriosas, retorcidas y complicadas. –Rió–. Me parece divertido... cómico... histérico. Me encanta.

Una ama de casa de treinta y nueve años de edad, apuntó:

–Con la liberación de la mujer hay una guerra entre muchos hombres y mujeres. Es una pena. Me gustan nuestras diferencias. Es claro que una mujer puede flirtear y el hombre flirtear a su vez como respuesta. Creo que los hombres no deberían considerar a las mujeres como fulanas. Yo no voy detrás de su puesto de trabajo. Me gusta ser mujer y todo lo que conlleva, y me gustan los hombres como son. Pero es como si muchos hombres albergaran un resentimiento hacia las mujeres, hasta llegar al punto de la venganza, y eso da miedo. Puede que seamos unas bocazas, pero delante de un hombre malvado estamos perdidas. Los hombres, por sus hormonas o por lo que quiera que sea, físicamente pueden dar mucho miedo a la mujer. Cuando una mujer se acuesta con un hombre está dándole todo lo que tiene, incluyendo toda su confianza. Porque ese hombre es lo bastante grande como para maltratarla físicamente hasta dejarla sin sentido. Las noticias de la prensa nos recuerdan que tenemos que vigilar en qué hombres confiamos. Eso da miedo.

Una maestra de cuarenta y cinco años, dijo:

–Los hombres ven que las mujeres son necesarias en su vida. Necesitan a una mujer más que una mujer necesita a un hombre. Eso les da miedo. Quizá esa necesidad tenga su origen en tener que venir al mundo a través de una mujer y luego depender de una mujer durante varios años. Yo pasé ocho años viviendo sola y no me sentía amenazada por ello. Soy la tercera esposa de mi marido y él jamás estuvo solo más de un par de meses. Creo que los hombres perciben a las mujeres como seres cariñosos, entregados y nada egoístas. Y se sienten confundidos al descubrir que muchas mujeres son egoístas. Creo que ellos nos ven sólo claramente en el sentido de lo que piensan que podemos hacer por ellos.

La propietaria de una tienda de modas, de cuarenta y dos años de edad, contestó:

–Los hombres perciben a las mujeres como un objeto necesario en su vida. Pienso que el hombre necesita a la mujer. No creo que la mujer necesite al hombre. los hombres ven a las mujeres como un complemento a su persona... un accesorio... como el tapacubos de su coche.

Una oficinista de veintisiete años de edad, opinó:

–Creo que el hombre promedio piensa en las mujeres como ir de tiendas y gastar dinero. La mayoría no se dan cuenta de lo inteligentes que son las mujeres. Nos ven como el sexo débil y prestan muy poca atención al cerebro.

Otros comentarios sobre cómo las mujeres piensan que los hombres las perciben fueron:

–Creo que para la mayoría de los hombres somos objetos sexuales.

–Es muy normal que nos perciban como seres sin inteligencia.

–Nos ven, en primer lugar, como objetos sexuales, luego como segundas madres.

–Nos ven como las madres de sus hijos, las encargadas de cuidar la casa y su pareja sexual.

–O débiles y pasivas, o brujas.

–Los hombres nos ven vacías. No esperan mucho de nosotras.

–No nos ven como iguales. La mayoría de los hombres quiere una mujer inteligente, pero mejor que no sea más lista que él... ni una sola vez.

–Nos tienen por tontas, desinformadas e incapaces de asumir tareas de responsabilidad.

–Los hombres nos consideran dependientes.

–Como tontas... inferiores.

–Como una parte de un juego. Para ser conquistadas. Como objetos a ganar. Un trofeo.

–Como un juguete de placer.

–Muchos hombres consideran las mujeres como cabezas huecas. Nos tienen por estúpidas, deslucidas y malas conductoras.

Una piloto profesional de treinta y tres años de edad, dijo:

–Los hombres más jóvenes nos consideran objetos. Nos ven como una diversión para un rato... un entretenimiento. Por otro lado, los hombres de más edad consideran a las mujeres como algo más especial. Nos ven como personas a quienes les gustaría conocer... les resultamos interesantes. Mi pareja es un hombre mayor.

Cuando le enseñé este trabajo a algunas de las mujeres entrevistadas, me pidieron que subrayara que no todos los hombres ven las mujeres como algo negativo. Destacaron que hay caballeros galantes y respetuosos que de verdad las respetan. Su queja era que de estos hombres hay muy pocos.

Después de repasar estos comentarios, me cuestioné qué pensaban las mujeres de los hombres como amigos. Les pregunté:

En una escala del cero al diez, ¿qué importancia tiene que usted mantenga una amistad íntima con un hombre?

La importancia media que las mujeres dan a una amistad íntima con un hombre resultó ser de 8,6. Los valores oscilaron entre un par de ceros y un par de veintes. Los comentarios sobre mantener una relación íntima de amistad con un hombre fueron:

–Definitivamente un diez. Sin tener primero una amistad es imposible otra cosa, porque la amistad es la que conduce a todo.

–Un nueve. Me gusta estar entre hombres. Me gusta trabajar donde trabajen hombres.

Una asesora matrimonial realizó las siguientes observaciones:

–El mayor conflicto es ser claro y abierto con respecto a los límites de la amistad. Una amistad sana con un hombre es aquella en la que queda claro que ambos pueden explicar o enseñar a su pareja todo lo que hagan. Ese sería el control de sanidad de la amistad. Es lo que deberíamos decir a todo potencial amigo masculino. Dejarle claro el hecho de que si es capaz de mantenerse dentro de estos límites y se siente a gusto así, tiene en ti una amiga. Pero si te encuentras involucrada en conversaciones o acciones que no te gustaría comentarle a tu pareja, entonces estás en una relación que no es de amistad. Las mujeres necesitan tener amigos hombres, pero sin historias sexuales. Las historias sexuales pueden ser un conflicto porque el tirón del sexo es muy fuerte. Afrontémoslo, somos las criaturas más sexuales del mundo. No podemos correr tan rápido como un ciervo, nuestros ojos no son tan agudos como los del águila, nuestros oídos no son tan sensibles como los de la mayoría de los animales, no tenemos piel ni prendas naturales, etc. Lo que nos ha dado el éxito como especie es que nos apareamos continuamente. No tenemos que esperar la llegada de una determinada estación y mantenemos relaciones sexuales por muchas razones, además de la de reproducirnos. El coste de todo ello para los que habitamos la tierra hoy en día es que somos el resultado de los más sexuales de los más sexuales. Y debido al hecho de que somos tremendamente sexuales, resulta casi imposible que el ser humano mantenga una relación entre hombre y mujer sin que el sexo se intuya entre las sombras. Eso es seguramente el motivo por el que las mujeres otorgan un gran valor a mantener una relación continuada de amistad con un hombre. Para mí sería un siete.

La técnica en reparaciones eléctricas de treinta y seis años de edad dijo:

–Para mí es un veinte. Si tengo una riña con mi pareja, quiero un amigo hombre con quien hablar y obtener su punto de vista, porque los hombres son raros. Piensan tan distinto a las mujeres que a veces necesito sus raras opiniones.

Una viuda de cincuenta años de edad, afirmó:

–Me gustaría tener un amigo hombre igual que mi mejor amiga. De este modo podría obtener el punto de vista sincero de un hombre sin tener que recurrir a mis bragas. Daría mi mano izquierda por un amigo con quien poder hablar abiertamente, con quien pudiese sentirme tan segura como me siento con mi mejor amiga. Un hombre a quien poder llamar y pedirle que me llevara a una fiesta sin que lo entendiera como una invitación a poder quitarme la lencería a cambio. Daría mucho por tener una amistad masculina así.

Permítanme que les ofrezca un punto de vista masculino sobre cómo una mujer podría desarrollar una amistad masculina sin implicaciones sexuales. Hay muchos hombres que sienten también ansiedad por eliminar el tema de la relación chico-chica y verse siempre reducido a pareja de baile o acompañante en la fiesta. Sin embargo, siendo como es el ego del hombre, la mujer debería ser la primera en proponer este tipo de acuerdo. La mujer debería tomar la iniciativa, porque el hombre teme proponer una relación no sexual a una mujer pensando que ella o sus amigas le pregunten: «¿Qué le pasa a este tipo?»

En otras palabras, tiene miedo de que el mundo piense que es gay. Si la mujer toma la iniciativa se acaban sus temores al respecto. La mujer se sentirá gratamente sorprendida viendo lo receptivos, incluso aliviados, que algunos hombres se sentirán ante la perspectiva de mantener una amistad sin presiones sexuales. De este modo, la mujer podrá disfrutar de todas las ventajas de una relación con un hombre en una atmósfera menos tensa. Bajo esta perspectiva, la mujer dispone de una oportunidad para mejorar las mutuas valoraciones en menos tiempo. Y quién sabe dónde pueden terminar o ir a parar estos descubrimientos.

Nota para los hombres: para valorar la importancia que otorgan las mujeres a una relación platónica, estudie sus respuestas a la siguiente pregunta... a mí me abrieron los ojos.

La siguiente pregunta constaba de dos partes:

¿Cómo define usted la intimidad? ¿Qué cree que la intimidad significa para un hombre?

Me sorprendió averiguar que las mujeres tienen una definición de intimidad muy distinta a la del hombre. La totalidad de las encuestadas opinaron que la intimidad es una conexión mental. El noventa y tres por ciento de esas mismas mujeres dijo que pensaba que para el hombre la intimidad era equivalente al sexo.

Por ejemplo, nuestra secretaria en un aeropuerto privado de treinta y tres años de edad, definió la intimidad como:

–Estar tan verbalmente cerca que puedes decirle cualquier cosa... absolutamente cualquier cosa... compartir con él tus pensamientos más privados. Y naturalmente, él debe compartir lo que le da miedo, sus temores, sus sueños. La intimidad es sentirse cómodo abriéndose por completo, sin miedo a las críticas o a las opiniones. Sin ese sentimiento, y en lo que a mí se refiere, no existe intimidad.

Le pregunté:

–¿Cuál cree usted que es la definición que los hombres tienen de la intimidad?

–Sexo.

Otro ejemplo:

–La intimidad es ser capaz de mirar directamente los ojos de mi amado y decirle exactamente lo que siento y pienso. Y que él me devuelva la mirada. –Se echó a reír–. ¿La definición de él? Sexo, con S mayúscula.

La vendedora de publicidad de una emisora de radio, de cuarenta y cuatro años de edad, observó:

–La intimidad es hablar... ser capaz de hablar de cualquier cosa y de todo. Eso es estar cerca de una persona.

–¿Cuál cree que es la definición de él?

–Estar en la cama en pelotas.

Otros comentarios:

–Una cercanía en la que alguien lo sabe todo sobre ti y te sientes lo bastante cómoda como para ser tú misma.

–¿Y la definición de él?

–Sexo.

–La intimidad es cuando no hay barreras y puedes hablar de cualquier tema a un nivel profundamente personal. Con el tiempo, puede conducir a matices sexuales, pero no de entrada. –Sonrió–. La definición que mi marido tiene de la intimidad es sexo.

La esposa de un médico, dijo:

–Esta pregunta tiene muchos niveles, porque existen muchos raseros de intimidad. Si una mujer sale a comer con un hombre, ese es un nivel. Seguramente hablarán de temas superficiales, sin adentrarse en profundidad en nada, sobre todo si se trata de una comida al mediodía. Por alguna razón, cuando entras en un nivel más profundo de los sentimientos personales y en los aspectos básicos de la situación, es casi siempre por la noche o de madrugada. Creo que la intimidad es algo que tiene que trabajarse constantemente. Se tiene que luchar por ella. Empieza con compartir ideas. Puede haber caricias casuales que no sean sexuales, pero que por casualidad, o intencionadamente, acaben convirtiéndose en caricias sexuales.

–¿La definición de él?

–Un buen polvo.

Una técnico de diagnósticos de cuarenta y un años de edad, admitió:

–La intimidad es compartir una velada juntos, poniendo todas las cartas sobre la mesa. Cuando alguien me dice que tiene una relación íntima con otra persona, entiendo que eso significa que están lo más cercanos que dos personas pueden estar.

–¿La definición de él?

–Ñaca, ñaca, gracias, señora.

Una camarera de veintisiete años de edad, respondió:

–La definición que ellos tienen de la intimidad es sexo. Su definición estaría en un cinco en esa escala. Pero mi clase de intimidad tiene que ver con el corazón y en hasta qué punto vas a permitirme entrar en tu cabeza. Mi tipo de intimidad es de más de diez.

Una secretaria de treinta y cinco años de edad, apuntó:

–Si un hombre piensa que el sexo es intimidad, está hablando de falsa intimidad y siento lastima por él. Aparentemente nunca ha llegado a averiguar la alegría de conocer a una mujer a través del toma y daca del arriesgado, temerario y bello descubrimiento a través de la compenetración mental de la pareja. El sexo, después de un viaje mental como ese, queda literalmente fuera de este mundo. –Suspiró–. Haría cualquier cosa en la cama por un hombre interesado en conocerme de verdad. –Me miró a los ojos–. El sexo de revolcón es una intimidad falsa. Si él piensa que esto es tener intimidad con una mujer, tiene la mentalidad de un imbécil, el pene de un asno y el corazón de un chulo.

Una profesora de instituto californiana, de cuarenta y cinco años de edad, contestó:

–La intimidad es un estado mental entre dos personas. Conectar mentalmente es la mejor manera de satisfacerse mutuamente de una forma especial. La intimidad es una cercanía compartida a través de la caricia mental de cabezas y pensamientos. La intimidad genera lazos.

–¿La definición de él?

–Sexo.

La diferencia evidente entre la definición de intimidad del hombre y de la mujer subraya la diferencia entre la forma de ver el mundo de hombres y mujeres. Según el diccionario, una «asociación de proximidad» es intimidad, y lo mismo es el «sexo». Técnicamente, ambas definiciones son correctas, aunque las aplicaciones sociales de «intimidad» están a kilómetros de distancia.

La diferencia puede ser o bien social, o bien ser la diferencia entre cerebros masculinos y femeninos. Sea como sea, después de escuchar a estas mujeres, comprendo mejor por qué esposas y novias tienden a enfadarse cuando su pareja «habla» con otra mujer. Evidentemente, bajo su punto de vista, su pareja está «intimando» con otra.

Puede que eso le resulte al cerebro masculino un poco opresivo o, como mínimo, posesivo. Y para un hombre, verse acusado de intimar en estas condiciones puede enojarlo porque se lo toma como si hubiera mantenido relaciones sexuales con ella. Hay quien sugiere que deberíamos disponer de una nueva palabra para la intimidad que resultara aceptable tanto para el cerebro masculino como para el femenino. «Intoversión» es una de las palabras sugeridas para describir una amistad muy próxima entre hombres y mujeres, que no incluya sexo.

Por lo que dijeron las mujeres, resultaría adecuado resumir que «El camino hacia el corazón de la mujer es el que pasa por su cabeza».

Conozco hombres que parecen comprender eso realmente y que disfrutan relacionándose con las mujeres a partir de ello. Sin embargo, me he dado cuenta de que hay muchos más hombres que pretenden utilizar la relación sólo como un medio para llegar a un fin, que además intentan alcanzar lo más rápidamente posible. Un truco que utilizan para acelerar las cosas es pronunciar las palabras: «Te quiero». Para determinar cómo reaccionan las mujeres cuando escuchan esas dos palabras, pregunté:

Si un hombre dice que la quiere, ¿qué significa eso para usted?

La escritora dijo:

–Si no le conozco bien, diría que está drogado o que es una persona increíblemente insegura o desesperada. Si lo conociera bien, significaría que quiere establecer un lazo conmigo.

Una oficinista de cabello castaño, opinó:

–Es según la situación y lo que conozca yo de ese hombre. He conocido hombres que me han dicho que me querían en la primera cita. Algo tan falso que siempre me quitó todas las ganas. Por otro lado, cuando mi marido finalmente consiguió reunir el coraje suficiente, que fue después de que lleváramos juntos bastante tiempo, significó para mí mucho que me dijera que me amaba. Fue suficiente para ganarme.

Otra oficinista se apuntó al comentario:

–Estoy de acuerdo. Hay tipos que en la primera cita te dicen que te quieren sin pensarlo. Y entonces yo me digo: «¡Vale tío!, lo único que quieres es llevarme a la cama.» Mi marido apenas me dice que me quiere, pero no es necesario que lo diga constantemente por tal y como nos relacionamos. Esa es la diferencia entre lo verdadero y lo falso.

El ama de casa que se autodefinía como la «diosa doméstica», encendió un cigarrillo y reflexionó un momento:

–Puede significar varias cosas. Puede significar que siente que existe un vínculo entre los dos. En el otro extremo, puede significar que quiere algo de mí... acostarse... que no le deje... lo que sea. Pienso que a veces «te quiero» es una trampa. Evalúo a la persona y la situación antes de picar en el anzuelo y hundirme.

Una mujer dijo:

–Cuando mi pareja me dice que me quiere, sé que le importo profundamente, yo y mis sentimientos. Y eso es más que amarme sólo sexualmente. Elige lugares y momentos singulares para decírmelo... no sólo cuando estamos en la cama. Estos momentos y lugares curiosos otorgan a su declaración mayor fuerza emocional. Es agradable. Tengo la sensación de que realmente me quiere, dentro y fuera de la cama.

Una oficinista soltera de veintiséis años de edad, afirmó:

–Me resulta una vaguedad. Me lo han dicho hombres que no siguieron mucho tiempo con la relación después de decírmelo. Son palabras que tienen poco peso para mí. La acción habla mucho más que las palabras.

Una contable de cuarenta y un años de edad, apostilló:

–Normalmente, cuando lo dice está relacionado con el sexo. Ello no quiere decir que no lo sienta de otras formas en otros momentos, pero es mientras mantenemos relaciones sexuales cuando más lo escucho y pienso que significa «Gracias». Me molesta que sea el único momento en que lo escucho.

Una maestra de lengua inglesa, de cuarenta y cuatro años de edad, sentenció:

–Si no conoces bien a la persona y lo dice en un momento de pasión, no significa nada para mí. Es como si tocara pronunciarlo en ese momento. Pero si quien dice «Te quiero» es una pareja con quien mantienes una relación prolongada y a quien conoces bien, significa «te quiero por lo que haces por mí; te quiero porque me apoyas; te quiero por cómo eres, etc. » –Hizo una pausa–. Un amigo hombre me aconsejó en una ocasión que no me casara con alguien a quien amara, porque el amor acarrea muchas responsabilidades. El amor incluye no sólo sexo, sino también un estilo de vida, a veces, hacer cosas por el otro que no te gustan especialmente o no deseas hacer... pero eso forma parte del paquete. Por lo tanto, siempre calculo la voluntad de un hombre de asumir las responsabilidades que conlleva amar a alguien. Si está dispuesto a comer pan la mayoría de las veces y pastel de vez en cuando, recibe mi atención cuando me dice que me quiere. De lo contrario, sus palabras no significan nada.

La ayudante de un fiscal de distrito observó:

–Cuando tenía veintiún años de edad, eso significaba «Quiero sexo contigo». Ahora tengo treinta y uno y selecciono mejor a los hombres. Hoy en día significa que él me quiere de la manera que a la mujer le gusta que la quieran... por ser valorada por lo que es.

La fotógrafa de televisión admitió:

–En el pasado significaba «Voy a arrancarte el corazón y a comérmelo para cenar». En una experiencia que tuve con un hombre, era para él sólo una forma de obtener lo que quería antes de seguir adelante. Hablar de ello ahora me hace llorar. –Se secó los ojos–. Evidentemente, es triste para mí. –Hizo una pausa–. Pensé que lo superaría, pero me imagino que aún me queda dolor. –Encendió un cigarrillo y exhaló el humo–. Ha habido hombres que me han dicho que me querían, y creo que así era, pero nunca se dijo en el entorno de una relación íntima continuada. Me lo han dicho amigos en los que confiaba, pero con los que no tenía intimidad. Pero cuando me lo dijo alguien con quien estaba íntimamente relacionada, fue como si pensara que después de decirlo tenía licencia para abusar de mí, no física, sino mentalmente. Ojalá pudiera cambiar eso. Me gustaría creer que puedo mantener una relación íntima en la que alguien te dice que te quiere y luego lo demuestra con sus actos. Mejor aun, que actuase primero como si me amase y *luego* me lo dijera. Pero el amor es una palabra tan nebulosa... ¿qué demonios es el amor? Existe una canción, *What Is This Thing Called Love?*[1]. Dios mío, si los cantautores no lo saben, como van a saberlo los hombres normales y corrientes. –Sonrió y sacudió la ceniza del cigarrillo–. Pero sabemos que al hombre normal y corriente le gusta la pizza, o los encendedores Bic. A veces, el amor es tan desechable como eso. Caray, el Bic está vacío. A la basura. Antes de que vuelva a escuchar de nuevo las palabras «Te quiero», deseo primero una relación de amistad. Prefiero que me diga «Me gustas de verdad», porque eso es una realidad. El «amor» se pierde en esa fantasía hollywoodiense de «Oh, gentil caballero... se supone que ya que usted me ama, debo entregarle todo mi ser». Después de eso, Hollywood sale por la ventana y sé que él me pisoteará. Me gustaría conocer un hombre que comprendiera lo que está diciéndome cuando me dice que me quiere. –Da una nueva calada al cigarrillo–. A veces pienso que me pongo demasiado intelectual sobre el tema porque le tengo mucho miedo. –Me mira a los ojos–. Defíneme amor y yo te diré si puedo

1. «¿Qué es esa cosa llamada amor?» *N. de la T.*

aceptar, o no, tu declaración de «Te quiero». –Se encogió de hombros–. Pero imagínese que le pregunto a un hombre lo que significa para él la palabra amor. Si lo máximo que es capaz de hacer es pronunciar esa palabra. Y cuando lo hace, lo que en realidad quiere decir es «Quiero acostarme contigo» o «Ahora que ya lo he dicho, cocinarás para mí... harás la colada, volveré a acostarme contigo». «Te quiero» no es más que una moneda que muchos hombres gastan en lo que ellos quieren. –Sacudió la cabeza y se quedó con la mirada fija en el suelo–. Se ha abusado tanto del amor. A veces pienso que los hombres lo utilizan porque duele y les resulta más fácil pronunciar esa palabra que darle una patada a un perro. Hay hombres que piensan que después de decir «Te quiero» ya no tienen que hacer nada más. Se supone que estas palabras sirven para que todo vaya bien y sea maravilloso. El amor es para mí una palabra sagrada. Si alguien dice «Te quiero» compruebo sus motivos. Para mí es más importante que me lo demuestren a que me lo digan. Las acciones hablan más que las palabras. Si tú me quieres, lo sabré por tu comportamiento. –Aplastó el cigarrillo, se encogió de hombros y se enjugó las lágrimas de los ojos.

La vicepresidente de una compañía aérea admitió:

–«Te amo» es un término muy amplio. Un hombre puede amar los espagueti. O si es un granjero dedicado a los cerdos, puede amar los cerdos. Puedes amar muchas cosas, pero eso no significa que seas un amor.

Una ama de casa, de treinta y ocho años de edad, respondió:

–«Te quiero» tiene distintos significados para distintos hombres. Creo que para la mayoría significa que en el futuro vas a ser su principal fuente de estrujones. Los que no nos conocen bien piensan que a las mujeres nos gusta escucharlo. Estos tipos son como una patada y por eso me digo a mí misma: «Ay si me conocieses, querido. Has tenido tu oportunidad, mira que hablarme así cuando no sabes lo bruja que puedo llegar a ser.» –Se echó a reír–. En lo que a mí refiere, me río de él.

La directora de personal, de cuarenta y dos años de edad, apuntó:

–Una persona que realmente lo siente, normalmente no lo dice justo después de conocerte. Se trata de una emoción que precisa un tiempo de cocción hasta conocer a la persona. Más adelante, si me lo dice de una forma cálida y tierna, significa algo. Comprendo entonces que le sale principalmente del corazón. El mensaje que recibo es que le importa de verdad y que soy especial para él.

La directora de una empresa de piezas de recambio, contestó:

–El noventa y ocho por ciento de las veces significa que quiere sexo. En otras ocasiones sirve para comunicarme que necesita a alguien y que me quiere allí con él. Necesita una madre.

La oficial responsable de vigilar a presos en libertad condicional, opinó:

–«Te quiero» significa que me quiere sinceramente y que no es sólo palabrería. Lo tomo en serio.

Una abogado de treinta y un años de edad dijo:

–Para él es normalmente el preludio de su intento de llevarme a la cama.

Otra ayudante del fiscal del distrito afirmó:

–Hay hombres que les dicen a todas las mujeres que las quieren, mientras que para otros es necesario tirarles de la lengua para que pronuncien esas palabras.

Y pregunté:

–¿Qué piensa del hombre que dice a todas las mujeres que las quiere?

–Que quiere sexo. Que quiere utilizar a la mujer a quien se lo dice y que utiliza el «Te quiero» para facilitar las cosas. –Rió–. Y del que es necesario tirarle de la lengua para que lo diga, pienso que realmente es un tipo duro.

La secretaria de un banco apostilló:

–Si empiezas a salir con el chico... un par de citas, por ejemplo... y entonces te lo dice, es que piensa o espera que te acostarás con él. Pero si se trata de tu marido y tienes una relación sólida y amorosa, eso significa que le gustas, que te desea y que está enamorado de ti. Estar enamorado de alguien y querer a alguien son como dos animales distintos. Los hombres no lo comprenden. Querer a alguien como a un amigo, sin connotaciones sexuales, significa que evitarías que algo malo le sucediese a esa persona. Sólo le deseas cosas buenas, pero ahí no se incluiría acostarse juntos. Pero cuando estás enamorado, quieres hacerlo todo con esa persona... acostarte con él, prepararle las comidas, lavar su ropa, etc. quieres darle. Dar puede que sea aquí la palabra clave. Yo soy una persona que da a la persona de quien estoy enamorada. De lo contrario, me limito a ser educada y cortés.

La presidenta de un equipo de trabajo temporal de cuarenta y tres años de edad, sentenció:

–Si se trata de un hombre con quien mantengo una relación de más de seis meses, pienso que lo que está diciéndome es que le importo y que le gusta mi compañía y que: «Sólo somos tú y yo, cariño.» Pero si apenas conozco al hombre, entonces sé que no está enamorado, sino que va caliente. Utiliza las palabras «Te quiero» como atajo hacia mi cama. ¡Qué arrogancia! Es imposible que pueda quererme porque no ha tenido aún posibilidad de conocerme. Me río de esa estupidez.

La secretaria de veintinueve años de edad, dijo:

–Depende de cuánto tiempo llevemos de relación cuando lo diga. Si lo dice al principio, significa que necesitamos disminuir el ritmo porque es demasiado pronto para que nos conozcamos mutuamente a ese nivel. Si se trata de una relación desarrollada, que él me diga que me quiere lo es todo para mí. Significa que este hombre es mío, que va a permitirme seguir compartiendo su vida emocionalmente, como compañera y sexualmente... todo. Significa que está dispuesto a entregarse al cien por cien. Para él, decirme que me quiere, en este caso, significa mucho.

La vendedora de publicidad de una emisora de radio se echó a reír y observó:

–Cuando un hombre me dice que me quiere, significa que tiene un gusto extraordinariamente bueno con las mujeres. –Sonrió–. Y le hago saber que lo comprendo.

La abogada de veintinueve años de edad, opinó:

–«Te quiero» significa que está planteándose una relación duradera conmigo y que no veremos a nadie más hasta que no nos quede otro remedio.

Una agente de compras de un banco de cuarenta y cuatro años de edad, admitió:

–Antes de mi actual marido, no significaba nada para mí. Era sólo un camino hacia el sexo. La única vez que lo escuchaba era en o cerca del dormitorio. Después de quedarse a gusto, sólo era «Buenas noches, Irene». Con mi actual marido, él me dice que me quiere cuando estoy lavando los platos o cuando me estoy arreglando o cuando estoy quitando el polvo de la casa. Que me lo diga significa que soy importante para él. Me produce buenas vibraciones.

La esposa del médico, respondió:

–Si los actos de un hombre te dicen que te quiere, no importa que te lo diga una vez al día o una vez a la semana. Sus actos te lo dicen con mucha más fuerza que sus palabras.

Otros comentarios aleatorios fueron:

–Creo que significa que lo hará por una temporada. Me lo tomo con un grano de sal.

–Significa que he conectado con sus emociones. Cuando dice que me quiere, significa que soy importante para él y que no quiere perderme.

–Cuando dice que me quiere, creo que está diciéndome que va a serme fiel.

Una secretaria de treinta y dos años de edad, dijo:

–Creo que el «Te quiero» por parte de un hombre tiene un significado totalmente distinto al de la mujer. Cuando un chico lo dice, creo que es por el momento... por ese instante, esperando seguramente que después llegue el sexo. Con los hombres es algo superficial. Pero cuando una mujer dice «Te quiero» es que lo ha reflexionado mucho y tiene un significado más profundo. Para una mujer, es para siempre. Con los hombres, no significa necesariamente que pase de mañana... o quizá de otra sesión de sexo.

La recepcionista nocturna de un motel tenía mucho que decir sobre lo que «Te quiero» significa para ella.

–Si no es falso, lo tomo como: «Quiero cuidar de ti, respetarte, intentar comprenderte... eres importante para mí... eres cálida... amable... amorosa y generosa.»

Le pregunté:

–¿Cómo diferencia un «Te quiero» falso de uno verdadero? ¿Qué es lo que espera descubrir?

–Las palabras son fáciles. Lo que deseo es ver que me quiera. No se trata de subirse al primer tren que llegue. Cuando un chico me dice por vez primera que me quiere, me digo para mis adentros: «Es agradable.» Pero si la relación avanza y él no muestra signos de que yo le importe, se vuelve egoísta, me da órdenes como a una esclava, está de bares hasta las tantas, gasta el dinero estúpidamente y encima quiere dinero mío, o gasta su dinero en el bar y se limita a decirme «Las cosas son así, pequeña»... todo eso dice que su «Te quiero» era una mierda. Por otro lado, si el tiempo demuestra que le importo y que comparte, que es sensible a mis necesidades y mis deseos, entonces me inclino a creerlo. Tengo una filosofía básica sobre el hombre: «No camines delante de mí, porque puede que no te siga; no camines detrás de mí, porque tampoco sé siempre dónde voy a ir; limítate a caminar a mi lado y a darme la mano y ser mi amigo.» Tengo que gustarle y quiero que sea mi amigo antes de que sea mi amante. Que me diga o explique a otras personas que le gusto quiere decir que me respeta y que está interesado en mí. Eso significa que intenta comprenderme y que estará allí a las verdes y a las maduras. Que sea mi amigo y que yo le guste es más importante que esas dos palabras. Está bien y es bueno decirle a alguien que le quieres... es fácil hacerlo con el calor de la pasión, o porque piensas que es lo que se espera que digas. Pero el hombre que diga sinceramente que me quiere, está diciéndome que me acepta, con verrugas y todo. Que te guste alguien es más complicado que quererle. En Estados Unidos podemos casarnos en seis o siete horas y divorciarnos en treinta minutos. El amor es el motivo del inicio y su ausencia el del final. Tenemos amigos del pasado que nos gustaron de verdad, que nos importaron de verdad, incluso de la época del colegio, que siguen gustándonos e importándonos. ¿Cuántos de nosotros seguimos estando enamorados de la persona que pensábamos que amábamos en nuestros días de colegio? Es tan fácil *caer* locamente enamorado... pero tan difícil *permanecer* ahí. Cuando el amor empieza a derretirse, mejor que te guste esa persona. Caer locamente enamorado apenas cuesta ningún esfuerzo, pero que te guste una persona y que sea tu mejor amigo exige un trabajo. Gustar abarca más cosas que el amor. Que te guste alguien implica respeto, cooperación, entendimiento y perdón. Que te guste alguien es más profundo que el amor. No tan pasional, no tan loco, y quizá no tan temporalmente divertido. En realidad, menos relacionado con su aspecto... la forma de su cuerpo, o su manera de peinarse. Que te guste sinceramente una persona es ir hasta el fondo, que te guste si está enfadado, feliz, dolido, etc. Que te guste alguien de verdad es normalmente más prolongado y duradero. Por lo tanto, sáltate lo del «Te quiero». Dime que te gusto y demuéstralo, y soy toda tuya.

Y esto que sigue es de la reportera de televisión de veinticuatro años de edad:

–Que me digan que me quieren es *casi* el halago definitivo.

–¿Y cuál es el definitivo? –pregunté.

–Que me digan que me aprecian. Que me aprecien está por encima de que me quieran. Puedo amar a una persona sin estar enamorada de ella, pero ser apreciada es ser valorada. Eso me hace sentir especial.

A pesar de ver con claridad las diferencias entre hombres y mujeres, me preguntaba qué es lo que nos hace atractivos a los ojos de una mujer. Así que les pregunté:

¿Qué es lo que le atrae de un hombre?

La propietaria de una tienda de Santa Fe, apuntó:

–Lo más importante es cómo se mueva. Es casi como si fuera un atleta. Ellos se mueven como si se sintieran cómodos dentro de su piel. Igual que si ves un perro que ha sido golpeado que actúa como un perro golpeado. Sin seguridad... sin confianza. Lo mismo sucede con el hombre... si se siente confiado, se siente cómodo dentro de su piel, igual que un animal salvaje se siente cómodo dentro de su piel. También me atrae el hombre a quien le gusta lo que hace. Y me gustan los hombres que están alerta de todo lo que sucede a su alrededor.

La reportera de televisión, de veinticuatro años de edad, dijo:

–Me atrae el hombre que tiene cabeza y la utiliza, alguien capaz de pensar y de expresar sus ideas. No me refiero necesariamente a política internacional, sino a todo lo que tenga en su cabeza. Quiero que sea capaz de analizar situaciones profesionales y sociales... que sea capaz de imaginar cosas. Para mí esto resulta más atractivo que el aspecto físico. No me gustan los «musculitos». Los músculos no me sirven para nada. Si eso es lo único que tiene, prefiero no conocerle.

La directora del turno de noche de un establecimiento de alimentación, contestó:

–Lo que primero miro son los ojos y luego su trasero. Sé que me gusta su trasero cuando me entran ganas de darle una palmadita.

La vendedora dijo:

–Me siento atraída hacia el hombre que me habla, primero, y luego me escucha. Eso es más importante para mí que la belleza.

Una ama de casa, de treinta y siete años de edad, opinó:

–Me gusta el hombre que tiene una mente brillante y domina el idioma. El aspecto no importa. Mi abogado tiene cara de pez y cuerpo de rana. Pero me siento irresistiblemente atraída hacia él por su inteligencia. Es mucho más divertido estar con un hombre que estimule tu mente. Me pasaría la noche entera escuchándole. Pero, ¿sentarse horas con un guapo tonto? Me cansaría de repetirme: «¿Verdad que es guapo?» Eso envejece pronto. Pero si me estimula la mente, siempre habrán cosas nuevas. Con un tipo así, la vida nunca es aburrida.

La propietaria de una agencia de publicidad, de cuarenta y cuatro años de edad, afirmó:

–Me siento atraída por su brillantez. Alguien que me hable... alguien que piense y no tenga miedo de preguntar lo que yo siento respecto a los temas. Entre mis matrimonios he salido con muchos chicos. Siempre que llegaba a casa lo sabía todo sobre ellos: cuánto pagaban de pensión para los hijos, dónde vivían, dónde habían estudiado, cuáles eran sus intereses, etc. Al dejar de salir, lo único que ellos sabían de mí era dónde recogerme.

La secretaria de veintinueve años de edad, apostilló:

–Me atrae su inteligencia. También es importante que sea capaz de comunicar. Que sea capaz de desarrollar una conversación inteligente conmigo es algo que me atrae de verdad. Los músicos me atraen porque parecen buenos comunicadores. Además, comunican a través de la música.

La secretaria de un banco, dijo:

–Tengo que verle los ojos. Su mirada me da pistas sobre su honestidad y pistas sobre cómo me valora. ¿Le gusta lo que ve? Una vez, un chico captó mi mirada y estuvo esperando a que yo apartara la vista. No lo hice. Y entonces me dijo: «Me has retado, ¿verdad?» Tuve que admitir que era así. En aquella época, era amarga y loca con los hombres, de modo que les retaba con una mirada que decía: «Si crees que eres un hombre lo bastante listo como para manejarme, aquí estoy yo.» No jugaba al bomboncito... los retaba. Mi mirada decía además: «Muy bien, veamos si eres capaz de dar lo que prometes.» En aquella ocasión me invitó a un café. Por su mirada, y por sus palabras, pude deducir que se sentía atraído por mí.

La piloto de treinta y siete años de edad, sentenció:

–Me atrae un buen vocabulario. También me fijo en cómo se siente consigo mismo. Esto lo intuyo, sobre todo con hombres mayores. Los chicos jóvenes, que considero hasta los treinta, no saben ni tan siquiera por qué están aquí. También me fijo en su postura, su forma de caminar, hablar, vestir, las cosas que hacen y el tipo de amigos que tienen. Cuando trabajaba en el servicio de asistencia, me fijaba en sus manos cuando firmaban el recibo. Cuando veía una mano bonita, iba normalmente acompañada por una cara bonita. También me fijaba en si eran diestros o zurdos. Las uñas limpias me decían que eran personas limpias y que se cuidaban.

Una estudiante de dieciséis años de edad, observó:

–Me fijo en cómo se presentan en público. Hay chicos que se hacen el macho y nunca desvelan quién son en realidad. Sólo muestran la fachada. Si no pueden enseñar quién son, es quizá porque se avergüenzan de ello. Me atrae el chico que no tiene miedo a mostrar quién es en realidad.

La propietaria de una granja avícola, de cuarenta y un años de edad, dijo:

–Lo que primero me atrae es su carácter y luego cómo manejan cualquier cosa que hagan. No importa tanto lo que hagan, sino que lo hagan lo mejor que sepan. En cuanto al carácter, no me gustan las películas truculentas, ni el lenguaje obsceno, ni las revistas del corazón. Estas costumbres son como anuncios de neón que dicen a voces que es una persona superficial y estrecha de miras. Me costaría hacerle caso sabiéndolo.

La fotógrafa de televisión, de treinta y nueve años de edad, observó:

–A veces caigo noqueada bajo su aroma animal más básico, y con eso he ido saltando de mala elección en mala elección. Ahora me obligo a prestar atención a los hombres que piensan. Encuentro un cambio agradable respecto a la mentalidad futbolera. «El fútbol es lo mejor para mí.» Lo que me interesa es: «Oye, ¿puedes hablar? ... ¿hola? ... ¿podríamos hablar sobre tus planes de crecimiento personal?... ¿tus planes de futuro?». Lo que busco es un hombre que afronte preguntas de este tipo. «Trae una cerveza». Tranquilo. «Hey, apártate... apártate... estoy intentando ver el partido» «Sí querido. ¿Quieres un bocadillo, querido» Después de perder el tiempo con un par de esos, jamás volveré a ir a por ellos.

Una abogada dijo:

–Antes iba por el aspecto físico, pero ya no me importa. Cuanto mayor me hago, más me atrae su personalidad. Puedo pasar mucho de lo físico si tiene una buena personalidad.

La técnica en cámaras, admitió:

–Cuando vivía colgada de las parras, era incapaz de mantener una buena relación. Ahora que tengo mi autoestima alta, voy bien. Me atraen los hombres inteligentes y seguros.

La fotógrafa de Associated Press, respondió:

–Me atrae una combinación de inteligencia, ingenio y físico. Puedo mantener una amistad con un hombre que posea sólo una o dos de esas cosas, pero para involucrarme con él, necesito las tres.

Una secretaria de la cámara de comercio, apuntó:

–Quiero tener intereses comunes. Si además, el chico lleva un Rolls Royce le prestaré rápidamente atención. Y si cuando sale del coche va limpio y aseado, entonces estaré lista para iniciar una conversación. Encontraremos intereses comunes, viejo amigo.

La técnica en medicina cardiovascular, de veintiséis años de edad, contestó:

–Me atraen la inteligencia y el ingenio. También me gusta ver cómo un hombre afronta una situación complicada y observar cómo se sale de ella. Si pasa esa prueba, ya he caído.

Muchos hombres se habrán preguntado qué es lo que nos hace sexy a los ojos de una mujer. Para obtener pistas les pedí:

Describa su versión de un hombre sexy

Antes de iniciar el proceso de selección de las mejores respuestas para esta sección, tuve la sensación de que la pregunta había sido redundante en relación a las anteriores preguntas. Sin embargo, al repasar las respuestas, me di cuenta de que las mujeres tienen definiciones mucho más afinadas que las de la mayoría de los hombres. Percátese de la diferencia entre sus respuestas a la anterior pregunta *¿Qué es lo que le atrae de un hombre?*, a su versión del hombre sexy.

Una secretaria, opinó:

–La sexualidad se origina en su forma de mirarme, más de en lo que pueda ver físicamente en él. Su forma de mirarme... no la forma en que lo mire yo.

–¿Qué es lo que en su mirada le convierte en un hombre sexy? –pregunté.

–Cuando veo que se siente bien mirándome. Si estamos hablando, es una mirada que dice que le gustaría dar un paso para aproximarse más a mí, que le gustaría penetrar en mi espacio... una mirada que dice que me quiere conocer mejor. Para mí, eso es sexo, y es sexo maravilloso.

La agente de compras de un banco, de cuarenta y cuatro años de edad, dijo:

–Sexy para mí es estar cortésmente, atentamente y honestamente interesado en mi persona. El ser sexy para mí no tiene nada físico. Los más jóvenes no lo comprenden.

Una asesora de cuarenta y tres años de edad, afirmó:

–Ser sexy no depende de ser guapo en el sentido tradicional. Ser sexy se basa más en el atractivo de sus características personales. Que vaya bien arreglado es también importante. Igual que el sentido del humor, la inteligencia, la perspectiva de las cosas. Para mí, un hombre que asusta a los niños y a los animales no es sexy.

La empleada de un salón de manicura, de veintiocho años de edad, dijo sobre el hombre sexy:

–Tiene unos ojos realmente atractivos, una mirada que me atraviesa. Un hombre confiado y a veces, un poco niño travieso. El niño travieso sexy es aquel que parece que te traería problemas si te lías con él. Creo que estos chicos son realmente sexy.

Una de las asesoras apostilló:

–El hombre sexy establece un buen contacto visual, tiene buen sentido del humor y la sensación de sentirse bien con su cuerpo, un cuerpo con el que se mueve bien, a quien le sienta bien la comida y al cual le afecta la música. Además, tiene un buen sentido del tacto... responde a la sensación de los tejidos, de las prendas. Y se siente a gusto con su sexualidad, de modo que no necesita demostrar lo sexy que llega a ser. Tiene seguridad en sí mismo.

Una vendedora, observó:

–Puede que el físico sea el primer anzuelo, pero no es eso lo que me pesca. Tiene que tener sustancia para engancharme.

La opinión de otra mujer fue:

–Para mí, un hombre sexy es aquel que aprecia lo que hago por él y me lo hace saber. Ser sexy es más el aspecto emocional que el físico. Es cómo él me permita sentirme cuando estoy con él. También es cómo nos sentimos los dos sobre nuestra relación. No hay nada más sexy que una buena relación entre nosotros.

La propietaria de una agencia de publicidad, de cuarenta y cuatro años de edad, admitió:

–El hombre sexy es aquel que sabe cómo hacerme sentir bien. No es su aspecto, es su forma de actuar... la forma de acariciarme la nuca, o su forma de abrazarme cuando bailamos, o su forma de hablarme por teléfono. El aspecto físico puede ser un primer atractivo, pero si no hay nada más, tampoco hay nada que hacer.

La recepcionista nocturna de un motel, dijo que para ella sexy era:

–El hombre aseado, cariñoso, educado, amable, de risa fácil, que no se avergüenza de llorar y que está al corriente de mi vida diaria. Creo que los ojos son las ventanas que se abren a nuestra alma. La boca puede mentir, pero los ojos son sinceros. El hombre sexy no tiene porqué encajar con una determinada edad o estatura o aspecto físico. El sexy tiene más que ver con el tamaño de su corazón, su amplitud de ideas y el espacio que tiene disponible para mí.

Una maestra de Alabama, de cincuenta y dos años de edad, respondió:

–Para mí, el hombre sexy es aquel que se siente bien consigo mismo, un hombre confiado que no me pide mi opinión cada vez que se lanza a un proyecto o elige ropa. Sexy es el hombre que no se siente inseguro. La inteligencia resulta también sexy. Una mente capaz de jugar y dar saltos me atrae de forma increíble. También encuentro sexy al hombre físicamente activo, capaz de caer al suelo y levantarse sonriente. Me enamoré de un chico porque cuando fuimos a esquiar por vez primera en su vida, caía y se levantaba y volvía a intentarlo, sin derrumbarse por ello. Una cosa más que es la más sexy de todas. En esas revistas de hombres sexy no encuentro ninguno que lo sea hasta que llego a una fotografía de uno que me mire directamente a los ojos. Un buen contacto visual es definitivamente lo más sexy que puede suceder.

La ama de casa y librera de cincuenta y seis años de edad, apuntó:

–El aspecto no lo es todo. Podría ser el hombre más guapo de la tierra, pero sino tiene un par de células cerebrales unidas, olvídate del sexo.

Para una mujer:

–Sexy es el hombre que tiene una cabeza lo suficientemente poderosa como para conquistarme.

Otra dijo:

–La confianza resulta sexy. Pero tiene que tener un motivo por el que sentirse confiado. Me atrae la sustancia y me desencanta el estilo vacío de contenido.

La técnica de diagnósticos de cuarenta y un años de edad contestó que quería:

–Un hombre seguro de sí mismo. No importa su aspecto externo. Su cabeza es más importante que su cuerpo. Su cuerpo puede irse al carajo la semana que viene, pero su cabeza está ahí para siempre.

La representante de servicio al cliente de una empresa de trabajo temporal, de cuarenta y un años de edad, opinó:

–Creo que el aspecto es sexy, pero he descubierto que un hombre de aspecto estupendo no siempre llega a la altura en lo de ser sensible, cariñoso y romántico. Muchas veces no pueden rebajarse a ese nivel, porque están demasiado ocupados en sí mismos. Así que los miro, pero no los toco.

La contable de treinta y siete años de edad, afirmó:

–Es sexy cuando me mira con una sonrisa en los ojos. No una mirada clara y sugerente, sino una mirada que dice que le gusta verme. También encuentro sexy cuando un hombre me habla a mí más bajito que a las demás.

La escritora y conferenciante de treinta y siete años de edad, apostilló:

–Ser sexy no tiene nada que ver con el aspecto físico. Hay aspectos físicos que me resultan muy atractivos, pero no me alteran los sentidos. Mi marido acaba de perder diez kilos y no le quiero ahora un gramo más que cuando tenía barriga.

Y le dije:

–Entonces, ¿qué es sexy para usted?

–El interés que siente por mí. El hecho de que yo le atraiga es un atractivo para mí. Su interés por complacerme. El sexo divertido con él no es más que otro juego, sólo que desnudos.

La directora de una oficina de Nueva York, de cuarenta y tres años de edad, sentenció:

–Sexy para mí es el hombre atento y cariñoso. Cuando estoy ocupada en la cocina y me da una palmadita en el trasero... eso es sexy. Para mí puede resultar agradable un hombre con calvicie incipiente, o excesivamente flaco o un poco gordito. He descubierto que los hombres con algún punto débil en el aspecto físico suelen trabajar para superar esa debilidad, ganando con ello fuerza interior. Me resulta sexy el hombre que siente compasión por las situaciones de otras personas. Eso es fuerza, eso es sexy.

La propietaria de una librería, de cincuenta y tres años de edad, observó:

–Sexy equivale a sentirse cómodo consigo mismo y a una mirada brillante. Que me mire a los ojos cuando me hable. Cuando miro a los hombres a los ojos, se derriten y se quedan en nada.

Y tuve que preguntarle:

–¿Y cuál es su lectura de eso?

–¿Eres un inseguro, o es que intentas esconderme alguna cosa? La mirada es importante si pretende hacerme pesar en sexo.

La fotógrafa de televisión, admitió:

–Para mí, ser sexy es tener carisma... un sentimiento que proyecta, o la sensación de un carácter que va más allá de un estereotipo. Me gusta cierta timidez. Y no me gustan los hombres musculosos. Eso da miedo, podrían hacerme daño.

Le destaqué que me resultaba interesante que no hubiera realizado una descripción física de sexy como, por ejemplo, «alto, moreno y guapo», o algo por el estilo.

–Eso son *cosas*. Estoy cansada de ser considerada por los hombres como una *cosa*. Yo no lo haría. Mis compañeros de trabajo llegan siempre con fotos de cuerpos femeninos. Convierten las fotografías en pequeñas películas que utilizan en privado. Un día les dije que prepararía algo del estilo con fotos de chicos para nosotras. Los chicos se sintieron insultados, pero al menos descubrí dónde atacarles. De modo que, de vuelta al estudio, me encontré con uno de los cámaras agachado abrochándose el zapato. Filmé su culo y silbé. Se enfadó de verdad. Me gustaría volver a hacerlo porque así se enteran de cómo nos sentimos nosotras cuando nos tratan así. No, determinadas partes del cuerpo no son sexy para mí. Lo que a mí me atrae es el hombre interior.

A continuación, comentarios aleatorios sobre lo que encuentran sexy las mujeres:

–Alguien seguro de sí mismo, con buen sentido del humor y que no sea el señor Macho.

–Un chico sexy es un chico con sentido del humor... que no permite que le molesten las trivialidades y que no destruye su futuro con drogas.

–Un aspecto decente, divertido y una mirada sincera... las miradas directas a los ojos son sexy.

Una mayoría, el sesenta y siete por ciento de las mujeres que entrevisté, consideraban más sexy la sustancia que el aspecto físico del hombre. Sin embargo, el treinta y tres por ciento se sentían más atraídas por el aspecto físico. A continuación, algunos de sus comentarios:

La oficinista de veintisiete años de edad, respondió:

–Sexy para mí es un tipo bien hecho, con buenos músculos... músculos desarrollados por el trabajo físico, más que en el gimnasio. Sexy no es el tipo de los concursos de musculación. Quiero músculos desarrollados naturalmente y cabello oscuro.

Una empleada de seguros médicos, de cuarenta y cinco años de edad, dijo:

–Los hombres sexy están bien hechos y tienen el vientre plano.

–Un buen cuerpo es sexy. Me gusta un hombre fuerte y en forma.

–Un hombre que viste bien, tiene músculos tonificados, pero no un musculitos de gimnasio.

–Alto, moreno, guapo, con bigote, un poco arrogante y algo tímido. Bien vestido. Un buen corte de pelo, pero no con cara de pastel de cerezas. Orgulloso de sí mismo.

–Un vaquero duro que vista con ese estilo.

–Delgado, de ojos claros, dientes bonitos, sonrisa agradable y un culo como el del anuncio de los Wrangler.

Una directora de servicios, de cuarenta y nueve años de edad, comentó:

–El aseo es importante. Los atributos físicos son importantes. Si no tiene buen aspecto, no me lo miraré más. No me gusta esa característica en mí. Lo considero como un defecto.

La pregunta que sigue:

¿Cómo definiría a un hombre amoroso?

Parecía tan similar a las dos anteriores que estuve a punto de eliminarla. Pero, una vez más, descubrí que las mujeres tienen definiciones muy afinadas.

Una mujer dijo:

–Un hombre amoroso es el que presta atención a toda mi persona, no sólo a determinadas partes.

La secretaria de un banco, apuntó:

–Un hombre amoroso tiene manos fuertes y resistentes cuando trabaja con herramientas o maquinaria y suaves y delicadas cuando me toca a mí. La suavidad y la ternura no es una debilidad. Eso es lo que le hace amoroso.

Una joven abogado, apuntó:

–Un hombre amoroso es cariñoso y sincero. Piensa tanto en mí como en sí mismo. Le preocupa mi bienestar.

La secretaria de veintinueve años de edad, contestó:

–Un hombre amoroso sabe cuando estoy con la moral baja y ve más allá de las defensas emocionales que yo coloque, y puede ser sincero y preguntarme qué me sucede.

La asesora dijo que su definición de un hombre amoroso era:

–En primer lugar, alguien que se quiera a sí mismo y esté dispuesto a recibir el amor de quienes le rodean, incluyéndome a mí. Un hombre que piensa que la vida es limpia, que ve alternativas en lugar de victimismo.

La presidenta de un equipo de personal, opinó:

–Un hombre amoroso se preocupa por las flores, las abejas y las moscas, además de por los seres humanos. Se preocupa por el mundo.

Una joven ama de casa, afirmó:

–Un hombre que se preocupa por preparar la comida y una mesa bien arreglada... que enciende velas y prepara la chimenea y ha alquilado una buena película. Alguien que de vez en cuando me haga sentir que es mi día. Si hace esto por mí, tendrá de mí todo lo que quiera.

La reportera de televisión, de veinticuatro años de edad, apostilló:

–Alguien que busque tiempo para las pequeñas cosas. Como cuando estoy cocinando y se acerca y me acaricia, o me abraza, o me aprieta la mano. Alguien que se muestra fácilmente cariñoso sin intentar conseguir nada a cambio. Eso dice mucho más sobre lo que siente por mí que el sexo. Es más satisfactorio que tener sexo dos días seguidos. El cariño simple y sin adulteraciones me hace sentir bien en todos los sentidos... me hace sentirme yo misma y él. Dame cariño verdadero y tendrás todo el sexo que puedas imaginar.

La directora de piezas de recambio, de treinta y siete años de edad, sentenció:

–Un hombre amoroso es un tipo que me quiere desde que me levanto por la mañana. El hombre que lo sepa tendrá todo el sexo y todo el amor que quiera de mí. Que no espere a la hora de las noticias de la noche para empezar a quererme o a acariciarme y pretenda que me ponga a tono en cinco minutos. Esa actitud está rozando la exigencia sexual.

Una recepcionista de treinta años de edad, dijo:

–Me gustan los besitos en la mejilla cuando no están concebidos para catapultarme hacia la cama en ese mismo instante. Un chico con corazón tierno, capaz de arrancar una astilla de la pata de un cachorro. Un hombre a quien no le dé miedo llorar. Estas cosas dicen que es un hombre amoroso.

La abogada, afirmó:

–Una caricia cuando menos me lo espero. Alguien que apoye mis decisiones profesionales. También, un chico que valore lo que hago por él, como poner una mesa bonita o coserle un botón.

La vendedora de cuarenta y tres años de edad, comentó:

–El amor y el cariño van de la mano. Para amar tiene que dar cariño. Cuando sufrí un accidente de coche, él lloró y se quedó a mi lado. Consoló a nuestro hijo con abrazos y dándole la mano. Para mí, sus acciones le definen como un hombre cariñoso, amoroso.

La fotógrafa de Associated Press, observó:

–Un hombre amoroso hace pequeñas cosas a diario. Puede que se olvide de traer un ramo de flores para San Valentín, pero me siento feliz si en los meses anteriores ha demostrado un interés activo por mi vida y ha sido compasivo, cariñoso y ha prestado interés a mis necesidades físicas. Ser amable y paciente. Todos estos son los actos de una persona amorosa.

La reportera de televisión, de veintiséis años de edad, admitió:

–Un hombre amoroso se aleja de su camino por mi bienestar. En una ocasión intenté prolongar una relación, incluso no estando feliz con ella. Él intuyó mi infelicidad y, gracias a Dios, me quería lo suficiente como para finalmente abandonarme. *Eso es* un hombre amoroso.

La abogada, dijo:

–Un hombre amoroso no va con prisas para iniciar una relación sexual antes de que lo haya conocido bien o él me haya conocido a mí.

Una ama de casa, de treinta y seis años de edad, respondió:

–Un hombre amoroso es un hombre compasivo, no sólo hacia mí, sino también hacia los demás. Si me trata a mí bien, pero trata a los demás como basura, no puede pretender que lo ame o que me guste. Y en compasión se incluye sensibilidad a mis necesidades y sentimientos sexuales.

Otros comentarios fueron:

–Un hombre amoroso es aquel a quien un día puedes decirle que no quieres sexo y no se molesta. Un hombre amoroso lo comprenderá y no se sentirá mal hacia mí. Me quiere igual, porque sabe que ya llegará otro momento de estar juntos. Cuando es así de amoroso, puedo incluso ponerme yo en plan de ataque.

–Un hombre amoroso es el que tiene tantas ganas de estar conmigo que me ayuda a lavar los platos para así tener más tiempo que disfrutar juntos. Y no es la cantidad de tiempo, es la calidad. Sólo quince o veinte minutos cada día para descubrir cómo me siento por dentro... que pasa por mi cabeza.

La fotógrafa de televisión apuntó:

–Un hombre amoroso ama la vida. Si ama la gente y la vida y le importa vivir, aprender y crecer, probablemente será tanto interesante como amoroso. En mi opinión, no puede tratarme mejor que se trata a sí mismo. Además, un hombre amoroso no pega a los niños pequeños, ni da patadas a los perros, ni lanza al gato al otro extremo de la habitación. Si hiciera esas cosas, imaginaría que tarde o temprano me trataría a mí del mismo modo.

3

Las mujeres hablan de hombres y sexo

Las diecinueve preguntas siguientes están relacionadas con el sexo. Siempre que acababa de formular dichas preguntas a una mujer estuve preguntándome por qué había sido tan abierta conmigo... por qué no se había encogido ante preguntas tan personales como «¿Prefiere usted un pene grande o no tan grande?». Seguramente nunca llegaré a saber por qué las mujeres me respondieron tan libremente, por muchas especulaciones que haga.

Yo era un personaje televisivo que muchas de ellas llevaban veinte años viendo en pantalla. Y las mujeres me consideraron como de la «familia» por haber estado hablando con ellas a través de un programa diario. Habían visto a mis hijos creciendo al ritmo de los suyos y me ayudaron a enterrar al primero de ellos después de que falleciera a los dieciocho años de edad en un accidente entre un tren y un coche. Las investigaciones de mercado indicaban que mi público me clasificaba en niveles record en cuanto a credibilidad y honestidad. De modo que no era un desconocido para ellas, sino una persona que, según su definición, tenía cierta intimidad con ellas. Además, soy bajito... no llego al metro sesenta y peso cincuenta kilos, un aspecto que no supone ninguna amenaza física para la mayoría de las mujeres. En estas condiciones, la tensión sexual era mínima. La realidad de que las mujeres se encontraban mentalmente relajadas se refleja en su candor con respecto a temas muy personales.

La primera pregunta que formulé relacionada con el sexo fue:

En una escala del cero al diez, ¿qué importancia tiene para usted el sexo? ¿Qué importancia tiene el sexo para el hombre? ¿Existe alguna diferencia para usted entre mantener relaciones sexuales y hacer el amor?

Para las mujeres, la importancia del sexo alcanzó una puntuación media de siete. Las mismas mujeres puntuaron la importancia del sexo para sus parejas en un 8,5. El dieciséis por ciento de las mujeres votaron al contrario, diciendo que el sexo era más importante para ellas que para su pareja. Los comentarios más típicos fueron:

–Estoy divorciada y salgo poco con chicos, de modo que tengo necesidades naturales. Cuando llegan, siempre es agradable disponer de un amigo a quien poder llamar y decirle: «Oye, que es la hora.» En este sentido, el sexo es muy importante. Sin embargo, todo lo que obtengo de él es una sensación momentánea. Busco a alguien con quien poder hacer el amor. Eso es diez veces más importante para mí.

–El sexo a secas está bien por una temporada, pero ese sentimiento se desvanece muy pronto. Hacer el amor con alguien me proporciona una sensación y una luminosidad que se prolonga mucho tiempo. Es compartir de verdad.

–¿Qué piensa del sexo juguetón, de retozar en la cama? –pregunté.

–No me interesa el sexo momentáneo. Quiero sexo con significado... en otras palabras, el cariño, ese compartir que en una relación significa hacer el amor. No hay ninguna ley que diga que no puede ser también divertido, pero la satisfacción emocional y la diversión están cortadas bajo el mismo patrón del amor. Y es así como lo quiero.

–¿Qué elijo entre sexo y hacer el amor? Bien. El sexo puedes practicarlo con cualquier tío bueno para liberarte de la necesidad física. Pero hacer el amor forma parte de un juego completamente nuevo. Existe una proximidad. Cuando hago el amor, no necesito un orgasmo para sentir la proximidad. Las caricias son tan importantes que para mí son lo más destacado. Un nueve para hacer el amor. Un uno para el sexo sin más.

–Creo que la mayoría de las mujeres se engañan en cuanto al deseo sexual. Pero entonces, ¿nos convertiríamos en animales si tuviéramos el mismo deseo que los hombres? Quizá nuestra diferencia en cuanto al deseo sexual es la forma en que la naturaleza identifica a los amantes cariñosos de los torpes que van a la suya. Las mujeres ven rápidamente la diferencia y pueden así elegir mejor su pareja a largo plazo.

Otra mujer dijo:

–En estos momentos estoy en una época extraña de mi vida. Tengo veintiún años y hace tiempo que no salgo con nadie. En estos momentos, el sexo me parece bastante importante personalmente... sobre un ocho. Pero seis meses atrás, cuando salía con un chico y en mi vida había sexo, era un dos. Los hombres que he conocido le otorgan al sexo un diez de importancia, salgan, o no, con alguien.

–El sexo obtendría un cinco. Quiero una buena vida sexual, pero si no es buena, no tiraría por la borda una relación que es buena en todos los demás aspectos. Para mí es una parte pequeña de la relación. Si estás feliz con las restantes veintitrés horas, esa hora de sexo carece de importancia. Pero para él, creo que la importancia del sexo se sitúa en torno a un ocho.

Una mujer dijo:

–Dios mío, diez para mí y diez para él.

Otra contestó:

–Le doy un diez en cuanto a importancia en la vida. Pero sólo un uno a permitir que el sexo sea lo único que controle mi vivencia.

Esto es de una mujer de cuarenta y seis años de edad:

–Cuanto mayor me hago, más importante es el sexo. Si no estuviese ahí, notaría que en mi vida falta algo tremendamente importante.

Otra opinó:

–Un revolcón en la cama no lo es todo en el sexo. El sexo es lo que experimentas a lo largo del día, de la semana. En la iglesia, darse las manos tiene para mí un atractivo sexual... las pequeñas caricias son también sexo.

–Un hombre y una relación exigen tiempo que yo no quiero dar. Estoy dedicando mucha energía a la pintura y a producir un vídeo de formación artística. También estoy intentando colocar mi trabajo en diversas galerías del país. De modo que ahora mismo, el sexo tiene para mí la importancia de un tres.

–Un cinco para mí, pero tengo que aclararlo. El sexo parece más importante después de haber tenido una relación sexual muy satisfactoria.

Las hormonas también son importantes en la escala. ¿Se acuerda de cuando éramos adolescentes?

La empleada de mantenimiento eléctrico afirmó:

–No es tan importante como lo era antes. He madurado. No soy tan salvaje como hace unos años. Ya no tengo inseguridades. Soy más realista que antes. Para mí, el sexo estaría en un tres.

Y esto es de la técnica en datos médicos:

–El sexo es importante. Es la expresión definitiva. Tuve un maestro maravilloso y paciente. Me permitió ser yo misma... sin inhibiciones. Después de cogerle el tranquillo, hemos conectado cada vez desde hace treinta años. Él lo hace bonito. El sexo en cualquier lugar, en cualquier momento. La experiencia más maravillosa de mi vida. Al principio era un cinco, ahora es un diez para mí.

La fotógrafa de televisión, apostilló:

–El sexo basado en la intimidad proporciona una proximidad incomparable con otro ser humano. Siempre es posible sentir una proximidad preparándole el desayuno a un amigo, o trabajando en colaboración con un compañero. Pero el sexo es tan personal y privado que cuando se empareja con una relación íntima, cariñosa y plena, lo espero con ganas. Por otro lado, el sexo animal, que puede ser intensamente físico una o dos veces, me quema realmente rápido. El sexo por el sexo me hace sentir como una muñeca hinchable... hinchas la muñeca y ya está. Ese tipo de relación puedes tenerla con cualquier persona o cosa, incluyendo contigo misma. Este tipo de parejas sexuales suelen ser egoístas y me dejan vacía, sin ganas de estar otra vez con ellos. Es un camino de baches que lleva directo a la depresión. Gracias, pero no, gracias. Por otro lado, una relación íntima, compartida, verdaderamente cariñosa, es especial. Estos elementos elevan el sexo a un acontecimiento especial, a un sentimiento importante, que merece la pena experimentar, satisfactorio, pleno, feliz, una y otra vez, mes tras mes y año tras año. Si te encuentro sincero, cariñoso, interesado por la vida, etc., tengo dificultades de resistirme sexualmente a ti. El sexo de muñeca hinchable es un cero. El sexo con intimidad es un diez.

La secretaria de veintinueve años de edad, sentenció:

–El sexo es algo que hace todo ser vivo. Perros, mosquitos, ballenas, dientes de león. Pero hacer el amor es algo emocional que incluye o desemboca en el acto físico. Sin intimidad emocional al principio, no habrá emociones fuertes después del acto. Si es sólo sexo, no queda más que un recuerdo doloroso. Menos de cero para el sexo puro y duro, pero un diez para hacer el amor.

A continuación, una selección de otros comentarios representativos:

–El sexo es una función orgánica. Hacer el amor es una cosa distinta... más bien un estado mental muy placentero. Sexo, cero; hacer el amor, diez.

–Para mí el sexo estaría sobre un tres. Hacer el amor, que no tiene por qué incluir necesariamente la penetración, estaría sobre un nueve.

Otras descripciones de hacer el amor fueron:

–Abrazarse, rozarse, acariciarle el brazo, hacerle un masaje en los pies, besarse, darse besitos. Todo eso es realmente importante para mí.

–El sexo es probablemente la parte menos importante de la relación. Para mí es más importante cómo me trate y sus valores y creencias.

–Eliminar el sexo de mi vida sería excluir de ella mucha emoción. Diez.

–Antes valoraba el sexo en un cuarenta. Chico, era una tonta... mejora y mejora. Diez.

–Puedes practicar el sexo con cualquiera en diez minutos. Sexo, cero. No es en absoluto importante. Hacer el amor es otra historia. Es algo que haces todo el día, cada día, incluso en ese segundo adicional que dedicas a pellizcarle allí o darle una palmadita en el trasero, o dejar que él te la dé a ti. Hacer el amor empieza junto con el día que compartes con tu pareja. Yo le daría entre un nueve o un diez.

Una de las mujeres que respondió a la encuesta sobre sexo de la revista *Parade* en agosto de 1994, dijo:

–Muchas mujeres se dan cuenta de que no puedes separar el sexo de las emociones, a menos que luego te guste estar deprimida. Ahora los hombres empiezan a igualarnos en este sentido... empiezan a comprender que la vinculación emocional con la pareja (tener una vida sexual más plena) es realmente importante.

Una maestra de instituto definió la diferencia entre sexo y amor de la siguiente manera:

–La expresión sexual de las personas es escasa debido a los límites físicos que impone el cuerpo. Por otro lado, nuestra capacidad de sentir y expresar el amor emocional no tiene límites.

¿Qué opina de un marido que se cree que puede mantener relaciones sexuales con su esposa cuando le apetezca?

El noventa y cuatro por ciento de las mujeres dijo que de ningún modo. El seis por ciento afirmó que estaría de acuerdo.

La abogado de treinta y un años de edad, comentó:

–Tonterías. Además, en muchos estados de Estados Unidos se considera un crimen que un marido obligue a su esposa a mantener relaciones sexuales. En algunos casos se vincula como causa de separación legal. En el transcurso de una visita, si el hombre insiste en mantener relaciones sexuales estando en condiciones de separación, está actuando ilegalmente.

La asesora, dijo:

–Creo que esta postura anima la idea de que la mujer es una propiedad. En las antiguas Grecia y Roma las mujeres no estaban consideradas como seres completos, sino como incubadoras de hijos. Los hombres se amaban sólo a ellos. Los Juegos Olímpicos incumbían únicamente a hombres. El lugar de la mujer era «Más al fondo, fulana» o «Acuéstate, puta... ponte boca arriba». Eso no es hacer el amor, eso es poder. El hombre que hoy en día cree que puede tener sexo cuando así lo exija está todavía en los tiempos de la antigua Roma. Sigue viviendo en una cueva.

Otros comentarios fueron:

–Hay mujeres que creen que tienen que hacerlo porque él anuncia que ya toca. Yo no lo haría sino quisiese.

–Disculpa, por favor. No soy un objeto. No aguantaría un marido así.

–¿El sexo cuando a él le plazca? Creo que el sexo es una cuestión de mutuo acuerdo.

–Mi ex marido lo hacía y yo lo pasaba muy mal. Me hacía sentir muy baja. Aunque yo no tenga ganas cuando él, si se lo monta bien, podría ser aceptable. Pero no en frío. Eso no es excitante.

–No me gusta la idea. Y no creo que la mujer pueda exigirle lo mismo al hombre.

–Que lo intente. La exigencia es aquí la palabra clave. No creo que sea algo que tenga que darse por supuesto, aunque intentaría complacerle siempre. Por otro lado, no creo que por estar casado pueda tener derecho a ello. No me haría feliz.

–Nunca he rechazado a mi marido y no porque lo sienta como mi deber o mi obligación. Simplemente se trata de que le quiero y deseo complacerle. Pero con mi primer marido, que era muy exigente, hacía cualquier cosa para evitar mantener relaciones sexuales con él. No era cariñoso y odiaba tener que acostarme con él.

–No tendría que sentirme culpable si no tengo ganas de sexo. Debería ser capaz de poder decir que no, sin esconderme en la excusa del dolor de cabeza. Pienso que en ciertas ocasiones, el sexo es probablemente mucho más importante para el hombre, y eso me molesta.

–Creo que es una opinión extremadamente egoísta. Además, es lo que se conoce como violación.

–Como norma general, no me gustaría. Sin embargo, solía decirle a mi marido que de vez en cuando me gustaría que entrase, me arrancase el delantal y me arrojara al suelo de la cocina. Pero no como menú diario. Luego pelearía con él.

–Lo consideraría como un animal detrás de una hembra en celo. Escucha: yo no soy ningún animal que busca calor en el corral. Ni lo pienses, José.

–Los hombres tienden a pensar que el sexo lo cura todo. Si has tenido un mal día, o si tienes una uña del pie que te crece para dentro, o migraña, los niños están insoportables, has sufrido un pinchazo, la lavadora ha vertido toda el agua por el suelo y te van a cortar la luz porque no has pagado la factura... todo eso no lleva al sexo, o al menos al buen sexo, según lo entiende una mujer. Los hombres, por otro lado, piensan que si te tumban al suelo y te la meten bien metida, te sentirás de lo más guay. A la mierda con esos. Yo quiero un hombre capaz de decir: «Ven aquí y deja que te abrace.» ¡Demonios!, aunque estuviese rodeada de problemas, estaría dispuesta a acostarme con un tío así. De modo que todo depende de lo que le sale del corazón.

La recepcionista nocturna de un motel, observó:

–Mi anterior marido lo hacía y a mí no me gustaba. Una noche, después de que terminara y saliera disparado hacia el baño, le dije: «Oye, espera un minuto.» Me miró por encima del hombro y dijo: «¿Qué?» Y le grité: «Quiero cincuenta dólares sobre el tocador.» Y desde el baño preguntó: «¿De qué estás hablando?» Le respondí: «Si piensas tratarme como una puta, por Dios que vas a pagarme como una puta.» Dijo que no pensaba pagarme ni un centavo, así que le avisé que, en ese caso, se apañara solo en el futuro a ese respecto. Todo esto duró hasta la siguiente vez que me pegó. –Sonrió–. Ya lo he perdido de vista.

A continuación algunas opiniones del seis por ciento de las mujeres entrevistadas que pensaron que era aceptable mantener relaciones sexuales cuando lo exigiera la pareja:

–No tengo ningún problema al respecto. Creo que tiene derecho.

–Pienso que está bien.

–Nunca me he negado a mi marido y me siento feliz por ello.

–Probablemente me gustaría. Pero llevo seis meses divorciada y sin relaciones, por lo que puede que sea sólo debido a mi actual estado biológico. Después igual no me gustaría.

En el vestuario y las duchas de un gimnasio, no hay probablemente hombre que no haya comparado silenciosamente el tamaño de su pene con el de sus compañeros. Y la mayoría de ellos seguramente puntúan su masculinidad o su capacidad de ser sexy según el tamaño de su pene. Pero ¿qué importancia tiene el tamaño del pene para la mujer? Para averiguarlo, pregunté:

¿Qué importancia tiene el tamaño del pene?
¿Lo prefiere usted grande, o no tan grande?

El setenta y seis por ciento de las mujeres afirmaron preferir un pene de tamaño medio o inferior. El restante veinticuatro por ciento dijo preferir un pene grande.

La reportera de televisión , admitió:

–No tiene que ser descomunal. Pero tampoco lo quiero diminuto. Me va bien con que sea el hombre medianamente dotado. No es de gran importancia. Mientras pueda satisfacerme, el tamaño no es tan importante.

La secretaria de un banco , respondió:

–No me gustan muy grandes. En una ocasión salí con un chico que lo tenía tan grande que me hacía daño. Es más lo que hace con él. Si sabe complacer a una mujer, no necesita un pene grande. Además, no es lo largo que es, sino lo grueso.

La cámara de televisión , apuntó:

–El tamaño es bastante importante. Tropecé con un hombre que lo tenía enorme. Seguramente no habría podido con él, así que le dije, «No gracias, no puedo hacerlo». Luego hubo otro chico que lo tenía realmente del tamaño de un cacahuete. Pero nos apañábamos bien. Es principalmente su forma de utilizarlo. Demasiado largo puede resultar doloroso. Aunque me guste de verdad esa persona, si el sexo resulta doloroso, no puedo relajarme y disfrutar. Demasiado grande me desmotiva. Duele como si te aporrearan la cabeza con un martillo. Las entrañas me duelen cuando es demasiado grande.

La asesora, opinó:

–Depende de lo creativo que sea con otras partes de su anatomía. La mayoría de las mujeres alcanza el orgasmo a través de la estimulación manual del clítoris. O si él está dispuesto a practicar el sexo oral, el tamaño es incluso menos importante. Si es grande mejor, pero no es un requisito.

La agente de compras de un banco, contestó:

–Es una pregunta ridícula. No hay diferencia. Puedo hacer el amor y no tener nunca contacto con los órganos sexuales. Mientras me bese y me abrace y me haga sentir importante para él y amada, puedo hacer el amor sin su pene. Es un milagro que las mujeres salgan con hombres en sus primeros veinte años. Los hombres necesitan muchísimo tiempo para convertirse en buenos amantes.

Una empleada de control de calidad de una empresa de telefonía móvil de treinta años de edad, afirmó:

–No muy grande, por favor. Es más importante lo que haga con él que lo que tenga. Puedo tener relaciones sexuales con un chico que tenga un pene grande y no disfrutar. Puede que él lo pase bien, pero yo no voy a sacarle mucho partido. La mayoría de los hombres no lo comprende.

Otros comentarios aleatorios fueron:

–La habilidad con la que lo utilice es más importante que el tamaño.

–Grande o no tan grande, no me importa.

–Lo prefiero grande, pero en cuanto a su importancia, el tamaño no importa.

La recepcionista nocturna de un motel, apostilló:

–Si llega de él hasta mí, ya es bastante grande. Y si no me alcanza de una manera, ya le ayudaré a buscar otra. Lo que importa es lo que me llega a través de las vibraciones del corazón del hombre y de su mente. Es duro acostarse desnudos sin conocer la verdad. La mujer posee un sexto sentido que la alerta de cuándo un hombre no está a por todas con ella y de si lo único que quiere es darse un revolcón. Las mujeres oyen cualquier cosa antes del encuentro sexual, pero cuando todo ha acabado, entonces es cuando la verdad sale a relucir. Si lleva encima fantasmas de anteriores parejas, o si tiene problemas en la cabeza, allí es cuando la mujer entra en juego de verdad. Ella intuirá si le es sincero o si simplemente pretende echarle una carga encima. El tamaño del pene no importa en ninguno de esos sentidos.

Pienso que la mayoría de los hombres que han eyaculado en el interior de una mujer se preguntan qué siente ella cuando llega su momento y cómo es su sensación comparada con la suya. Con la esperanza de obtener sus opiniones con respecto a sus sensaciones, pregunté:

¿Qué obtiene usted del sexo?

Una maestra de escuela de Alabama de cincuenta y dos años de edad, sentenció:

–No lo sé, pero cuando lo consigo, mis amigos me dicen: «¿Dónde han ido a parar tus arrugas?» Es una cuestión física. Después de disfrutar de buen sexo me siento mucho mejor conmigo misma. Me siento acariciada. Me siento conocida. Me siento vista. Siento que alguien ha confiado lo bastante en mí como para dejarme pasar, como para conseguir esa proximidad. Es increíblemente especial. Es más que una simple liberación física... es la libertad de no tener que reprimir quién soy, de ser capaz de soltarme totalmente. De rendirse a todo este flujo de energía. Creo que los dos nos rendimos de algún modo. ¡Es tan increíblemente relajante!, pero también tiene mucho que ver con sentirse aceptada. Profundamente aceptada. No pienso que en los hombres funcione igual y es una pena. Pero eso es lo que obtengo del sexo.

La directora de servicios de una planta militar, comentó:

–Del sexo obtengo alivio físico y la sensación de que esa persona me encuentra atractiva y de que desea sexo conmigo. De hacer el amor obtengo todo lo anterior, más la guinda del pastel. Pienso que los hombres creen que en el dormitorio se pueden solucionar muchos problemas. Yo no lo creo. Para mí es difícil ser cariñosa después de haber discutido o si estoy enfadada. Para disfrutar haciendo el amor, también deben ser buenos los restantes aspectos de la relación. El sexo instantáneo sólo está bien para el veinticinco por ciento de las veces. Hacer el amor es lo que quiero el restante setenta y cinco por ciento del tiempo.

La empleada de control de calidad de una empresa de telefonía móvil, observó:

–Del sexo obtengo satisfacción física. Hacer el amor, sin embargo, es más emocional... también es físico, pero está más en el nivel emocional. Es una sensación más de dentro. Hacer el amor es compartir más cosas que el sexo puro. Físicamente, cualquiera puede disfrutar del sexo. Hacer el amor no es tan fácil, pero merece la pena.

Y entonces pregunté:

–¿Dónde situaría hacer el amor en comparación con el sexo puro y duro?

–Hacer el amor sería un diez y el sexo simple, un cinco –respondió.

–¿Y el sexo para él?

–Seguramente bastante alto, diría que un nueve.

–¿Y hacer el amor para él?

–Para el hombre normal y corriente, cinco o seis, porque no conoce la diferencia entre los dos.

–Cuando se mantiene una relación sexual continuada con una persona, ¿no cabe la posibilidad de que haya ocasiones para revolcones y sexo divertido y otras para hacer el amor?

–No puedes empezar haciendo el amor. Al principio, todo lo que hacíamos mi marido y yo era juego, controlado por lugares especiales, nuestro estado de humor, etc. Hacer el amor fue desarrollándose con el paso del tiempo, a medida que fuimos conociéndonos. Parte de ello fue porque antes yo había tenido malas experiencias sexuales. Uno de mis padrastros y mi verdadero padre abusaron de mí. Tenía sentimientos negativos con respecto a mi actual marido porque la primera vez que nos acostamos yo había estado casada y él rondaba por ahí. Yo me reprimía, con la sensación de que había cosas que yo no estaba haciendo, o no podía hacer, o no podía ofrecer. Puedes hacer el amor sin llegar al orgasmo y sentirte tan satisfecha como si hubieses practicado sólo el sexo. Hay diferentes tipos de satisfacción. Ambos son buenos y ambos tienen su lugar, pero no son la misma cosa.

Otra mujer admitió:

–El sexo me da plenitud. Es el acto físico más elevado que podemos experimentar, si comparase mi vida con un helado, la sensación que obtengo del sexo sería la guinda que lo corona. Es lo más cerca que puedo estar de él porque te abres completamente con el sexo.

La empleada de reparaciones electrónicas, respondió:

–Si me siento insegura, el sexo refuerza mi creencia de que no soy horrenda o de que resulto aceptable para alguien. Y es una forma de estrechar un lazo.

La cosmetóloga, dijo:

–Del sexo obtengo comunicación. Es el nivel de comunicación más alto que existe.

La cámara de televisión, apuntó:

–Casi todo lo que obtengo del sexo es dolor. Obtengo más satisfacción de la intimidad que se produce a lo largo del proceso. Parece como si muchas de mis relaciones hayan acabado sólo en sexo y lo único que obtengo es una sensación de vacío. Después de episodios descaradamente sexuales, me he sentido más sola que nunca y es evidente que él tampoco sentía nada. En estos casos no compartes nada. Ese tipo de sexo es tan poco satisfactorio que no merece la pena preocuparse por él. Ansío el amor, el cariño, las caricias, los abrazos, el compartir, la charla... todas las cosas satisfactorias, limpias e íntimas que van antes o después. Eso es más importante para mí que el acto sexual en sí. Pienso que, básicamente, los hombres o son tremendamente perezosos en lo de hacer el amor, o les importa una mierda. Me resulta difícil creer que no saben cómo, sobre todo después de hacerse los machos. No hay una entrega o un querer compartir o un cariño. Para la mayoría, es sólo un acto que les sirve para descargar las pelotas. He oído chicos bromear y decir: «Ella quería algo de nuevo preliminar.» Si hubiera sabido desde un principio que todo lo que les importa es descargar y tumbarse a dormir, me habría guardado mucho de bajarme las bragas. Los hombres no comprenden, o no parecen interesados en comprender, que los hombres y las mujeres son distintos en este aspecto. Pienso que a veces los hombres se limitan a utilizar a las mujeres como un dispositivo más agradable que su mano para la masturbación. Una vez acusé a un hombre de eso. Se sintió tremendamente insultado, pero insultado o no, era la verdad... y él lo sabía. Por eso se sintió insultado... de que lo pillara. Le dije que si quería masturbarse, lo hiciera en otro lugar que no fuera dentro de mí. Yo no lo necesito para nada. Naturalmente, eso no ayudó mucho a la relación. Pero yo había llegado a un punto en el que no podía soportarlo más. Era un chico cargado de potencial, pero le daban pánico las caricias. La intimidad le espantaba de tal manera que era incapaz de tocarme cariñosamente. Llegó un momento en el que le pregunté si podía abrazarme un poco... pensando en que quizá si se lo pedía, lo haría. Estúpida de mí. En lugar de abrazarme se marginó, pensando que era un inútil porque yo se lo había pedido. Tenía un importante problema de ego. El ego del hombre es realmente delicado. Pero si no obtienes lo que quieres y necesitas y él no está dispuesto a aprender, muéstrale la puerta de salida. Yo aguanté demasiado tiempo. Pensaba que tenía potencial.

–¿Fue usted quien intuía que tenía potencial o era él que le vendía su potencial? –pregunté.

–Era yo quien lo pensaba. Era yo quien no veía la realidad. Seguía pensando que debajo de todos sus miedos y barreras había una persona amorosa y cariñosa, pero que era incapaz de demostrarlo. Yo no era capaz de sacarlo a la luz y era realmente frustrante. Eso me enseñó que no podemos cambiar a las personas, que las personas son como son. Si deciden cambiar es porque ellas lo deciden, pero los demás no podemos cambiarlas. Esa es la razón por la cual es tan importante conocer a alguien mucho antes de involucrarte con él, porque una vez se inicia la relación sexual, se produce cierta relación de posesión incalificable. A partir de entonces, el hecho de que yo le ofrezca sexo parece detener el desarrollo de la intimidad por su parte. De modo que mientras él se queda regularmente a gusto, la relación va enfermando para mí y mi coño va resintiéndose cada vez más de ello. No tengo ninguna necesidad de eso.

Una especialista en medio ambiente de treinta y siete años de edad dijo:

–La penetración me ofrece alimento emocional así como placer físico. Saberme amada me produce una sensación de euforia. El sexo es una de las bendiciones que Dios me ha dado. El sexo alimenta mi alma, además de mi cuerpo.

La especialista de televisión, contestó:

–Tal vez lo que obtengo del sexo es satisfacción física. Cuando acabo, siento una carencia de satisfacción emocional y un sentimiento de culpa. Soy católica y nunca he estado abierta al sexo porque sí. No me hace sentir muy bien. El sexo por el sexo puede estar bien en ese momento, pero después me hace sentir como una mierda. En cuanto a hacer el amor, es un sentimiento que te quema dentro. Es un sentimiento seguro que se origina al saber que acabas de hacer el amor con la persona que amas y en quien puedes confiar, con la persona que te quiere. Es un resplandor cálido que me hace sentir bien conmigo misma. Si el amor es bueno y hacemos el amor, perdura. Se extiende. El sexo también puede extenderse, pero de un modo muy negativo. Hacer el amor se extiende de forma positiva. Para serle sincera, creo que nos juzgamos a partir del estándar social de «las buenas chicas no hacen esas cosas». Si lo hacemos, nos sentimos cargadas de culpas. Creo que lo que los hombres piensan después de acostarse con alguien es: «Ha sido estupendo» y no tienen ningún problema de culpabilidad. Pero no todos los chicos son necesariamente así.

–Dígame qué porcentaje de tiempo se siente cómoda con el sexo por jugar y con el sexo haciendo el amor –le pedí.

–Es difícil dar una cifra. Cuando me siento bien respecto a alguien, es sólo la chispa del momento. Hay días en que nos miramos y se transmite entre nosotros un mensaje silencioso que dice: «Vamos a hacer el amor y será romántico.» Otras veces se trata sólo de tontear y lo siguiente que recuerdas...

–Deme entonces un porcentaje mayoritario...

–Prefiero más hacer el amor románticamente que el sexo por jugar.

La propietaria de un establecimiento de Santa Fe, opinó:

–Obtengo una recompensa física y relajación, además de un vínculo emocional que no puede establecerse de ninguna otra manera. Obtengo exactamente lo que quiero. Obtenemos lo que queremos y obtenemos lo que damos. Si estás con la persona adecuada y estás dispuesta a dar, obtienes incluso más a cambio. Ahí está la diferencia entre hacer el amor y el sexo.

La secretaria de treinta y cinco años de edad, afirmó:

–El sexo me da placer y alegría. También obtengo de él compañía física y si el chico es inteligente, la intimidad que va con ella. De hacer el amor obtengo una proximidad que no tiene parangón. Existe ese vínculo que todo el mundo busca. El sexo es sólo físico, pero hacer el amor es más profundo. Hacer el amor me da un resplandor que ilumina mi ser... mi vida.

La representante de servicio al cliente de una empresa de trabajo temporal, dijo:

–De mi primer marido no obtuve gran cosa en cuanto al sexo. Éramos jóvenes y algo mecánicos. Él tenía su fachada de macho y no podía hacerme sentir cómoda con respecto a sus sentimientos. Lo que quiero del sexo es proximidad y seguridad. Si él me da su opinión y me dice que lo hago bien, me siento segura sobre nuestra relación. Cuando tengo una pareja satisfecha y le hago saber que él también me ha complacido y satisfecho, siento que nuestra relación es segura y que ninguno de los dos necesita a nadie más.

La propietaria de una tienda especialista en reformas, apostilló:

–El sexo me proporciona paz mental. Creo que pone armonía en mi vida. El sexo libera mi mente de otras cosas como ganar dinero, ocuparme de mi hija, visitar a la familia, donar mi tiempo en algún sitio.

La escritora y conferenciante, sentenció:

–El sexo es divertido si es con alguien con quien mantengo una relación prolongada. Me encanta la estimulación física... es tremenda... maravillosa. No puedo imaginar nada mejor. Comer es lo único que se le acerca. El sexo es una experiencia física fenomenal y además es divertido. Un buen momento para reír, para la intimidad, la conversación, las tonterías. El sexo es un compendio de muchas cosas. Cercanía. La intimidad no es estrictamente sexual, es también emocional. Por otro lado, con alguien con quien no me siento segura, es sólo físico y nada que ver en cuanto a la diversión.

La secretaria ejecutiva de un banco, dijo:

–Del sexo quiero obtener la confirmación de que soy atractiva y bonita y de que él quiere darme algo que sólo puede obtenerse a través del verdadero amor. Quiero ser capaz de vivir mis fantasías. Eso es lo que quiero. Con mi actual marido tengo todo lo que quiero, por vez primera en mi vida, y eso que ya tengo cuarenta y ocho años. Llevamos seis años casados y nuestra vida sexual mejora más y más. Estuvimos dos años saliendo. De un anterior marido, no obtenía nada... ni un orgasmo en los siete años que estuve casada con él. Seguí buscándolo y deseándolo, pero no hubo manera. Tuve tres hijos. –Hizo una pausa y continuó–. Mi segundo marido fue un veterano del Vietnam. Pensé haber encontrado en él lo que no encontré en mi primer marido. Era mejor amante, pero no me daba nada emocionalmente. Estaba encerrado en sí mismo, un resultado de la guerra de Vietnam. No aguantaba en ningún trabajo, no podía mantenernos... sobrevivió dos temporadas en Vietnam y luego, como civil, murió de un infarto. Mi tercer marido fue un hombre mayor que nunca había formado una familia. Yo aportaba tres niños. No fue un matrimonio emocionalmente satisfactorio. Me daba lo que necesitaba económicamente, pero tener la economía cubierta sin apoyo emocional, emparejado todo ello con una vida sexual mediocre, me hacía sentir vacía. De vez en cuando tenía suerte en la cama, pero no muy a menudo. Llegó un punto en el que me sentía desilusionada sobre nuestra vida sexual y eso generaba otros problemas. Luego tuvimos una disputa colosal que cambió por completo mi actitud hacia él. Hay una cosa que los hombres no comprenden. Amar a una mujer es como cuidar un jardín de flores... tienes que sembrarlo, cultivarlo, cuidarlo, asegurarte de que recibe mucho sol y mucha agua para que siga creciendo. De no hacerlo, es posible que acabes matando lo que la mujer siente por ti. Puede que no se den cuenta. El hombre debe cuidar a la mujer constantemente. Eso es lo que el hombre tiene que saber. La responsabilidad de la mujer es mantener la vida y el amor en la familia. Si pierde su entusiasmo por el matrimonio, la cosa está condenada. No puedes permitir que pierda su entusiasmo. Debes seguir alimentándola. Es un ciclo interminable, como un anillo de boda... sigue adelante y adelante y floreciendo y fluyendo. Si matas el respeto que ella siente por ti, el amor muere. Es como arrancar una flor de sus raíces y abandonarla... morirá. Los hombres no comprenden que el hecho de que una mujer esté enamorada de ellos no significa que vaya a estarlo siempre, a menos que cuiden el amor que ella les da. El hombre debe alimentarlo y cuidarlo. De no hacerlo, acabará matándolo. La última gran pelea que tuve con él lo mató. Me metí en el coche y pasé un par de horas conduciendo. Cuando volví a casa, el amor ya no estaba. Mi actual marido me permite ser yo misma en todo mi potencial y nuestras circunstancias me permitirán serlo. Me cuida. Le quiero por eso y con él obtengo del sexo todo lo que quiero.

Comentarios diversos:

–Obtengo mucho placer.

–El sexo redondea el resto de mi vida.

–Me aporta una sensación de valía. Me hace sentirme realmente importante para él.

–Me hace sentir como una hembra y una mujer tiene que sentirse como una mujer.

–Obtengo orgasmos. Así es como deletreo yo el hecho de poder desahogarme: O-R-G-A-S-M-O.

Lógicamente, me parecía que la siguiente pregunta debía ser:

¿Qué quiere usted del sexo?

La secretaria dijo:

–El buen sexo es un noventa por ciento mental y un diez por ciento físico. Con el buen sexo me siento importante y en la cima del mundo. No me refiero a una sensación sexual, sino a una sensación emocional. Para mí, el sexo y hacer el amor son lo mismo. Creo que un hombre cariñoso obtiene las mismas sensaciones.

La cámara de televisión, comentó:

–Para mí hay dos tipos distintos de sexo. Existe el puramente físico, donde lo único que obtengo es satisfacción física. Otras veces, no tantas como me gustaría, el sexo es la expresión de compartir el amor con un hombre. Entonces es como una declaración: «Te quiero.» Pero el noventa y ocho por ciento de las veces, siento decirlo, el chico sólo me da algo físico... lo único que quiere es descargarse. Y a veces lo único que consigo es salir de la aventura con el coño dolorido, sobre todo si él va bebido.

Una secretaria de treinta y dos años de edad, preguntó:

–¿Incluye esta pregunta el sexo sin penetración?

–Defíneme una experiencia sexual *sin* penetración –le pedí.

–Tocamientos. Besos con lengua, caricias en los pechos, que me meta los dedos y sexo oral. Si es habilidoso, puede satisfacer mis necesidades con estas actividades. Después de que haya hecho todo lo mencionado, puede hacerme lo que quiera. Puede incluso detenerse ahí y acariciarme, o irse a su casa, o encender la luz y leer.

–Cuando dice detenerse, ¿se refiere a no seguir luego con la penetración?

–Sí. No necesito nada más. –Se echo a reír–. Puede que él sí, pero yo no.

Una asesora dijo:

–Una relación que incluya hacer el amor de verdad genera un vínculo. Todo el mundo puede mantener relaciones sexuales. Pero hacer el amor es un arte. Cuando haces el amor, lo que más te interesa es que tu pareja se sienta bien. Cuando hacemos el amor, si él termina con esa sonrisa especial dibujada en su cara, entonces me siento como Rocky, porque lo que más me interesa es que él se sienta bien, o viceversa... funciona en ambos sentidos... para mí es preciso un poco más de tiempo. Mi madre dice: «Los hombres son como microondas y las mujeres como ollas de barro.» Ahí está la diferencia. No puedes hacer el amor sin tener sexo o juguetear, porque hacer el amor es un arte. Es algo único para las dos personas que están haciéndolo. Pienso que antes de pasar a la parte de hacer el amor debes dedicarte al sexo porque, cuando haces el amor, no tienes normalmente un itinerario marcado que te indique: «Quiero el número 1, el número 3 y un poco del número 7.» Empiezas con el tema y te tomas tu tiempo. Hacer el amor exige tiempo y ninguna amenaza de interrupción. Normalmente, hacer el amor viene precedido por cualquier situación del tipo desde tomar una copa de vino junto a la chimenea hasta un masaje con crema después de haberse bañado o duchado juntos. Es más un proceso de unión que sexo. Lo que obtengo del sexo es normalmente un desahogo normal y corriente.

–¿Estaría bien decir que para hacer el amor precisa una atmósfera más especial que para el sexo? –pregunté.

–Sí... quiero velas, perfume, vino y música tranquila. Eso es lo que lo hace distinto, la atmósfera.

–En el sexo por el sexo, ¿sería justo decir que lo que está bien es buscar disfrutar de las propias sensaciones?

–Sí. Al hacer el amor te preocupa más tu pareja. El sexo en sí es en realidad muy egocéntrico, mientras que hacer el amor es más un esfuerzo de las dos personas involucradas.

Una vendedora soltera de unos grandes almacenes, de cuarenta y dos años de edad, expresó:

–Espero del sexo algo mejor de lo que obtuve con mi primer marido. Todavía no he experimentado lo que espero... esa sensación maravillosa que dicen que te hace sentir tan bien. Creo que si tuviera una pareja que me hablase, que me dejase hablarle y que me escuchara, estaría bien. Si yo digo «Esto me duele» o «Esto está bien», es porque espero que él lo escuche. Si yo le digo que duele espero que él no siga. Soy consciente de que debe decirse de un modo que no resulte ofensivo, ni suene agresivo o como echándole la culpa. He leído todos los libros sobre el tema y espero que él me escuche. Pero tiene que estar bien. Como el otro día, que un chico de veintinueve años me hizo proposiciones. Le dije que no y él me preguntó si había mantenido alguna vez relaciones sexuales por el puro placer de tenerlas. Le dije: «No, porque mi cabeza y mi corazón van unidos y de no ser así, no me va bien. Si no me va bien a mí, ¿no consideras egoísta pensar que podría irte bien a ti?» –Se echó a reír–. Hablamos de ser utilizada. Bien, da igual, él dijo que podía hacerlo sólo por placer. Le dije que se buscara otra.

La oficinista de veintisiete años de edad, dijo:

–El sexo es un desahogo y satisface mis necesidades físicas. Pero yo quiero hacer el amor, que satisface tanto mis necesidades físicas como las emocionales.

–¿Qué desahogo obtiene del sexo? –pregunté.

–La tensión. Si estoy con mucho estrés, el sexo me alivia ese estrés.

La asesora, observó:

–Lo que quiero del sexo es hacer el amor. Haciendo el amor consigo expandir la sensación de mi personalidad. Además me sirve para sentirme conectada con esa persona, no sentirme sola. También siento un reconocimiento y una invitación a una dimensión de la vida que es maravillosa. Forma parte de lo que es ser una persona. Es maravilloso.

–¿Y el sexo como juego?

–Mucho. La sexualidad es el lugar donde sale a la luz el niño que todos llevamos dentro. No tiene que ser una experiencia divina. Puede ser tan sólo mirar y saborear y abrazar y jugar. Y mucho «escapémonos al trastero mientras los niños miran los dibujos animados». Mucho, mucho juego. No tiene por qué estar planificado. Es sólo diversión. Cuando la gente oye la palabra, se le une una mentalidad de cavernícola. «Acuéstate, creo que te quiero.» El sexo como un juego es divertido. Y si te dejas oír, hay esta mezcla de universalidad, todo eso de los dos mirando cómo lo hacemos y mucha parte que es simple juego. Y hay momentos en los que el sexo se produce cuando te sientes mal... «Permite que te ayude a sentirte mejor.» Y hay sexo profundo, y a veces el sexo es un buen ejercicio...

La vendedora de publicidad de una emisora de radio, observó:

–Los orgasmos son importantes para mí... lo físico. Eso es lo que quiero.

–¿Qué es lo que le proporciona un orgasmo? –pregunté.

–Una sensación maravillosa de euforia a través de una liberación muy intensa. La intensidad depende de la duración. Otras veces, el orgasmo es el resultado de la culminación de muchas otras cosas. Y a veces, para ser sincera, es como rascarte cuando te pica. Simplemente, «tiene que hacerse».

Comentarios diversos:

–El sexo es una forma de comunicación que me gusta y quiero.

–Obtengo proximidad. Un lazo de unión. También puede ser un sentimiento de utilización... aquí te pillo, aquí te mato.

–El sexo puede ser una experiencia mortal en la época del SIDA. Puede ayudarte a cavar la tumba.

–Obtengo una sensación de satisfacción total y proximidad con mi pareja. Siento que formo parte de él. Eso es lo que quiero... esa cercanía y ese compañerismo.

–Quiero proximidad y a veces la consigo, pero a veces no. A veces me siento utilizada, como si no fuera más que un objeto debajo de él... como si cualquier cosa caliente también pudiera servirle.

–No obtengo nada del sexo... absolutamente nada. De hacer el amor obtengo satisfacción emocional, sensación de felicidad, alegría y comodidad.

–De hacer el amor obtengo una sensación cálida, amorosa, de abrigo, buena que perdura. Me gusta esa sensación de arropamiento.

¿Tiene alguna preferencia con respecto a quién debería iniciar el encuentro sexual?

La representante de servicio al cliente de una empresa de trabajo temporal, admitió:

–Me gusta que lo inicie el hombre en la mayoría de las ocasiones porque eso me hace sentirme deseada y querida. Es también excitante. Pero también sé que al hombre le gusta que la mujer lo inicie a veces, por los mismos motivos. De modo que necesitamos encontrar un acuerdo feliz en el que nadie tenga miedo de iniciar el encuentro sexual. Un hombre me dijo que los hombres permiten a las mujeres iniciar el sexo porque no desean sentir el dolor que provoca el rechazo. Para ellos es muy duro que la mujer les diga que no. Por lo tanto, los hombres suelen esperar a que sea la mujer la que inicie el encuentro. Pero cuando esto se convierte en costumbre, la mujer tiene la sensación de que no es deseada. Cuando eso ocurre, empieza a mirar a otros hombres.

La asesora matrimonial de cuarenta y seis años de edad, respondió:

–Creo que tendría que ser un poco más de la mitad para ambas partes... digamos un cincuenta y tres por ciento cada uno. En otras palabras, cada uno de los componentes de la pareja tiene que hacer más que su mitad. Dependiendo de su edad, habrá años en los que el hombre será quien más lo inicie y otros en los que lo hará la mujer. Y nada de basar el inicio en «como tú me lo pediste la última vez, ahora me toca a mí». Nada de llevar un marcador. Debe basarse en quién sienta que debe ir a por ello en ese momento. Iniciarlo es delicado. Tienen que ser ambos y no todas las veces limitándose a preguntar si quieres ir a la cama. Eso está bien de vez en cuando, pero no como costumbre. El hombre debería ser lo bastante sensible como para no tener que preguntar... con únicamente unos pocos gestos. Además de la explosión momentánea de los encuentros rápidos, el sexo debería prolongarse durante varias horas. Yo tengo mis preferencias, pero sé lo que acaba sucediendo. Pienso que se debería permitir que la mujer lo iniciase. Pero no creo que socialmente a ella le esté realmente permitido. Desgraciadamente, las mujeres juegan a eso de sentarse y reprimirse mientras van pensando, «Dios, me encantaría que me saltase encima». Me gustaría poder iniciarlo. Y desde el otro extremo del lugar decirle: «Cariño, ¿te apetece venir a la cama conmigo?» Y si él quisiese, que saltara y dijese: «De acuerdo.» Desgraciadamente, los convencionalismos mandan que debo reprimirme. Me encantaría que estos convencionalismos me permitieran lanzarme, sin jugar ningún tipo de truco.

Comentarios diversos:

–Hay maneras en las que una mujer puede iniciarlo sin quebrantar para nada el ego del hombre. Las mujeres son retorcidas... podemos realizar sutilezas para iniciarlo y luego dejarnos arrastrar por la corriente.

–Las mujeres parecen más dispuestas a afrontar el sexo a primera hora de la tarde o por la mañana. Los hombres se inclinan más por la noche.

–Creo que al hombre le gusta saber que la mujer está excitada y va por él.

–Pienso que debería ser quien más de humor estuviera en ese momento.

–Siempre debe variar quien inicie el sexo.

–No importa mucho, pero yo no quiero ser siempre quien lo haga. Quiero que él también lleve la iniciativa. Lo mejor, cincuenta-cincuenta.

–Mi marido desearía que fuese yo con mayor frecuencia, y ya me va bien.

–Me gusta más cuando es mi marido. De ese modo conozco sus sentimientos sin tener que suponer nada.

–Odio tener que admitirlo, pero me gusta más cuando lo inicia el chico.

–Tal y como me educaron y por la influencia que he tenido de las películas, siempre me ha parecido romántico y maravilloso que el hombre lo iniciase, con música de fondo, etc., desgraciadamente, la realidad no es esta... eso sólo sucede en el cine, o en tu cabeza. Cuando más segura me siento de mí misma más pienso que debería ser un asunto de mutuo acuerdo. Existe una maravillosa escena en *Memorias de África* en la que

Redford llega a casa y la Streep llega del campo en el mismo momento. Ambos empiezan a desnudarse mutuamente y a besarse y a dar vueltas. Es evidente que ambos lo desean y es así como debería ser. Uno desea tanto al otro que se ayudan mutuamente a desnudarse. No hay *uno* que lo empiece, es un tema de *los dos*.

¿Qué importancia tiene la «gran O» para las mujeres? Les pregunté:

En una escala del cero al diez, ¿qué importancia le otorga al orgasmo?

La importancia media del orgasmo para las mujeres resultó ser de 6,6. El veintiuno por ciento de las mujeres le dieron un diez de importancia al orgasmo. El seis por ciento le otorgaron un cero. El rango de las respuestas osciló entre el cero y el doce.

La fotógrafa de televisión, apuntó:

–Entre el ochenta y el noventa por ciento de las veces es realmente importante. Depende de las circunstancias. Los chicos creen que se les van a poner las pelotas moradas si no descargan para aliviar el dolor provocado por la estimulación y la tensión. Pero si frustras a una mujer hasta ese punto, también nos sentimos muy dolidas. Si a él no le importa y sólo piensa en sí mismo y me deja a mí en el limbo, me quedo colgada durante varios días. Me siento rencorosa, enfadada, irascible y maliciosa. Pero luego está la otra cara de la moneda. Hay momentos en los que el orgasmo no me importa... cuando estoy cansada, o no me siento bien, o si mis hormonas no están animadas. Es elección mía, y es normalmente cuando no estoy lo bastante caliente como para ello. Pero, Dios, si él me arrastra al calor de la pasión y me deja con las ganas, entonces si que es duro. Me siento tocada. Pero lo divertido del caso es que, cuando me deja así, si se limita a abrazarme y a hablarme y a acariciarme, y pasa algún rato conmigo en lugar de dar media vuelta y empezar a roncar, todo va bien.

Una de los «diez», dijo:

–Si voy a hacer el amor, necesito completarlo. De lo contrario, me siento vacía. Pero mi estado mental tiene mucho que ver con ello. Con mi primer marido había sólo sexo. Intenté con todas mis fuerzas llegar al orgasmo y *nunca* lo logré. Ahora no tengo que intentarlo, llega solo. Es lo más fácil del mundo. La diferencia estriba en que hacemos el amor.

La asesora matrimonial, que clasificó el orgasmo «entre un nueve y un doce», contestó:

–Cuando era más joven no era importante, un dos. –Hizo una pausa–. ¿Puedo dar un discurso sobre el orgasmo femenino?

–Sí, por favor.

–Es una desgracia que en nuestra cultura se les enseñe a los niños y las niñas que no está bien tocarse. Las madres no animan a sus hijos y a sus hijas a masturbarse. Pero las madres parecen olvidar que los niños se ven obligados a tocarse el pene cuando van al baño. De manera que los niños, automáticamente, se familiarizan con su cuerpo y las culturas parecen aceptarlo. Por otro lado, debido a su anatomía, las niñas no se familiarizan con su cuerpo tan fácilmente como los niños. Por lo tanto, en comparación con ellos, no hay muchas niñas que se masturben. Como resultado de ello, muchas mujeres llegan a una relación sin conocer qué es lo que les proporciona el orgasmo. No sólo eso, muchas de sus madres ni tan siquiera lo experimentaron en su vida, por lo que resultan de escasa ayuda. Pero los chicos llegan a las relaciones conociendo perfectamente lo que pueden esperar del sexo y cómo conseguirlo. El problema con los chicos es que la mayor parte de su experiencia, antes de llegar a una chica, ha sido a oscuras y rápidamente. Se lo han hecho a toda prisa para que no les sorprendieran. Las chicas no han tenido nada de eso. De este modo, tenemos una chica aún por despertar y el chico ya despierto que se ha corrido siempre lo más rápidamente que ha podido. Unimos las circunstancias y se convierte en una pesadilla para ella. Ella no sabe qué decirle porque no lo sabe. Para empeorar las cosas, muchos chicos intentan hacer con ellas cosas que han visto en películas porno, que son una educación sexual horrible. Parecen estar hechas con gente del espacio exterior. Pero lentamente, muchos niños de hoy están aprendiendo a tocarse y a hablar. A modo de ayuda, recomendaría la lectura de buenos libros sobre el tema, sobre todo los que están escritos por mujeres y comentan lo que nosotras pensamos sobre temas sexuales, sensuales, placenteros y sobre nuestras fantasías. Los libros escritos por hombres no resultan tan útiles porque los hombres no comprenden a las mujeres. Los hombres pueden escribir sobre erótica masculina, pero pocos tienen idea sobre la erótica femenina. Mi marido intentó hacerme cosas que suponía mejorarían mi placer. Yo estaba en mi infancia sexual, igual que él. No había manera de que yo pudiera dedicarme a juegos sexuales. Nos preocupaba mucho un posible embarazo y a pesar de ello, caímos. El llanto de un bebé roba todo el encanto de la relación. De hecho, el matrimonio necesita cuatro años para estabilizarse. Pocos han tenido una relación tan larga antes de añadir los bebés a la misma. Eso zarandeó la embarcación antes incluso de que tuviésemos la oportunidad de conocernos el uno al otro, o de conocer nuestros cuerpos. Animo a mis clientas a que se compren un vibrador y que practiquen. Ayuda a la mujer a comprender mejor quién es y también al hombre a comprenderla. Unas palabras para las mujeres con relación a la masturbación: una vez se haya enseñado a usted misma cómo llegar al orgasmo, puede enseñar a otra persona a proporcionárselo practicando métodos maravillosos que usted misma no puede realizar y de forma mucho más divertida que haciéndolo sola. Recuerde: «Una alegría compartida es una alegría redoblada.» Discurso terminado y buena suerte, chicos. Merece la pena aprender a conocer mejor las distintas partes del organismo femenino.

Una secretaria, dijo del orgasmo:

–El suyo es más importante que el mío porque para el hombre es mucho más fácil. Mi orgasmo depende más de cómo me ha ido el día para llegar al punto de desearlo o no. Los veinte o treinta minutos previos tienen menos impacto en mí y, por lo tanto, menos deseo de tener un orgasmo. En esas ocasiones, para mí es más importante asegurarme de que él quede satisfecho.

Una ama de casa, opinó:

–El orgasmo no es tan importante. Pero el juego posterior sí. Todo lo que viene después es para mí mucho más importante que mi orgasmo. No me gustan los tipos que dan media vuelta y se echan a roncar. Es un poco demasiado. Quiero después un poco de cariño. No sólo estaré bien, sino que además querré más.

La agente de compras de Nueva York, de cuarenta y cuatro años de edad, afirmó:

–El orgasmo es importante para mí, pero si hacemos el amor y mi cuerpo no está excitado, no pasa nada si no alcanzo el orgasmo. Lo que cuenta es la intimidad. Es estar con esa persona. Tengo bastante con los abrazos y las caricias.

La propietaria de una tienda de moda, de cuarenta y dos años de edad, apostilló:

–El orgasmo está sobrevalorado. El sexo es más que una sensación física. El sexo es un compromiso emocional que origina una sensación que se prolonga a lo largo del día y más allá. La sensación que obtengo otorga cierto resplandor a mi vida. El orgasmos viene y se va. Pero el resplandor ilumina mi vida diaria. Al orgasmo le daría un cinco. Al resplandor duradero, un veinte.

La esposa del médico, dijo:

–Con mi primer marido nunca tuve un orgasmo, porque nunca hacíamos el amor. Sólo era sexo y a menudo violento y doloroso. Mentalmente me dolía también, porque no compartíamos nada. Creo que duele más esto que la ausencia de orgasmos.

Veamos diversos comentarios que las mujeres realizaron sobre sus orgasmos:

–Disfruto con el orgasmo, pero si el sexo se practica bien, con amor, cariño y consideración, el orgasmo no es tan importante. Obtengo una enorme recompensa con muchas caricias y abrazos y besos y sensaciones corporales.

–Nunca lo he tenido, así que no sé cómo reaccionaría.

–El orgasmo para mí sería un cuatro o un cinco. No es lo más importante del tema. Compartir la alegría, la proximidad y la ternura... eso es lo que quiero.

–Un cero para el orgasmo. No es por eso por lo que hago el amor. Yo hago el amor por la intimidad.

–Póngale un cuatro. Puede tener buen sexo sin orgasmos.

–El orgasmo es importante, entre un ocho y un diez. Pero si no se produce, no me voy a echar barranco abajo.

–Si vas a hacer el amor, lo haces bien. Un diez para mí.

–Un dos. Puedo tener buen sexo sin un orgasmo.

–Si un hombre no intenta sinceramente llevarme a él y no es ni tan siquiera tierno, sino que va a la suya, esta es la última vez.

–Para el corazón de una mujer es muy importante que el hombre la ayude a alcanzar el orgasmo.

Evidentemente, el sexo abarca para la mujer muchas más cosas que no sólo el orgasmo. Las mujeres parecen tener un abanico más amplio de placer y disfrute, un abanico que incluye un significado más profundo y espiritual que el de muchos hombres.

Creo que la mayoría de los hombres se preocupa porque su pareja alcance el orgasmo. Creo también que muchos hombres se sienten responsables del orgasmo de ella y que si le «fallan», creen que su destreza sexual mengua, o está incluso amenazada. Pregunté entonces:

Cuando no alcanza el orgasmo, ¿qué porcentaje del problema asigna a su pareja?

La vendedora de publicidad de una emisora de radio, sentenció:

–No me sucede nunca, pero si así fuera, sería culpa mía. Puede ser la suya si no coopera, pero no pienso encontrarme involucrada en este tipo de relación. Lo hice una vez y no lo repetiré.

La esposa del médico, reconoció:

–No es culpa suya. Si he pasado un día complicado y estresante, puede que no desee un orgasmo. En estas ocasiones, me satisfacen los abrazos, los besos y las caricias que acompañan al sexo.

Nuestra técnico en diagnósticos, de cuarenta y un años de edad, dijo:

–Ninguno. De la mujer depende que alcance, o no, el orgasmo. Si no lo consigue, el hombre se pregunta qué ha sucedido... ¿qué ha hecho mal? ¿Por qué no ha llegado? Querido, tú no has hecho nada mal. El orgasmo viene únicamente de mí. No te hagas la idea de que por el simple hecho de que no haya alcanzado el orgasmo no me lo he pasado bien. Los hombres se aferran demasiado a eso.

La abogada de veintinueve años de edad, expresó:

–Siempre llego al orgasmo. Pero si él va con prisas y no me da el tiempo suficiente, entonces es tanto culpa suya como mía. Mi cuerpo es como un instrumento musical. Si quiere ser un buen músico o un músico malo depende de él, pero mi orgasmo es mío. Depende mucho de cómo toquemos los dos.

La oficinista de veintisiete años de edad, comentó:

–Hay momentos en que el orgasmo no es importante para mí, como cuando estoy cansada o no tengo la moral muy alta. Entonces con la proximidad tengo bastante. Cuando el orgasmo es importante para mí, diría que él es el veinte por ciento de la ecuación.

La maestra de cuarenta y cinco años de edad, observó:

–A veces puede que no llegue al orgasmo porque estoy demasiado cansada o preocupada por algo. Entonces es mi problema, no el suyo. La mayoría de mis orgasmos tienen que ver conmigo.

La agente de compras de un banco, admitió:

–Es algo que los hombres no comprenden. Piensan que si una mujer no llega al orgasmo es culpa de ellos. Falso. La construcción química de la mujer es tan distinta que puede ser simplemente que nuestra química no esté bien en este momento. Quizá las hormonas no conectaban. A veces es como si mi cabeza estuviera diciéndome, «Me encantaría tener un orgasmo», pero el cuerpo no colabora. A veces, mi cuerpo no sincroniza con mi cabeza y él no puede hacer nada al respecto. No, mi orgasmo no es problema suyo.

La propietaria de una tienda de Santa Fe, respondió:

–A veces hay cosas que me apagan la líbido. En ese caso, yo soy la total responsable. En otras ocasiones, quizá es él que no sabe bastante sobre la anatomía femenina y necesita saber «cómo».

La empleada de calidad de una empresa de telefonía móvil, dijo:

–Básicamente, la mujer es la responsable de su satisfacción, igual que el hombre es responsable de la suya. Si ella no consigue lo que quiere, debería decirlo, tomarle de la mano o darle una pista.

La asesora, apuntó:

–Depende de cómo él me lo comente. Si hablamos tranquila e inteligentemente me siento menos preocupada y sólo necesito alguien que me apoye. Mi orgasmo es mi orgasmo. Pero si él sigue yendo a la suya después de que le haya explicado que necesito más caricias y más abrazos, y lo ignora, se queda a gusto y se echa a dormir, me vuelvo loca. Necesito correrme yo sola y ocuparme de ello de la forma que yo necesite.

La empleada de televisión, contestó:

–No alcanzo fácilmente el orgasmo. Cuando no lo logro, no le culpo a él por no concentrarse lo bastante en mí. El chico que me satisface es el chico que realmente se concentra en mí. Si es cariñoso, se preocupa por mis sentimientos y tiene fuego y pasión, entonces es más fácil para mí dejarme ir. Pero tiene que gustarle concentrarse en mí. Si no llego al orgasmo, le doy a él un ochenta por ciento de la responsabilidad.

Otros comentarios fueron:

–Mucho depende de su habilidad y de lo cómoda que me haga sentir. Cargaría en él un cincuenta por ciento del tema.

–Quizá un cinco por ciento del esfuerzo es suyo... el resto es mío.

–Todo el problema es suyo, porque si no llego al orgasmo es porque no se ha tomado el tiempo suficiente para demostrarme que está más interesado en *mí* que en mi cuerpo.

–No me importa si llego o no al orgasmo, mientras él me hable con cariño.

–Cincuenta por ciento él y el otro cincuenta yo. No todo es culpa suya.

–Un porcentaje bajo para él. La única vez sería cuando él no estuviera interesado en mí. Veinte por ciento para él.

–Su responsabilidad en mi orgasmo es de un dos por ciento. Es más asunto mío que suyo.

–Él nada. No importa si llego o no. Todo es una combinación de sentimientos. Las caricias y todo eso son mucho más importantes para mí.

Permítame explicarle cómo surgió la siguiente pregunta. Al final de cada entrevista invitaba a las mujeres a sugerir otras preguntas que pudieran añadirse a mi lista. Cuando se lo propuse a la entrevistada número setenta y cuatro, me dijo:

–¿Y no pregunta nada sobre el sexo oral?

Después de recuperar mi compostura, le pregunté:

–¿Piensa que hablarían abiertamente conmigo sobre eso?

Y su respuesta fue:

–Pónganos a prueba.

Así que, allí mismo, ella y yo concebimos la siguiente pregunta:

¿Qué piensa de ofrecerle sexo oral a un hombre y qué piensa de recibir sexo oral por parte de un hombre?

Ya que únicamente quedaban por entrevistar veintisiete mujeres de las cien totales, ese fue el número total de respuestas que reuní. De las veintisiete, una declinó responder. Otra no tenía experiencia de sexo oral.

De las veinticinco mujeres con experiencia de sexo oral, el setenta y seis por ciento dijo que le gustaba tanto dar como recibir. El dieciséis por ciento que le gustaba dar sólo, pero no recibir. El ocho por ciento dijo que le gustaba recibir, pero no dar. He seleccionado las siguientes respuestas como representativas de la opinión de las mujeres:

–En la mayoría de las circunstancias, está bien dárselo al hombre. En cuanto a recibirlo, a veces sí y otras no.

–¿Qué circunstancias? –pregunté.

–Simplemente, tiene que ser en el momento adecuado.

–Me parece bien en los dos sentidos. Pero pienso que la gente mayor lo ve distinto. Yo tengo cuarenta y cinco años.

–El sexo oral está bien y es divertido. Pero no está tan bien ni es tan divertido si sólo es hacia él. Ya que la mayoría de mujeres llega al orgasmo mediante la estimulación del clítoris, el sexo oral puede resultar delicioso para la mujer. Me costó mucho tiempo sentirme cómoda con el sexo oral. De más joven, tenía la sensación de que mi cuerpo era asqueroso y repugnante, pero eso ha ido cambiando con el tiempo.

–Me gusta practicarle el sexo oral a un hombre, pero hoy en día tendría que ser con alguien a quien conozco desde hace tiempo y conozco realmente bien. Lo que sí es seguro es que no quiero contagiarme del SIDA.

–Si se trata de alguien a quien quiero y que me importa, resulta natural ofrecerle sexo oral. Que él me lo haga a mí no es natural.

–Practicar el sexo oral es lo mismo que hacer el amor. Es todo un arte. Tu único objetivo al darle sexo oral es complacerle y esa es mi recompensa.

–¿Qué opina de recibir? –pregunté.

–Con mi actual marido es lo mismo. Normalmente, pienso que los hombres lo hacen a la mujer porque se imaginan que es lo que ella espera, no porque quieran proporcionarle placer. Pero hay esas almas preciosas que sí desean hacerlo por su pareja. Como he dicho, es todo un arte. Si no sabes, la única forma de aprenderlo es con la práctica. El sexo oral es una experiencia única que varía de mujer a mujer. Creo que es una parte vital del matrimonio.

–Simplemente lo adoro en ambos sentidos. La verdad es que probablemente disfruto más recibiendo que dando.

–No me importa darlo haciendo el amor. No lo disfruto, pero no me importa. Puedo apartarme de mi camino para complacer a un amante sincero. En esto consiste hacer el amor... en complacerse mutuamente, no sólo a ti. Por lo tanto, si para él es importante, es importante para mí. Recibirlo es importante... muy importante.

–Saliendo, de ningún modo. En el seno del matrimonio me parece bien.

–Darlo está bien, pero no me gusta recibirlo. Hace pocos años, el sexo oral ni tan siquiera se practicaba.

–Me gusta practicarle el sexo oral a un hombre porque a todos los hombres que conozco les encanta, por lo tanto, yo lo disfruto, porque sé que ellos lo hacen. No me gusta que me lo hagan a mí.

–No me gusta particularmente en ninguno de los dos sentidos.

–¿Yo a un hombre? Más poder para ti... ja ja.

–No me gusta hacerlo, pero sí recibirlo... ¿soy egoísta?

Otra mujer destacó que, para ella, el sexo oral no se limitaba a los genitales, sino que incluía también chupar los pezones y los pechos.

–Dos minutos en mi pecho valen como veinte minutos de caricias en otro sitio. ¿Quiere saber cómo puede un hombre enviar de verdad a una mujer hacia las estrellas?

Por supuesto que quería.

—Claro.

—Mientras practique el sexo oral, trate su clítoris, que es su pene en miniatura, exactamente igual que a un hombre le gusta recibir sexo oral en su pene. —Respiró hondo—. Eso significa chupar su pene en miniatura y aplicar la lengua donde al hombre le gusta que se la apliquen. Diez segundos así y ella estará gritando en la agonía del éxtasis.

Me sorprendió la facilidad y la apertura de mente con que las mujeres comentaron lo que yo consideraba un tema delicado. Sus respuestas me enseñaron que la mayoría de las mujeres estarían dispuestas a hablar con un hombre sobre cualquier cosa. Aparentemente, todo lo que tenemos que hacer es hablar con ella.

Nuestra siguiente pregunta destacó como una de las más fáciles de responder. Era:

Si tuviese que olvidar PARA SIEMPRE los abrazos y las caricias, u olvidar PARA SIEMPRE el sexo, ¿qué olvidaría? La clave es el PARA SIEMPRE.

El noventa y uno por ciento de las mujeres dijeron que olvidarían el sexo con un hombre antes que sus abrazos y caricias. Fue la pregunta cuya respuesta menos se pensaron las mujeres. Su respuesta fue instantánea, hasta el punto de ser casi automática. No parecían tener la mínima duda. Si tuvieran que elegir, elegirían los abrazos y las caricias por encima del sexo. Sus comentarios fueron:

—Ninguna duda... olvidaría el sexo. Ninguna de las dos cosas resulta atractiva de olvidar, pero entre las dos, lo haría así.

—Olvidaría el sexo. Pienso que con algunos hombres, el sexo es a veces una trama de dominación con un ganador y un perdedor, mientras que los abrazos y las caricias y darse la mano y sentirse cerca, es algo genuino y para compartir. En un abrazo, todos ganan.

—Dios mío, vaya pregunta. ¿Para siempre?

—Para siempre.

—De acuerdo, nos referimos a qué es lo que más me llena. Pues no me olvidaría de las caricias y los abrazos. Lo siento, el sexo. Abandonaría el sexo. Creo que los abrazos son muy importantes. Al menos tres o cuatro al día. Abrazas a los hijos, a los amigos, a tus compañeros de trabajo. Me encanta tocar y me encanta la gente que me toca.

—Olvidaría el sexo en un abrir y cerrar de ojos. Los abrazos y las caricias son importantes para mí. Cuando llego a casa después de una jornada dura, si él me acaricia y se queda así un ratito, me llena de nuevo de energía... y a él también, como si se diera cuenta de ello. Obtengo más de esos abrazos que de un revolcón. *Mucho* más.

—Olvidaría el sexo. Necesito la intimidad que proporcionan los abrazos y las caricias.

La asesora dijo:

—Olvidaría el sexo. Podemos montar un pollo si no permitimos eso. Está perfectamente demostrado que podemos vivir sin sexo, pero para nuestro bienestar necesitamos tocarnos. Desgraciadamente, los hombres tienen mucha programación interna que les dice que el sexo de verdad es un orgasmo. Por lo tanto, desgraciadamente para las mujeres, se lo montan para conseguir ese orgasmo que quieren lo más rápidamente posible. La diferencia es sólo ponerse sentimental y romántico y lo que sea, será. A veces no es más que besarse y abrazarse, y a veces es la penetración. Pero para nuestro bienestar es importante que nos sumerjamos el uno en el otro, en lugar de conectar un punto con otro... tanto tiempo en el punto uno, luego pasamos al punto dos, etc. Por cierto, la mayoría de las mujeres saben cuando su pareja se acerca a ellas pensando en sexo. Según el lugar donde la besa, saben qué punto viene a continuación. Los que se dedican a conectar puntos se pierden lo mejor. El hombre puede obtener también una gran satisfacción de los besos y las caricias.

—No olvidaría ninguna de las dos cosas, pero si tuviera que elegir, olvidaría el sexo. A veces, lo único que quiero son besos y abrazos, pero él se excita y quiere seguir. Y yo le digo, espera, espera... primero quiero que me beses y me abraces mucho.

—Olvidaría el sexo. El alimento que obtengo (y él obtiene) de los abrazos y las caricias es muy importante. La razón por la que no me gustan los hombres muy altos es porque es más fácil abrazar a un hombre que sea prácticamente de mi altura.

La viuda de un constructor, opinó:

—Yo he tenido que olvidarme de las dos cosas. Pero si quieres a alguien está bien, como cuando mi marido tuvo que someterse a diálisis. Primero perdí el sexo, luego, de pronto, se fueron también los abrazos. De modo que perdí las dos cosas y no me gustó ninguna pérdida.

—¿Qué es lo que le costó más perder?

—Pude olvidarme del sexo con mayor facilidad. Para que lo entiendan los hombres, la relación entre mi marido y yo progresó hacia un nivel que pocas personas experimentan. Cuando el sexo se alejó del camino, tuvimos más proximidad y nos abrimos más el uno al otro. Seguramente no volveré a casarme porque he experimentado un máximo que poca gente conoce, y no me sentiré satisfecha con menos. Quizá el sexo fuera un problema para él y yo no era consciente de ello... para mí no lo fue. Sin embargo, cuando eliminamos el sexo debido a la máquina de diálisis... cuando ambos supimos que no podía ser y dejamos de pensar en ello, se abrieron las puertas hacia otra relación que incluía más abrazos. Nunca olvidaré un día en que estábamos a punto para salir de la casa club del campo de golf. Él iba hacia una dirección en su coche y yo hacia otra. Antes de separarnos estuvimos besuqueándonos detrás de la casa club y el chico del guardarropa nos sorprendió y lo encontró tan divertido... un par de viejos besuqueándose, y pensó que era agradable y divertido. Para nosotros, fue un momento que guardamos como un tesoro durante el resto de su vida. Tenga en cuenta que mi madre me proporcionó una perspectiva muy sana del sexo. A mí me encantaba y tuve una vida sexual muy plena. Pero si tuviese que elegir, una elección difícil, me quedaría con los abrazos y las caricias, y echaría de menos el sexo.

La secretaria de un banco, apostilló:

—Olvidaría el sexo. Recuerdo cuando hacía manitas en la iglesia. Son las pequeñas cosas las que tienen más significado. No hay nada más dulce que ver a un viejecito y una viejecita cenando y que él la acaricia, o ella a él. Eso es amor.

—Olvidaría el sexo. Mi primer marido era un artista del aquí te pillo, aquí te mato. Los abrazos y las caricias son absolutamente esenciales para mi bienestar.

–Olvidaría el sexo porque necesito que me toquen. Con muchos hombres el sexo no incluye tocamientos. Pero yo lo necesito.

A continuación, las opiniones de dos del nueve por ciento que conservaría el sexo.

–Dios mío, vaya pregunta. Veamos, probablemente habría mucho más sexo si todo fuesen abrazos y caricias. Eso conduciría al sexo. No lo sé... cincuenta, cincuenta.

Insistí.

–Tiene que elegir.

–Eso no es justo. ¿De dónde ha sacado esta pregunta? Me imagino que con el sexo, puedes tener ambas cosas. No lo sé.

–Para que la pregunta sea relevante, tiene que elegir –repetí.

–Vaya carga. Bien, si hay besos, eso significa para mí que después hay sexo. No quiero abandonar el sexo, porque si hay abrazos y caricias yo me voy. Si tengo que elegir, me imagino que abandonaría los abrazos y las caricias y conservaría el sexo.

Otra mujer dijo:

–Una pregunta realmente interesante. Preferiría tener sexo para siempre y olvidar los abrazos y las caricias. Eso es un nuevo cambio para mí. No hace mucho mi respuesta habría sido la contraria. Pero en este momento, comparo afecto con pasión. En este momento quiero más pasión que afecto.

Un último comentario:

–Difícil elección. Tal y como está articulada la pregunta, me olvidaría del sexo. La razón es que, si en el sexo no hay abrazos, no es el tipo de sexo que me interesa.

Cuando los hombres conocen a una mujer se ponen nerviosos respecto a cómo puede ella sentirse en relación a las anteriores mujeres que haya habido en su vida. De modo que pregunté:

¿Cuáles son sus comentarios sobre otras parejas de cama en la vida de su pareja: a) antes que usted, y b) durante su relación con usted?

Los comentarios de las mujeres fueron:

–Lo que ocurrió en el pasado ya ocurrió, pero guárdate los detalles para ti. Nada me destruiría más fácilmente que un hombre que me diga que soy buena, *pero* que Suzie hacía esto y aquello.

–Teniendo en cuenta la amenaza del SIDA y de otras enfermedades de transmisión sexual, me sentiría incómoda si él hubiese estado con alguien en el pasado y no hubiese ido con cuidado. No quiero un chico que se haya dedicado a saltar de cama en cama.

–Si no tiene experiencia con las mujeres, no quiero nada con él, porque puede que esté viviendo en un mundo sexual diferente.

–Las mujeres de su pasado no me importan... yo le he conseguido y ellas no.

–El ayer es experiencia para el mañana, no me importa con quién haya estado, dónde haya estado o lo qué haya hecho. Todas sus experiencias le han ayudado a convertirle en la persona que yo amo hoy. –Se echó a reír y añadió–: Si es un amante especialmente bueno, les daría las gracias por haberle enseñado.

–No me gustaría un hombre sin práctica antes de conocerle. Me gusta el hombre que sabe lo que está haciendo. Y doy las gracias a sus anteriores compañeras de cama que fueron buenas maestras.

–Quiero que mantenga sus contactos con anteriores chicas que fueron sólo amigas. Las antiguas compañeras de cama, mejor que pasen a la historia.

–Me gustaría poder hablar sobre relaciones pasadas para descubrir qué es lo que fue mal... por qué no está ahora con ella... qué sucedió. Intentaría utilizar esta información para mejorar nuestra relación.

–Sus anteriores compañeras de cama fueron chicas con suerte.

¿Cómo se siente respecto a otras compañeras de cama durante la relación que ahora mantiene con usted?

–Si no hay compromiso, sus compañeras de cama no son de mi incumbencia. Sin embargo, si estamos comprometidos, otra compañera de cama sería para mí el final.

Otras opiniones fueron:

–Antes me aterrorizaba la idea de que se acostara con otra. Pensaba que si nosotras, las mujeres, no nos liáramos con el hombre de otra, se acabaría el problema. Pero ahora que soy mayor veo que los hombres y las mujeres hacen lo que hacen los hombres y las mujeres. Los hombres son tan responsables como la llamada «otra». Pero no la consideraría a ella más responsable que a él. Pero sigue siendo doloroso.

–No creo que haya una mujer en el mundo capaz de aceptar otra compañera de cama en la vida de su pareja. Para mí sería degradante.

Un gran miedo de los hombres es que su pareja busque sexo con otro hombre. Fue por eso que pregunté:

¿Qué podría hacer su pareja, o no hacer, que le hiciese plantearse tener una aventura de una noche o, incluso, un romance?

El treinta por ciento dijo que no había nada que su pareja pudiese hacer que le llevase a plantearse la infidelidad.

Ejemplos:

–Antes me divorciaría que tener un romance o una aventura de una noche.

–No podría llevarme a tener un romance. Si él lo tuviera y yo le pagara con la misma moneda, estaríamos equivocándonos los dos.

–No podría hacer nada que me llevase a plantearme tener un romance o una aventura de una noche, porque para mí cualquiera de esas dos cosas sería hacerme daño.

–Si él tuviese un romance, ¿por qué debería yo rebajarme a su nivel? Ninguna otra persona, particularmente una mujer que ni tan siquiera conozco, va a decidir mi forma de actuar.

El veintiuno por ciento de las mujeres tenían una mentalidad de «empate» hacia los hombres infieles. Una dijo:

–Si le sorprendiera con otra mujer, seguramente saldría por la puerta y haría exactamente lo mismo.

Otra dijo:

–Si él tuviese un romance o una aventura de una noche, me vengaría. Tan pronto como pudiese encontraría un hombre a quien tirarme.

La mayoría de las mujeres, el cuarenta y nueve por ciento, dijo que lo que con mayor probabilidad podía conducirle a la cama de otro hombre era sentirse ignorada, sin atención o abandonada sexual y/o emocionalmente.

–Podría verme abocada a un romance si él me ignorase o me tratase como si yo sólo sirviera como cocinera, limpiadora y para calentarle la cama.

–Cuando me siento ignorada durante un período prolongado de tiempo, se instala en mí un deseo importante. Ofrecería mi sexo a otro si él me ignorase durante mucho tiempo.

–Si dejamos de cuidar el uno del otro, nos volvemos poco receptivos y construimos muros entre los dos, probablemente buscaría a otro que me complaciese.

–Si él me ignorara sexualmente durante mucho tiempo y no me ofreciera ningún tipo de contacto físico, como abrazos y carantoñas... no necesariamente penetración, buscaría otro.

–Si no se mostrara interesado por mí... por mi trabajo, por dónde he estado, por dónde voy, etc. Ignórame, tío, y las pagarás.

¿Existe algún hombre a quien no le guste mirar una figura femenina? Para averiguar cómo se sienten las mujeres cuando las miramos, pregunté:

¿Cómo responde usted a un hombre desconocido que se la come con los ojos?

El setenta y ocho por ciento de las mujeres se sentían desmotivadas con las miradas si las percibían como miradas claramente impúdicas. Dijeron:

–Depende de su actitud. Si no es respetuoso es como si me estuviese desnudando mentalmente, no me gusta. Pero si lo hace de forma respetuosa, íntima, está bien.

–Desagradable. Me voy... me largo de allí.

–Depende de cómo me sienta ese día con mi cuerpo. Si me siento segura de quien soy y me siento bien conmigo misma, también flirteo. Pero si tengo la sensación de que me inspecciona el cuerpo con fines sexuales que mi cuerpo podría satisfacer, me siento degradada y desmotivada.

–Puede que le dijera al tipo algo sarcástico, normalmente relacionado con su cabeza... una demostración del límite de su cerebro.

–Si es evidente e impúdico, no me gusta. No soy un objeto en venta.

–Me enfado, y si es repugnante, le digo que pare. Una vez fui a entregar una cosa en la planta ejecutiva y el abogado de la empresa no apartaba los ojos de mi pecho. Le dije que parase. Más tarde oí que comentaba que había sido maleducada con él. No fui maleducada con él... fue él quien fue maleducado conmigo, y su actitud me ofendió.

–Si me miran con lujuria, no me gusta. Mirad, pero sin babear.

–Me largo.

–Le digo que me quite de encima sus ojos de bicho.

–Me hace sentir como si fuese un objeto, que no me considera una persona. Es negativo.

–Nadie quiere que la miren con lujuria, a menos que sea una lagarta.

–Si me echa una mirada de esas que quiere decir me gustaría metértela, me revuelve el estómago.

–Pienso que es un guarro.

–Si es sólo mirar, vale. Lo que no quiero es que emita gruñidos o silbe.

¿Cómo responde usted a un hombre con quien mantiene una intimidad, que se la come con los ojos?

El ochenta y dos por ciento de las mujeres dijeron que les gustaba que su pareja las mirase.

–Es una demostración de que siente interés por mí.

–Adulador.

–Un poco violento, pero me gusta.

–Me encanta.

–Me gusta, pero me siento incómoda porque estoy un poco gorda.

–Me hace sentir con poder. Me da un sentimiento positivo.

–Que me mire el cuerpo con moderación me parece bien, pero sin pasarse hasta el punto de desnudarme con los ojos.

–Al fin y al cabo, si no le resulto agradable, mejor que no esté con él.

–Le miro yo también.

–Forma parte de nuestra intimidad. Me encanta.

–No me gustaba que mi primer marido me mirara con lujuria. Si era incapaz de hablarme, o de escucharme, tampoco lo era de mirarme con deseo. Pero me encanta con mi actual pareja.

–Quiero que mi hombre me mire con lujuria.

–Para mí es un cumplido que me mire así un hombre que es especial.

–Esas miradas son para el dormitorio y entonces no es una mirada lasciva. Es un factor de excitación.

¿Qué piensa de un hombre que sitúa revistas tipo *Playboy* o *Penthouse* en la cabecera de sus lecturas?

Esta pregunta encendió alguna de las respuestas más extensas. Por ejemplo:

–No tendríamos nada en común. Ese tipo de material no cuadra con el tipo de hombre que quiero a mi lado. Si su principal foco de atención es ese, ¿de qué podría hablar con él que fuera de valor o interés para mí? En lo que a mí refiere, no resultaría de conversación interesante para ninguna mujer. Su prioridad de lecturas me hace entender que le interesan más mis bragas que mi bienestar general.

Otra mujer dijo:

–¿La primera de sus lecturas? Dios santo, siento lástima por él. El pobre debe estar aburrido de la vida. Hay tantas otras cosas que podrían ser mucho más enriquecedoras como libro de cabecera... No me importa que lo lea, lo que sí me importa es que sea su lectura favorita. Yo no considero estas revistas como material de lectura. Para mirar, tal vez. ¿Pero de lectura? Ja, ja.

–Soy una entusiasta de la primera enmienda. Todo el mundo debería ser capaz de leer lo que quisiera. Mi objeción se encuentra en lo de que sea su principal tipo de lectura. Debe ser una persona poco profunda. Pienso que no sería muy buen conversador... ¿de qué podría hablar?

–Si esa es su principal lectura, daría por sentado que es incapaz de satisfacer la vida sexual de una *mujer*.

–No tengo en muy alta estima este tipo de hombres. A veces, Jim echa un vistazo a esas revistas y también yo. Pero ¿un tipo que sólo lea eso? La gente que he conocido que podría situarse en esta categoría son personas inseguras, dominantes. Me parecen mentalmente retorcidas... no saben dónde van. Parecen odiar a las mujeres, por cierto.

–No la mejor lectura para tener como prioritaria. Consideraría un hombre así como absurdo, aburrido, vacío. Sería un cero a la izquierda para mí. Seguramente no tendría donde caer muerto. Evidentemente, se trata de una persona que no vive en el mundo real, porque no puede tratar con seres humanos y por eso tiene que masturbarse en el baño con su revista de chicas. Seguramente debe acostarse además con una muñeca hinchable. Vive en un mundo de sueños, intocable e inalcanzable. Eso da miedo. Lo que me comunica es vacío. Para mí, ese tipo de hombre tiene tanto miedo e inseguridad que siento lástima por él.

–Busca una mujer que existe únicamente en su imaginación y no me gustaría competir con una fantasía imaginada.

–Quiero un hombre que sienta interés por el sexo, pero no quiero que se pase. Como que a mí no me gustan las chicas que salen en esas revistas, no quiero que empiece a imaginarse que yo tendría que ser como ellas. Es decir, no quiero que viva en un país imaginario, sin contacto con la realidad. Y lo que es seguro es que no quiero correr el riesgo de que me abandone tan pronto llegue otra con un cuerpo como los que ve en las fotografías. Me incomoda que lea este tipo de revistas.

–No me sentiría atraído por una persona así porque probablemente se consideraría como un gran regalo para las mujeres, se consideraría sexy y seguramente sería poco profundo y poco interesado por temas culturales. Una persona superficial.

–Creo que es triste si esas son sus principales lecturas. De ser así, sólo ve una dimensión de la persona... una visión plana sin profundidad alguna. Sólo considera el sexo. No considera el amor, y el amor y el sexo no son lo mismo. El sexo puede ser maravilloso, pero es como la guinda del pastel. Es maravilloso cuando logras tener una buena vida sexual y además una buena relación que incluya inteligencia, cosas en común, cuidarse mutuamente, caricias... pero el sexo puro y duro no es real. No es pleno, ni rico.

–Si esas son sus principales lecturas, ahí te quedas. Aléjate de mi vida, tú y tus revistas.

–Estúpido. Ese sexo no es más que una función orgánica, como mear y cagar. Dudo que ese hombre sepa cómo amar a otro ser humano, y menos a una mujer. En la cama es mecánico, sin sentimientos hacia mí y seguramente ni tan siquiera hacia él. Todo superficial. No sabe lo que se pierde.

–¡Oh, Dios! No hay esperanzas para un hombre así. Personalmente pienso que los cuerpos son maravillosos, desnudos y vestidos. Cuando salgan *Playgirl* y *Viva*, las compraré. Los editores se sorprenden al descubrir que venden más revistas cuando aparecen cuerpos de hombres desnudos en una secuencia de fotografías que implique romanticismo o una relación fantasiosa. A las mujeres nos excitan más estos temas de relación que un tipo estupendo con su cosa colgando. Creo que el mayor dolor que la mayoría de mujeres siente respecto a su cuerpo es que no tienen una idea exacta del aspecto que tiene su cuerpo. Las revistas de chicas no son la realidad. Todas las fotos están retocadas. Cuando los hombres se encierran en esas revistas es como si tuvieran una única caja donde meter a todas las mujeres. Y tan pronto como no encajes en ella, te dan largas, cariño. Pasas a la historia. Estos tipos buscan una mujer que encaje con la imagen que ellos tienen de la mujer, para que así los demás les consideren a ellos estupendos, maravillosos y todo eso. Les preocupa más su ego que su pareja. Para él no eres más que un objeto, y eso es lo que me parece triste.

–Bajo mi punto de vista, los hombres que leen esas revistas no son gigantes mentales.

–Todos los hombres que he conocido que compraban estas revistas decían comprarlas por los artículos. Eso me desmonta. ¿A quién se creen que engañan?

–Estas revistas nos lo ponen difícil, porque las mujeres de verdad no tenemos la ventaja de pasar cada día por la peluquería.

–Tengo hijos adolescentes y sería una desgracia como madre si llegaran a los dieciséis sin saber qué aspecto tiene una señora desnuda. Pero tener esas revistas como libro de cabecera sería como ver sólo películas porno y no ver cine de verdad.

–No me gusta la competencia injusta. Creo en el mundo real del aquí y el ahora. No le veo el sentido a tener que mirar esas revistas. Creo que son hombres insatisfechos con lo que tienen en casa o con sus novias. No creo que los hombres satisfechos lean esas revistas.

–Para mí, el sexo es el sacramento del amor. Odio estas revistas porque abaratan este sacramento.

–Yo también las leo. Básicamente me dice que a él le gusta el cuerpo femenino.

–Me resulta indiferente que lea esas revistas.

–Su interés por esas revistas me indica que no es gay, que le parece bien el sexo con la mujer.

Una mujer dijo que lo sentía por las mujeres relacionadas con hombres que tienen esas revistas como su *principal* lectura. Sonrió:

–Si el cuerpo de su pareja, sus partes íntimas y su rostro son inferiores a los de la chica de las páginas centrales, seguramente él preferirá el sexo en silencio, a oscuras o con los ojos cerrados para no tener que mirarla. Bajo estas condiciones, puede mentalmente eliminar a su pareja de la escena y lanzar su esperma a una chica imaginaria de las páginas centrales... una prostituta podría darle un resultado idéntico. –Rió entre dientes–. Y esperan que tú tengas un cuerpo de póster mientras ellos son fofos y barrigudos. Es probable que las mujeres también fantaseen durante el acto sexual de la misma manera. –Se quedó un momento pensativa, me miró a los ojos y añadió–: Pienso que las mujeres casadas con hombres así sienten más tentaciones de ser infieles que otras mujeres. –Apartó la vista–. Y observo que estos tipos tienen poco más que ofrecer que sexo sin más, a corto plazo y nada romántico. Normalmente son insensibles, dentro y fuera de la cama. Casi siempre son malos amantes a la larga. –Se encogió de hombros–. Por lo que a mí refiere, estos tipos no son más que otra relación rápida o una solución sexual que invariablemente termina con la mujer sintiéndose frustrada, vacía y deprimida. –Rió de nuevo–. Antes utilizaría un vibrador que permitir que uno de esos hombres me tocase.

El objetivo de mi siguiente pregunta:

¿Sufrió usted abusos sexuales durante su infancia, o ha sido violada en algún momento de su vida?

Era hacerme una idea de cómo el hecho de haber sufrido abusos en la infancia o de haber sido violada podía inclinar las respuestas en cuanto a su interacción actual con los hombres, o cómo podían estos hechos haber afectado su vida. Obtuve más de lo que esperaba. De entrada, casi me caí de la silla la primera vez que escuché en boca de una mujer que su abuelo había abusado de ella. Cuando inicié mi investigación, en abril de 1986, no era un caso muy conocido. Desde entonces, se han confirmado mis descubrimientos y ha resultado que abuelos, padres y padrastros comparten la cabeza como principales abusadores entre el centenar de mujeres entrevistadas. Me sorprendió asimismo el porcentaje de mujeres que habían sufrido abusos o habían sido violadas.

El cuarenta y seis por ciento de las mujeres entrevistadas dijeron haber sufrido abusos de pequeñas o haber sido violadas de mayores. Se trata de un porcentaje más elevado que cualquier otra encuesta que conozca. Tenga presente que prácticamente todas las encuestas de violaciones incluyen la advertencia de que, universalmente, las violaciones denunciadas son muy inferiores a las reales. Y para sumar un elemento más a la confusión está la controversia reciente sobre el nuevo concepto de «recuerdos reprimidos». En defensa de los resultados de mi trabajo, diré que se llevó a cabo antes de que salieran a la luz las teorías sobre los recuerdos reprimidos.

Además, no imagino razón por la que las mujeres entrevistadas tuvieran que mentirme.

Entre los principales abusadores y violadores, los porcentajes se repartían como sigue:

Padres	20%
Abuelos	20%
Padrastros	20%

El restante cuarenta por ciento estaba compuesto por hermanos, tíos, predicadores, amigos de la familia, desconocidos. Algunos de los comentarios fueron:

–Cuando tenía diez años, un amigo de la familia trabajaba de acomodador en un cine. Mientras proyectaban una película, se acercó a mí y me puso las manos por todas partes, susurrándome cochinadas al oído. Temblando y con un susto de muerte, me escapé y fui a sentarme con mis amigos. Entonces él llamó a mi madre y le dijo que estaba montando un escándalo en el cine y que viniese a recogerme. Ella entró hecha una furia y se me echó encima. No dije ni una palabra a mis amigos de lo sucedido y, por supuesto, me sorprendió ver llegar a mi madre. Estaba muy mal porque aquel hombre me había tocado y, además, con mi madre riñéndome... lo que consideré como un bofetón por partida doble. Hasta la fecha, no se lo he explicado.

–Cuando yo tendría siete u ocho años, fui violada por mi tío, mi abuelo, mi padrastro y mi padre. Me afectó tanto que en mi luna de miel estaba aterrorizada y me preguntaba dónde me había metido. Mi marido fue muy comprensivo y paciente. Me dijo que no me preocupase, que no era necesario que mantuviésemos relaciones sexuales aquella noche. Necesitó un mes para ganar mi confianza y yo para reunir la valentía necesaria. Le quiero muchísimo por esto. Es un hombre amable y gentil y haría cualquier cosa por él. Han pasado treinta años y disfrutamos de una hermosa vida sexual.

Una mujer de metro cincuenta y cuarenta kilos de peso, va de vez en cuando al cementerio con su radio y baila sobre la tumba de su abuelo que la violó cuando ella tenía seis años de edad.

No hubo muchos comentarios a la pregunta sobre los abusos y la violación. La mayoría de las mujeres se limitaron a responder con un «Sí» o un «No», como si les hubiera tocado la fibra sensible y quisieran avanzar lo más rápidamente posible. Para una mujer de veintisiete años fue muy difícil hablar sobre los abusos sufridos de pequeña porque yo era la primera persona a quien se lo contaba. Después de hablar con todas ellas, tengo una mejor idea de lo violadas que se sienten estas mujeres.

Mi opinión es que estas mujeres son más complicadas. Parecen también menos «felices» que las que no han sido violadas por un hombre. En general, la vida es como más difícil para ellas. Dos de ellas intentaron suicidarse y otra se lo planteó. Su tasa de divorcio se sitúa cerca del ochenta por ciento, en comparación con el cincuenta y cuatro por ciento de las mujeres que no han sido violadas. Por otro lado, me pareció un grupo femenino más interesante, un reto, incluso. Quiero destacar que no tuve la sensación de que odiaran a los hombres por ello. Su actitud defensiva parecía restringida al punto en que dejaban entrar a un hombre concreto en su vida. En otros aspectos, son mujeres tremendamente cautelosas en lo que a dar su confianza se refiere.

Pensando en la información de la que disponemos actualmente sobre las enfermedades de transmisión sexual, mi pregunta:

¿Cuál es su nivel de preocupación con respecto al herpes (0-10), el SIDA (0-10) y otras enfermedades de transmisión sexual (0-10)?

Parece ahora superflua. Por lo tanto, la obviaré destacando que, sin excepción, era un tema que preocupaba a todas las mujeres. El SIDA es lo que más les preocupa, puntuando un 9,3 en una escala del cero al diez. El herpes puntuó un 8,5 y las restantes enfermedades de transmisión sexual, un 8,3. La mayoría de sus respuestas fueron breves y concisas. Los comentarios más extensos sobre el tema fueron:

–Pienso que los años 60 y 70 se vivieron muy a tope y muy rápido. Hoy en día, si mantienes una relación y sabes que él se acuesta con otras y no utilizas preservativo, es como si estuvieses jugando a la ruleta rusa con una pistola con todas sus balas.

–Salgo con un médico y me entero de todas las historias. Un diez para cada uno.

–He decidido no mantener relaciones, debido a la amenaza del SIDA.

¿Por qué motivo decidió tener su primera experiencia sexual: a) plenitud romántica, b) el calor de la pasión, c) para deliberadamente perder la virginidad, d) curiosidad, e) violación?

El cuarenta y cinco por ciento dijo que sucumbió por plenitud romántica.

El diecinueve por ciento admitió el calor de la pasión.

El diecinueve por ciento dio como motivo la curiosidad.

El doce por ciento fueron violadas.

El cinco por ciento perdió deliberadamente la virginidad.

Los comentarios fueron:

–Yo estaba enamorada de aquel chico y estábamos a punto de trasladarnos. Mi madre me prohibió verle. Yo quería que esa persona fuese quien me robara la virginidad. Tuve que suplicárselo, porque en aquella época los chicos no lo hacían con las buenas chicas, y yo era una buena chica. Le sentí fatal, pero él fue mi primer amor y quería darle mi primer amor.

–Curiosidad. Llevaba años oyendo hablar de eso, pero sin experimentarlo. Por lo que ese día estúpido y en ese momento estúpido, lo hice. Fue un desastre. Cuando terminó, no comprendía por qué todo el mundo parecía tan entusiasmado con eso.

–Presión de las colegas. Todas mis amigas lo habían hecho, así que pensé que ya me tocaba. –Se echó a reír–. Él pensó que lo hice porque lo encontraba irresistible.

–Yo tenía quince años. No conocí la plenitud romántica hasta los veinte.

–Llegue virgen a mi noche de bodas. Fue decisión mía, pensaba que era el mayor regalo que podía darle.

–Ambos estábamos completamente enamorados y ambos éramos vírgenes.

–Perdí la virginidad mi noche de bodas. Había salido cuatro años con él y decidimos no tener relaciones sexuales hasta que nos casáramos.

Diversos comentarios generales sobre el sexo, ofrecidos por el centenar de mujeres.

La representante de servicio al cliente de una empresa de trabajo temporal, de cuarenta y un años de edad, tenía lo siguiente que decir:

–Cuando me hice mayor, llegué a pensar que el acto sexual sería como un viaje grandioso, con un clímax parecido a un castillo de fuegos artificiales. Al principio no lo fue, ni mucho menos. Hacia los treinta años de edad pensaba que quizá era un problema mío. Entonces descubrí que era una mujer sexualmente normal. Gracias a las lecturas y a conversaciones mantenidas con otras mujeres, descubrí que tenía un clítoris. Descubrí que esta herramienta es el principal punto de estimulación de las mujeres... nuestro botón mágico. La mayoría de los hombres no lo saben. ¿Por qué los hombres no cogen un libro y lo averiguan también, o lo comentan entre ellos?

Le respondí:

–Seguramente porque el hombre no quiere admitir, especialmente ante otro hombre, que no conoce todavía todo lo que se debe conocer sobre sexo. –Me encogí de hombros–. ¿Por qué las mujeres no están dispuestas a enseñar al hombre?

Ella se echó a reír.

–Tal vez, quizá, porque nos da miedo que él quiera demostrar a otra mujer lo listo que es. –Se puso seria––. Quizá las inseguras seamos nosotras. Da lo mismo, bien, pues yo y otras amigas creíamos que no éramos normales... se suponía que debíamos alcanzar el orgasmo como ellos, durante la penetración. Muchas mujeres siguen igual de perdidas. Y se limitan a fingir y a sufrir en silencio. La mayoría no sabemos automáticamente el invento tan potente que representa nuestro clítoris. Yo lo descubrí investigando... leyendo y hablando con amigas. Pero acercarme a mi mejor amiga y decirle: «Tengo que hablar contigo sobre esto del clítoris», fue una de las cosas más difíciles que he tenido que hacer en mi vida. Había hablado con mi madre sobre ello y no me sirvió de nada. Parece ser que ella sólo llega con la penetración. Mi hermana dijo que ella llegaba de las dos maneras, con la estimulación del clítoris y con la penetración. Pero yo sólo llego externamente, a través de la estimulación del clítoris. De modo que no llegaba a ninguna parte hablando con mi hermana o con mi madre, pero al menos aquello fue un principio. –Prosiguió–. La forma en que están construidos los hombres, hace que nos resulte complicado explicarles lo que necesitamos en el sexo.

–Defíneme cómo son los hombres.

–Bien... ya sabe... el placer a través del pene es tan directo... tan sencillo... Las mujeres no son complicadas tampoco... pero somos algo más complejas.

De modo tentativo, pregunté:

–Para los hombres que no comprenden cómo está construida la zona sexual de la mujer, ¿le importaría trazar una imagen mental de la misma?

Su cara se iluminó con una amplia sonrisa.

–Empecemos por la barriguita de la mujer. Moviéndonos hacia abajo, llegamos al vello púbico... luego seguimos bajando, hasta el bultito que forma la parte superior de lo que los hombres considerarían la abertura de la mujer. Palpemos un poco hacia dentro. Justo allí debajo se sitúa el clítoris. –Respira hondo–. Debemos pensar en el clítoris como un pene en miniatura... tiene incluso su capuchón... y su localización se corresponde con el lugar en el interior del cuerpo donde se origina la raíz del pene. Normalmente, el clítoris se encuentra bajo su capuchón... hasta que es estimulado. Cuando la mujer se excita, ese diminuto órgano aumenta de tamaño, se torna firme y erecto con un tronco y una cabeza en miniatura. A pesar de que queda prácticamente escondido, un hombre con tacto y sensible notará su presencia. Para que la mujer llegue al orgasmo, es necesario estimular con masajes este pequeño pene. Con un dedo o dos hay bastante. –Se inclina hacia mí–. Se trata de mantener el clítoris y la piel que lo rodea lubricado con los líquidos de la vagina, que queda por debajo del clítoris. La mujer debería indicarle a su pareja, con la ayuda de algún método, cuándo aumentar o disminuir la presión y lo rápido o lo lentas que desea las caricias... preferiblemente con un movimiento circular. Somos algo más complejas que los hombres, pero no tanto para el que está dispuesto a aprender. –Sonrió–. Si una mujer lo quisiera, podría sentirse perfectamente satisfecha con un hombre de noventa años que supiese lo que debe hacer.

–Su descripción ha sido una revelación importante... gracias por su franqueza. –Hice una pequeña reverencia–. Se necesita valentía para ello.

Ella se sonrojó y se echó a reír.

–Yo misma estoy asombrada.

–Permítame preguntarle de nuevo... ¿por qué las mujeres no están más dispuestas a enseñar al hombre sobre el cuerpo femenino?

Respondió con una pregunta.

–¿Por qué no están los padres dispuestos a enseñar a sus hijos? ¿No serían los padres quienes tendrían que hacerlo lógicamente?

–Una idea inteligente, pero no tengo respuesta. Además, eso podría llenar otro libro entero.

–Entonces responderé su pregunta: ¿por qué las mujeres no están más dispuestas a enseñarle al hombre sobre el cuerpo femenino? –Se encogió de hombros–. Existe una barrera que nos sentimos incómodas de afrontar, especialmente cuando él está muy caliente. Estamos hablando de un momento delicado y de un ego masculino frágil. –Rió entre dientes–. Supongo que tenemos miedo de que si empezamos a hablar demasiado en ese momento, él no quiera seguir. –Baja la cabeza–. Para evitar situaciones embarazosas, la mujer se contenta con menos, o se satisface ella misma posteriormente. –Levanta de nuevo la vista–. Pero los hombres no ayudan, porque parece que no quieren oír. Y la mujer no quiere que el hombre se sienta mal o incompetente, de modo que cuando hacen el amor, ella actúa como si todo estuviese bien. Al mismo tiempo, me imagino que es poco razonable esperar que el hombre la conozca a ella «automáticamente». Con el hombre que me casé a los dieciocho... él tenía veintiuno... nunca supo cómo tratarme... durante los trece años que estuvimos juntos apenas me sentí satisfecha.

Le pregunté:

–¿Podría ser que no buscara usted la plena satisfacción porque dependía de que él fuese el gran experto sexual y solucionara su problema?

–Seguro. Y veintitrés años después sé que muchos hombres actúan como si supieran, pero luego descubres que no es así. De modo que cuando descubrí que mi primer marido no era un experto, me moría de ganas de que supiera qué era lo que yo tanto necesitaba. Pero al cabo de un tiempo me harté de decírselo. Y me daba miedo insistir con «mira, yo soy así y lo que quiero es esto» y herirle los sentimientos. Descubrí lo que *yo* quería sólo después de años de tímidamente conocer las ideas de distintas amigas. Después de aprender a conocer mi persona y decidir que no había nada equivocado en mí... que en verdad era normal, me di cuenta de que podía comunicar mis necesidades a un hombre lo bastante sensible como para escuchar y lo bastante inteligente como para comprender, en menos de un minuto. A este respecto, lo único que debía hacer era enseñarle... demostrarle permitiendo que me mirase. –Sonrió–. Con mi nuevo marido tenemos un acuerdo realmente sencillo: cuando yo esté satisfecha, puede hacerme todo lo que le apetezca. –Suspiró–. Tenía una prima cuyo marido, después de veinte años, descubrió que ella había estado fingiendo el orgasmo todo aquel tiempo. Estaba destrozado. Le afectó de tal modo que quería dedicarse al intercambio de parejas. Pero realmente la culpa era de ella. Se había engañado a sí misma durante veinte años. El síndrome del orgasmo fingido casi echó a perder su matrimonio. Ella se odia por todos esos años. Pero al fin y al cabo, dice, lo único que pretendía era que él no se sintiese mal. Casi lo echa todo a perder. Al final, él se sentía como un retrasado mental. –Sonrió–. Los hombres se sorprenden con lo que les explico sobre la sexualidad femenina. Mi tío estuvo casado veintitrés años y dijo que, que él supiese, su esposa nunca se había corrido. Le pregunté por qué se lo imaginaba así, le pregunté si podía ser que él no supiese cómo tratarla, que le importaran un comino sus necesidades y deseos. A decir verdad, seguramente ella era demasiado tímida como para decir lo que quería... lo que hace que, en parte, sea culpa suya. Una vez más, me parece que había algo básico que iba mal. De lo contrario, ¿por qué no se sentía ella lo bastante cómoda como para comentarlo con él? Pero ¿veintitrés años? Seguramente temía lastimarle el ego y él seguramente tenía miedo de ella. Pero ¿cómo podía sentirse él satisfecho sin interesarse por la satisfacción de ella? Le di muchas vueltas. Él estaba perdiéndose lo bueno del sexo... algo que no sabes lo que es hasta que la pareja está tan satisfecha como tú. Los hombres hablan sobre hacerlo con una «tigresa»... hablan de las mujeres tigresas. Pues que sepan que toda mujer tiene una tigresa dentro si supiesen cómo hacerla reaccionar... siendo lo bastante cariñosos y sensibles como para hacerla responder. Sabemos que los hombres son frágiles, pero también sabemos que son humanos. Queremos ver el lado humano del hombre. No nos tengan miedo... las mujeres son humanas, y comprensivas. Cuanto más sensible sea el hombre, más lo querremos. Siempre estamos a favor de los desvalidos... no nos parecerá menos hombre... le querremos hasta la muerte.

–Eso es bueno de saber, pero creo que, en el fondo, muchos hombres envidian la capacidad de la mujer de poder disfrutar de un orgasmo múltiple. Y creo que pensar en esta capacidad incita el gen competitivo del hombre.

–No me refiero a los orgasmos múltiples que, de todos modos, él puede proporcionarme con sus manos. –Se interrumpe bruscamente–. ¿El gen competitivo? –Ríe entre dientes–. Qué divertido. Da lo mismo, lo que yo reclamo es sensibilidad hacia lo que a mí me proporciona placer. –Respira hondo–. Para sentirse satisfecha, la mujer no necesita que su pareja tenga múltiples eyaculaciones. Si él tiene buenas manos y buenos dedos y es consciente de que ella tiene pechos, puede proporcionarle muchísimos orgasmos sin ni tan siquiera desabrocharle los pantalones. Además, si ella le importa... esa es la palabra clave... si ella le importa... la excitación que ella siente debería excitarle también a él, y se sorprenderá verse otra vez con las pilas cargadas antes de lo esperado. Esa es la diferencia entre un hombre y un chico... lo único que quiere el chico es descargar. El hombre también lo quiere, pero además procurará que su pareja se sienta plenamente satisfecha. –Me mira a los ojos–. Y por el amor de Dios, díga a esos hombres que si la mujer decide llegar al orgasmo más de una vez es sólo *porque ella así lo quiere*. Hay días en que sus hormonas no están como deberían, o que simplemente no está de humor. El hecho de que seamos capaces no quiere decir que querramos «llegar» cada vez.

Entonces me vino una idea a la cabeza.

–¿Es posible que una de las razones por las que la mujer puede tener orgasmos múltiples sea porque no eyaculan? Y ¿valoran las mujeres el punto hasta el que la eyaculación llega a agotar al hombre?

–Por supuesto que lo valoramos... no esperamos un hombre con eyaculaciones múltiples. –Se pone pensativa–. Con mi primer marido, el sexo era de disparo único. Con mi segundo marido, nos acostamos a veces desde las nueve de la mañana hasta la una y media del mediodía. Y todo eran caricias, besos, abrazos... eso era todo para mí. Seguro que se producen orgasmos... pero para mí, lo más importante son los abrazos y las caricias. No me malinterprete... hay tantos días de besos y abrazos como días salvajes y apasionados.

La miré a los ojos.

–Pero para un hombre que no conoce bien la anatomía de la mujer, la idea de pasar horas en la cama junto a una señora desnuda que quiere sexo resulta aterradora.

–De eso estamos hablando... si un hombre dedica tiempo a aprender el funcionamiento del cuerpo de la mujer, dejará de resultarle aterrador. Sabrá que puede conducirla hasta el éxtasis estimulándole el clítoris con los dedos... saberla satisfecha debería liberarle de ese miedo. Y permítame que le diga una cosa... después de que la mujer alcanza el orgasmo por el clítoris, desea tener su pene en su interior. Es entonces cuando él descubrirá agradablemente que para ella es nueve veces más fácil llegar de nuevo, vaginalmente, y a menudo simultáneamente con él. El premio que él obtiene por conocer el funcionamiento de la mujer es que después de que sus dedos rompan el maleficio, ella va a hacer todo lo posible con él, o para él, para asegurarse de que queda satisfecho. –Respira hondo–. Así es cómo se produce el sexo maravilloso.

–Me ha descrito un buen caso práctico, pero hay hombres que seguirán escépticos.

–Por el amor de Dios, ¿por qué?

–Porque han escuchado historias sobre maratones en la cama y no están seguros de si eso es verdad o son simples fanfarronadas de macho. Sea como sea, el rumor les hace sentir incómodos y sospechosos. Piensan que los rumores hablan de mujeres insaciables. Si la mujer les da la pista de que le gustaría estar en la cama con un hombre así, es fácil que él tenga miedo de que esa mujer sea «una de esas»... y ahí mismo se esfuma su ego y su confianza. Le aterroriza pensar que no podrá con ella...

Me interrumpió con palabras calculadas:

–*Si él se siente aterrorizado es porque no ha dedicado tiempo suficiente a aprender a hacerle el amor a una mujer.*

–De acuerdo, pero estos mismos hombres temen también que si no se acuestan con esa mujer, ella buscará otro que sí lo haga.

–Eso es una locura. Tener mis necesidades sexuales satisfechas no me evitará buscar otro hombre.

Su respuesta me dejó sorprendido. Le pregunté:

–¿Le explicaría al hombre medio de la calle qué es lo que puede provocar que una mujer sexualmente satisfecha busque otro hombre?

–El sexo es como un bono extra en una relación, no su base. Yo podría tener todo el sexo del mundo, pero si mis necesidades emocionales no se ven satisfechas, tenemos problemas.

–¿Necesidades emocionales como?

–Como escucharme... escucharme comentar mis problemas y, como mínimo, sentir empatía hacia ellos. No tiene que solucionármelos... de hecho, ni tan siquiera intentarlo. Sólo proporcionarme un hombre seguro donde llorar sin menospreciarme o infravalorarme. La solución es que no necesito su solución. *Sólo quiero poder hablar sobre ello, no recibir consejo sobre cómo solucionarlo.* –Habló en voz más baja–. Todo lo que la mujer quiere es que alguien sepa y reconozca cuándo se siente herida. –Me miró de reojo–. Cuando consigo un hombre a quien le importo lo bastante como para escucharme de verdad, si además es bueno en la cama, me resulta difícil que otro chico me haga volver la cabeza. –Hizo una pausa–. No comprendo por qué los hombres no lo captan... es tan sencillo.

Me eché a reír.

–Me parece que muchos hombres podríamos asistir a un seminario sobre «Escuchar y crear empatía».

También ella se echó a reír e inclinó la cabeza.

–Dígame... ¿qué es lo que diferencia a unos hombres de otros en la cama? ¿Por qué hay hombres que se mantienen más tiempo excitados? ¿O que recargan más rápidamente?

–Todo se debe a... la receptividad y las ganas de la mujer de seguir haciendo el amor con él. Eso es lo que más excita al hombre. Transmita, *muy delicadamente*, que quiere más sexo, y es probable que él se quede con usted todo el tiempo que usted desee.

Me miró de reojo para apartar la vista a continuación.

–Mi segundo marido también me lo dijo. Me dijo que con su primera esposa nunca había sido como conmigo.

–Creo que cualquier hombre sano es capaz de aguantar una maratón de cama –aventuré–. Lo único que no lo saben porque nunca se han visto conducidos amablemente, delicadamente (cariñosamente), hacia el riesgo de descubrirlo. Yo no conocí mi pleno potencial como hombre hasta que me vi conducido a correr ese riesgo. Me quedé sorprendido de mí mismo. Yo era aprensivo. Estaba dispuesto a saltar de la cama y a seguir con mi jornada habitual. Pero ella me retuvo y entonces, delicadamente, dulcemente, me reintegró en su repertorio sexual. Me sorprendió que no pidiera más de lo que yo podía darle. Cuando empezó «nuestro día en la cama» no tenía ni idea de que aquello sería una nueva y maravillosa experiencia. No me di cuenta de eso hasta acabar, horas después. Hasta entonces, mis límites sexuales habían estado en mi imaginación. (Desde entonces, una de mis frases favoritas es: «Lucha por tus limitaciones y hazlas tuyas.») Ella comprendía mejor mis límites que yo. Pienso que si la mujer anima al hombre, de una manera que no resulte amenazadora, a quedarse en la cama con ella después de la eyaculación, ambos, ella y él, se sorprenderán de lo rápidamente que él puede recargar fuerzas.

–Dan, lo de recargar no es el tema. –Parecía algo impaciente y sus palabras fluían lentas y con ritmo–. Yo no necesito que el hombre eyacule en mi interior para sentirme satisfecha. Puede satisfacerme plenamente con su dedo. –Se reclinó–. El tema es que quiero que permanezca en la cama conmigo y que disfrutemos de la proximidad entre el uno y el otro. En ese punto, me importa más esa cercanía que la penetración continuada. Disfrutar de tiempo para un masaje o para lo que sea. Si se limita a disfrutar del tiempo con ella, todo volverá a repetirse... más pronto de lo que él se imagina y a un nivel totalmente nuevo. –Hizo una pausa–. Para una mujer, el tiempo que pasa así con un hombre es tan poderoso que genera un vínculo casi irrompible.

–El elemento clave es que ella debe guiarlo delicadamente –repetí–. Al principio puede que él se sienta alarmado por no estar seguro de dónde se mete... Puede incluso verse presa del pánico al pensar que está «fuera de control». Si le da demasiado miedo lo desconocido, probablemente fracasará. Pero si tiene agallas y ella no le amenaza de ninguna manera, seguirá ahí, aunque sea sólo por curiosidad.

–Entonces, ¿por qué no se arriesgan más los hombres? ¿Qué tienen que perder? –preguntó ella.

–El ego. Ese frágil ego masculino... su alma.

–Entonces, por favor, diga a los hombres que deben comprender que a las mujeres les gustan los hombres cálidos dispuestos a mostrar que tienen algún tipo de sensibilidad respecto a los sentimientos de las mujeres. Eso es lo que la mujer desea ver en el hombre.

Una cajera de banco, de cincuenta y dos años de edad, dijo:

–Dígale, por favor, al hombre medio que sólo con que le preguntara a la mujer qué es lo que quiere, ella valoraría de tal manera que a él le preocuparan sus sentimientos que estaría dispuesta a satisfacerle de formas que ni tan siquiera habría soñado. –Se lo pensó un momento–. Por ejemplo, si ella le dice que le gusta que le chupe los pechos y él se lo hace, ella se verá empujada a corresponderle. Y dígales también a los tipos que creen estar satisfaciendo a una mujer retrasando el momento de la eyaculación hasta que *se imaginan* que ella alcanza el clímax, que se equivocan. Sin la estimulación anterior del clítoris, es difícil que una mujer alcance el orgasmo vaginalmente. Si él sigue y sigue, lo único que logra es que ella empieza a pensar que no lo excita lo bastante como para satisfacerle. –Se encogió de hombros–. Es una experiencia deprimente que ella simplemente asume que debe soportar... o finge, para acabar con el asunto. –Me mira levantando una ceja–. Pero para ella sería difícil seguir fingiendo el orgasmo si el hombre se diese cuenta de lo extremadamente sensible que es el clítoris de la mujer después de un orgasmo de verdad.

–¿Le importaría explicármelo?

Bajó la vista, modestamente.

–Seguir estimulándola después de que ella alcance el orgasmo con el clítoris es similar a hacer cosquillas hasta el punto en que ya no se puede aguantar más. Si la tocas allí, un reflejo involuntario la hará retroceder... como echarse hacia atrás después de recibir una descarga eléctrica. –Hizo una pausa para reflexionar–. Si ella finge el orgasmo, las caricias en el clítoris no la harán retroceder de ningún modo. –Respiró hondo y soltó lentamente el aire antes de proseguir–. Y, por favor, ofrezca el siguiente consejo a los hombres que *son* lo bastante considerados como para estimularle el clítoris a la mujer: después de que ella llegue al orgasmo, denle tiempo para bajar del cielo. Necesita tiempo para recuperarse... ¿Verdad que no le gustaría que viniesen a aporrearle el pene con un martillo justo después de correrse? En términos generales, diría que está bien seguir y penetrarla lentamente. Pero antes de empezar *gradualmente* a ir a lo suyo, déjela disfrutar de la plenitud de las caricias y el cariño. Creo que ella le hará saber cuándo está preparada para más. –Se interrumpió para volver a respirar hondo–. Por otro lado, si su pareja no le estimula el clítoris y el acto resulta igualmente en un orgasmo vaginal, ella estará más sensible incluso a la estimulación del clítoris. Y durante esa maravillosa sensación de relajación en el que ambos componentes de la pareja van de baja, la mujer sigue aún altamente estimulada. De hecho, si el hombre se toma el tiempo suficiente como para acariciarla delicadamente y estimularla, a menudo ella puede llegar a alcanzar de nuevo el clímax, por el clítoris... y añadir un bono de regalo a su experiencia sexual.

Estaba sorprendido y agradecido ante el candor de aquella mujer. Después de un breve silencio que me resultó algo violento, me pasó por la cabeza otra pregunta delicada. Con la intención de obtener el máximo de respuestas posible, pregunté:

–¿Existe para usted diferencia entre el orgasmo vaginal y el del clítoris?

Volvió ella a bajar la vista y se lo pensó un momento antes de responder.

–Para mí, Dan, los orgasmos por el clítoris son como una sensación más intensa, más achispada... –Levantó una mano y la apretó en un puño–. Focalizados, así. Por otro lado, los orgasmos vaginales parecen más redondos... más completos. –Se estremeció–. Disparan toda la energía de mi cuerpo. –Sonrió–. Luego está el orgasmo del punto «G». Ese me coloca en una dimensión diferente, *primitiva*, aterradora incluso, como si hubiese sido transportada mentalmente a otro universo. Pero para alcanzar un orgasmo de punto G, *y tener mi eyaculación*, mi pareja tiene que ser increíblemente especial para mí... un hombre en el que confíe lo bastante como para darle la vuelta a mi psique, porque no estaré en forma para ser responsable (como si mi cuerpo fuera lo único que siguiera aquí) y me asusta terriblemente la idea de que ese hombre me abandonara como un espíritu incapaz de regresar a mi cuerpo. Por eso necesito alguien que me preste atención, que me devuelva a este planeta, alguien en quien yo confíe. *Todo esto lo he conseguido tan sólo con un amante.* –Suspiró–. Pero, volviendo al chico que cree estar satisfaciendo a una mujer tocándola laboriosamente y nada más. Habrá mujeres que se molestarán en enseñarle lo qué realmente quieren. –Respiró hondo y sus facciones se relajaron en una amplia sonrisa–. Sin embargo, cuando todo funciona a la perfección y ambos quedan satisfechos, florece ese maravilloso placer mutuo, y es porque uno u otro ha estado dispuesto a ir más allá y arriesgarse. –¿Y no se trata precisamente de eso? ¿De satisfacer mutuamente las necesidades de la pareja? –Volvió a sonreír–. Dan, espero que esto ayude a los hombres a darse cuenta de que a pesar de que la gente piensa a menudo que hombres y mujeres son de distintos planetas y de que es posible de que seamos algo distintos sexualmente, nuestras necesidades son prácticamente las mismas.

–Es lo que estaba pensando. –Estaba agradablemente sorprendido de lo mucho que esta mujer estaba dispuesta a divulgar–. Aprecio mucho lo abierta que ha sido explicando sus ideas.

Sonrió de nuevo.

–Francamente, estoy sorprendida por la franqueza que he tenido con usted.

Nos reímos los dos y ella añadió:

–Pienso que uno de nosotros, o los dos, tenemos una audacia educada sin parangón.

Y reímos de nuevo antes de despedirnos y darnos mutuamente las gracias.

Con la idea de que «ya lo había oído todo», me quedé igualmente sorprendido ante los comentarios reveladores de una cajera de supermercado, de treinta y un años de edad, que entrevisté durante su descanso del mediodía. Sentada en la hierba, bajo la sombra de los árboles del aparcamiento, me dijo lo siguiente sobre el sexo:

–Habría muchas más mujeres felices si los hombres de este mundo superaran su mentalidad de «aquí te pillo, aquí te mato». Para una mujer, y creo que también para el hombre sensible, el clímax sexual empieza mucho antes de que cualquiera de ellos entre en el dormitorio. –Hizo una pausa mientras pasaba por nuestro lado una madre con su hijo sentado en el cochecito–. Un clímax en el que ves las estrellas puede tener su origen en el inicio de la jornada que pasan juntos, con cosas muy sencillas, como una charla frívola mientras preparan y comparten una comida, o sentados al sol tomando un café y comentando cómo les ha ido el día... o hablando de una noticia publicada en la prensa... o de lo que han hecho los niños... Ya sabe, no tiene que ser necesariamente nada más profundo que compartir los pequeños sucesos de la vida. –Se sentó con las rodillas pegadas a la barbilla–. Durante ese tiempo que pasan juntos, se suceden entre ellos pequeños toques allí y otras caricias más allá... caricias que no tienen la intención de llegar a ningún sitio en ese momento concreto, sino que pasan como algo natural–. Me mira de reojo con una tímida sonrisa–. Y de forma tan inevitable como la marea, la tensión sexual aumenta gradualmente. –Después de una pausa, añadió bajando el tono de voz–. Llega un momento en que esas interacciones alcanzan un crescendo. –Su mirada se fija en las montañas que hay a lo lejos, como si pretendiese visualizar una escena interior–. La pareja, excitada y estimulada, y llena de las pasiones que conlleva la impaciencia de lo que está por venir, se imagina los cuerpos unidos... Se imaginan oleadas de sensaciones maravillosas recorriéndolos a ambos... sensaciones que saben que pronto culminarán en una calidez abrumadora. –Descendía un avión hacia el aeropuerto cercano y el ruido detuvo temporalmente la conversación. Cuando hubo pasado, ella continuó–: Es como si los dos volaran en una alfombra mágica entre las nubes, hacia la cumbre de una montaña... hacia una paz total. –Hizo una pausa, como recordando una experiencia particularmente maravillosa–. Una vez los dos alcanzan el clímax, *queda todavía por delante la segunda parte del viaje.* –Me miró de reojo con intención–. *¡Muchos hombres no comprenden en absoluto esta segunda parte de hacerle el amor a una mujer!* Pero se lo digo, no saben lo que se pierden... así que preste atención.

Yo era todo oídos. Ella respiró hondo.

–Pienso que la mayoría de mujeres odian que el hombre salte de la cama para ir a lavarse justo después de hacer el amor. –Hizo una pausa y sacudió la cabeza–. Es como si pensara que nosotras lo ensuciamos... o como si no pudiera soportar los líquidos que desprende la mujer en su cosa. Algunas lo tomamos como un insulto. –Me miró a los ojos–. ¿Podría decir a los hombres que no se dieran tantas prisas? ¿Podría decirles que pasen un rato con ella, que saboreen *con ella* el viaje de descenso de la montaña, unidos de la mano, arropados por un cálido resplandor. Sinceramente, esos momentos pueden ser tan bellos y tan gratificantes como el trayecto de subida. –Suspiró y permaneció un momento sin decir nada–. Además, dedicar un tiempo a disfrutar del momento después junto a ella, mientras ella regresa a la realidad, es como completar el ciclo... Es una parte importante de lo que significa disfrutar plenamente del sexo. Y la mujer percibe que el hombre se preocupa por ella. ¿No es esta una parte más de la satisfacción sexual? Pero recuerde... –Hizo un gesto con el dedo pulgar dirigiéndolo hacia atrás por encima de su hombro–. El viaje empezó allí, en algún lugar de la rutina diaria. Y un viaje completo altera el corazón. –Echó un vistazo al reloj–. No me gusta nada tener que interrumpir la conversación, Dan, pero tengo que volver a mi puesto.

Mientras regresábamos a la entrada del supermercado, me volví hacia ella para darle las gracias.

–Ha sido usted extraordinariamente directa.

Se echó a reír.

–Tengo ganas de leerlo cuando esté acabado.

–Le traeré un ejemplar... se lo ha ganado.

Como puede ver, estas conversaciones son buena prueba de que la mujer es capaz de hablar con el hombre de cualquier cosa. Y estas mujeres me convencieron de que sus necesidades, tanto sexuales como emocionales, no son en absoluto distintas a las mías.

Después de escuchar a cien mujeres compartiendo conmigo su punto de vista sobre el sexo, tengo que realizar la siguiente observación: las mujeres son capaces de disfrutar de un espectro ilimitado de placer sexual. Equiparo la sexualidad femenina al rango y la versatilidad de la música que produce un delicado violín. En contraste, desde mi punto de vista masculino, el hombre tiene el repertorio sexual de la nota única del claxon de un coche. Tal vez los hombres podamos aprender de las mujeres nuevas y distintas armonías que puedan aumentar nuestro placer sexual.

4

La psique de la mujer con respecto a los hombres

Una mirada a esa parte de la cabeza de las mujeres que trata con los hombres sobre varios temas.

El miedo al rechazo es algo que generalmente corta al hombre cuando se encuentra con una mujer a la que desea conocer. Por eso pregunté:

¿Qué consejo le daría al hombre que quiere salir con usted?

«Que hable conmigo», fue la respuesta más frecuente.

Entre los ejemplos destaca:

–Me gustan las cosas directas. Llegar, presentarse y preguntarme cómo me llamo. Iniciar una conversación. A partir de allí, seguimos. Nada de frases basura como: «Hola, señora, ¿quiere usted follar?».

–Que no me venga con frases hechas como: «Te pareces a alguien que conozco». O: «¿No conozco a tu madre?». Con frases así, me desmotivo antes de darle incluso la oportunidad. Si el hombre tiene algo que decirme, que lo diga. Si me sorprende como una persona sincera y honesta, nunca lo rechazaré de entrada. Que me diga que está interesado por mí, pero que no me siga. La comunicación es importante... que corra ese riesgo. Se sorprenderá.

–Si yo fuese una turista, sería más fácil conocerme. Con sólo acercarse con un comentario sobre el lugar que estamos visitando. Nada de comentarios personales. Sólo mostrarse amistoso.

–Acércate a mi carrito en el supermercado y pregúntame si puedo alcanzarte algo porque mi carrito te bloquea el acceso a ello. Yo diré que sí y ya habremos iniciado una conversación. No quiero que aparezca corriendo desde el otro extremo del pasillo diciéndome: «Dios mío, quiero conocerte... siempre he querido conocer una chica como tú... » y cosas por el estilo. Eso no es conversación, eso es mierda. Prefiero que sea el hombre el que tome la iniciativa, para evitar la idea de que soy yo quien va detrás. Pero en el caso de que me muera de ganas de conocerlo, puedo ser yo la que inicie la conversación.

· –Que se siente y hable conmigo. Que quiera conocerme y no diga tonterías. Que me hable.

–Que no me invite a cenar y al cine de entrada. Que me invite a una película en horario diurno, o a pasear una tarde por el zoo. Que me dé tiempo para decidir si quiero salir con él de noche. Probablemente querré, pero primero que me dé tiempo para conocerle.

–Prefiero que sea tímido antes que demasiado lanzado. Si inicia una conversación conmigo, eso significa que siente cierto tipo de interés. Si estuviésemos los dos mirando el cartel que anuncia una película, podría preguntarme qué pienso de la película... iniciar la conversación.

–Que no intente complacerme. Quiero que el hombre sea él mismo.

–Que venga y se presente. A partir de la conversación que siga, me haré una idea sobre él.

–Que no me venga con «Hey, chata». La conversación es la manera de abrir mi puerta. Y que no tome decisiones en un abrir y cerrar de ojos sobre cómo soy. Que reúna los hechos hablando conmigo.

–Que no intente llevarme a la cama con el pretexto de «conocerme mejor». Un poco de flirteo está bien, pero que sea natural. No necesita más que decir que quiere conocerme mejor. Eso me está bien.

–Que no convierta la primera cita en una demostración de quién es y aparezca con sus mejores galas. Lo mejor es que la primera cita consista en tomar un café o un refresco, preferiblemente al salir del trabajo. Eso me gusta porque así podemos vernos con naturalidad, en lugar de vestirnos especialmente para la ocasión.

–Que hable conmigo. Puede hacer comentarios elogiosos sobre mi aspecto o mi forma de vestir, siempre y cuando sean sinceros.

–Que no me venga con frases hechas. Que sea sincero. Me parece bien que me pregunte si estoy casada o tengo novio. Pero que no me diga de acostarnos antes de conocernos.

–Hubo un chico que me entró de una forma maravillosa. Me envió una rosa y no firmó la tarjeta. Decía: «Para alguien a quien realmente me gustaría conocer». Entonces un día se acercó a mi mesa con una rosa igual que la que me había enviado. Supe que era él y fue una forma estupenda de conocerle.

–Que me mire a los ojos y me sonría, pero sin lascivia. Que me diga que mi aspecto le resulta interesante y que le gustaría conocerme mejor. En otras palabras, que vaya a por ello.

–Dios mío, que me hable como a una persona. No como un hombre a una mujer, sino de persona a persona... de ser humano a ser humano.

–Que me diga que le parezco interesante le abre muchas puertas. Eso significa que piensa que soy inteligente y que puedo tener algo qué ofrecer.

–Comunicar. Hay tantas veces que la gente se dedica a sólo marear la perdiz. Eso es una estupidez, un juego que únicamente sirve para perder el tiempo, un tiempo muy valioso. Normalmente, en un breve espacio de tiempo soy capaz de decir si va a haber posibilidad de que se produzca una relación. De no haberla, acepto ese hecho, me planteo qué tipo de relación, si alguna, podría tener con él, y me olvido del resto.

–Que no vaya demasiado rápido. Que me haga saber que se siente atraído hacia mí y que le gusto y que quiere conocerme mejor, pero que no corra.

–Que se aproxime con modestia. Que no intente impresionarme. Que sea él. Que inicie una conversación de forma sincera y honesta... nada preparado. Que se centre en un interés que ambos podamos tener, pero que no se invente nada.

–Si yo le echo una mirada y él me la devuelve, lo mejor es que se acerque y me hable. Si él sonríe y yo sonrió, no me importa que se acerque a hablarme. Recuerde la regla: cuando una mujer sonríe a un hombre, indica normalmente que quiere conocerle.

–Digamos que me quiere saltar encima. Pasito a pasito, chico. El sexo no llega a la primera. Así que si quiere conocerme, que hable primero conmigo.

–Pienso que muchos encuentros que podrían iniciar una relación quedan condenados de entrada porque pasamos de «A» a «C» con excesiva rapidez, sin pasar antes por «B». Por «A» a «C» me refiero a la introducción a la cama. No hace falta ir con prisas.

–Que sea sincero. Hay hombres que piensan que tienen que decir algo inteligente, lo que les hace quedar muchas veces como ignorantes. Si es sincero, y eso lo adivinamos en un segundo, resulta más fácil saber si nos gustaría conocerle mejor.

Una vez nos hemos arriesgado a conocer una mujer, no queremos desmotivarla sin darnos cuenta. Por lo tanto, pregunté:

¿Qué cosas la desmotivan cuando sale por primera vez con un hombre y se hace una idea sobre él?

Sus respuestas fueron:

–Echárseme encima sólo conocernos. Flirtear con prisas y de una forma tan evidente que me quede enseguida claro que trata a todas las mujeres de la misma manera. Una gran desmotivación.

–Mirarme toda entera antes de enterarse de que tengo ojos. Me desmotiva cuando lo último que mira son los ojos. Es una actitud que me comunica que él es el cazador y yo la presa. Mi actitud entonces es, lárgate, estúpido.

–Un factor desmotivante es el mal olor corporal... las manos sucias... sin afeitar.

–Que hable de su trabajo como si fuese lo único de lo que sabe hablar me dice que es una persona sin ningún tipo de versatilidad. O eso, o es que mi persona o cómo yo me sienta le importa un comino. Sea lo que sea, no iría a ninguna parte conmigo.

–Si no se gusta a sí mismo. Me desmotiva porque eso quiere decir que es muy probable que tampoco me guste a mí.

–Un vocabulario pobre, las palabrotas, siempre hablar de él.

–Que estemos en un lugar público y que mientras me hable a mí mire otras mujeres. Lo despacharía lo antes posible.

–Nada de actuaciones típicas de macho, por favor.

–Me desmotiva que fanfarronee sobre lo que gana o que me invite a ver su Porsche.

–Su aspecto no me desmotiva si es capaz de tener una conversación inteligente.

–Fumar. Fanfarronear. Proezas sexuales. Por ejemplo: un chico me dijo que no le juzgara por el tamaño de sus manos. Le pregunté de qué estaba hablando y me contestó que el tamaño de las manos no está relacionado con el tamaño del pene. Le dije que las pruebas no me interesaban y me alejé de su vida.

–Me desmotiva que actúe como si fuese una maravilla.

–Los pantalones vaqueros tan apretados que dejan ver las formas de sus genitales. Las camisas abiertas hasta el ombligo son ridículas y ofensivas.

–Esas frases hechas tan estúpidas como «tienes los ojos más bonitos que...». Eso me desmotiva muy rápido.

–Si detecto hostilidad... me largo.

–Cuando conozco a un hombre adopto siempre el papel de oyente. Pero si el noventa y cinco por ciento del tiempo sólo le oigo hablar de sí mismo, me desmotivo. Soy *yo* quien quiere descubrir... no es necesario que me lo cuentes.

–Me desmotivo si intuyo que quiere utilizarme para llenar un espacio en su vida que él no está dispuesto a afrontar. O si empieza a hacer grandes planes y lo que pretende es llevarme a la cama.

–Los comentarios sobre mujeres que han pasado por su vida. No me gustan los cotilleos.

–Una proposición es algo que me desmotiva.

–Si no puede permanecer sentado quieto, o si se repite mucho, es que hay algo mal.

–Odio que los hombres me pregunten mi horóscopo. Es de ignorantes, ¿a quién le importa eso? Les digo entonces que mi signo es «para con eso» y continúo la conversación.

¿Existe alguna característica física concreta que la excite cuando conoce o ve a un hombre en una tienda, un aparcamiento, en la oficina o en una película? Es decir, ¿tiene una idea fija del aspecto que debería tener el hombre «ideal»?

Considero esta como una de las tres preguntas clave para estimar la posibilidad de iniciar una relación de éxito. El problema que aborda la pregunta es la realidad de que una mujer pueda encontrar un hombre que encaje exactamente con la imagen que ella tiene de su hombre ideal. La probabilidad de que conecte una pareja mentalmente perfecta con un hombre de carne y hueso es prácticamente imposible. El hombre por el que finalmente se decida puede estar próximo a su imagen, pero siempre habrá alguna que otra imperfección. El peligro es que, tarde o temprano, puede alejarse de él debido a sus «imperfecciones». O puede darse el caso de que entre en su círculo otro hombre que se acerque más a su perfil ideal imaginario y el primero pase a la historia. Por otro lado, una mujer con una actitud menos rígida con respecto al aspecto físico del hombre que finalmente elija, tiene mayor probabilidad de desarrollar una vida más satisfactoria.

El cincuenta y siete por ciento de las mujeres dijeron que observaban el físico y el aspecto externo del hombre en general. El veintitrés por ciento dijo que lo que primero miraban eran los ojos, mientras que el ocho por ciento observaba en primer lugar su trasero. El cinco por ciento le observaban las manos, el cuatro por ciento el cabello y el tres por ciento se dejaba arrastrar por su sonrisa.

La secretaria ejecutiva de un banco, reconoció:

–No miro sólo una cosa. Es el conjunto. Su forma de caminar, su forma de vestir. Sus facciones son importantes, pero no lo principal. Su forma de moverse, su forma de sentirse consigo mismo, su forma de comportarse, eso es lo que valoro. Me refiero a primeras impresiones, luego observo en profundidad. El hombre de dentro es lo más importante y es lo que me hace quedarme o salir corriendo.

La presidenta de un equipo de personal, expresó:

–Me atrae su físico. Quiero un chico de constitución delgada. De allí paso a sus facciones y luego a la personalidad. La personalidad es lo más importante. Aunque lo que primero me atraiga sea el aspecto físico, si no hay sustancia... si no hay personalidad, me voy. Mi pareja no es un hombre físicamente atractivo, pero es profundo. Es cálido y amoroso y tiene creencias y toma decisiones en la vida. Un hombre así lo es todo para mí.

La contable de cuarenta y un años de edad, comentó:

–El buen aspecto no me engancha porque la personalidad es mucho más importante. Evidentemente, un tipo alto y guapo capta mi atención. Pero si luego resulta ser frívolo, se acabó.

La fotógrafa de televisión, observó:

–Lo que primero capta mi atención son sus ojos. Allí detecto seguridad o inseguridad, confianza o falta de confianza, miedo, rabia. Para mí, los ojos son el espejo del alma. Veo también las cosas positivas, como la felicidad, la amabilidad, etc. Pero a nivel superficial, me gustan los traseros. Los culos de los hombres son magníficos. Pero un trasero no es lo que me motiva a ir detrás de un hombre. Tiene que tener una buena cabeza y una buena actitud. En otras palabras, para sentirme atraída necesito algo más que un par de buenas cosas en el cuerpo. Y los músculos enormes no me gustan para nada. Podrían hacerme daño. Además, esos tipos piensan tanto en ellos mismos que no dejan nada para mí. Un hombre pequeño parece menos amenazador.

La representante de servicio al cliente de una empresa de trabajo temporal, admitió:

–Me atraen las miradas bondadosas. Los ojos que no dicen: «Pruébame, pequeña, soy estupendo.» Me gusta la mirada de un hombre que observa el mundo, no el que hace una declaración. Me gustan también las espaldas anchas y las caderas estrechas. Pero si luego resulta que no hay sustancia, adiós.

Una maestra de cuarenta y tres años de edad, respondió:

–A través de los ojos del hombre es posible calcular su inteligencia, su humor, su admiración o falta de admiración respecto a mí, su sexualidad. Los ojos hablan más de él que cualquier otra parte de su cuerpo. Mi abuela decía que los ojos son el espejo del alma, y lo creo.

Una secretaria de cuarenta y un años de edad, apuntó:

–Lo primero que miro son las manos. Son una pista del tipo de trabajo que desarrolla. El anillo me explica su estado civil. Su manera de coger o de manejar las cosas me comunica su nivel de delicadeza. Puedo también detectar si fuma o no. Y si gesticula al hablar, eso me dice que es un hombre emocional. Y si lleva piezas de joyería que me gustan, es una pista de que tenemos gustos similares.

Otros comentarios fueron:

–Capta mi atención si tiene un buen cuerpo y un trasero firme.

–Me siento incómoda si no me mira a los ojos.

–No me gusta que sea demasiado perfecto. Cuando veo un hombre de anuncio, pienso que valora más el aspecto que los actos y que está demasiado preocupado en sí mismo como para pensar en mí. El señor perfecto tiende a tener más estilo que sustancia.

La dependienta de veintisiete años, dijo:

–No tengo una idea prefijada del aspecto que debería tener mi hombre. De tenerla sería un problema, porque es muy poco probable que encontrara un hombre que encajara perfectamente con esa imagen.

¿Qué es lo que más le disgustaría que un hombre esperase de usted?

El treinta y tres por ciento respondió que «esperase que fuese su criada». El treinta por ciento, «no me gustaría que intentase transformarme en algo que no soy». El veintiuno por ciento apuntaron a mantener relaciones sexuales siempre que a él le apeteciera, incluyendo ahí exigencias de realizar actos sexuales inconsistentes con sus propios valores.

La fotógrafa de televisión, apuntó:

–No me gusta que se espere de mí la gestión de sus asuntos personales. Por ejemplo, estuve prometida a un hombre hasta que descubrí que había pedido simultáneamente a cuatro o cinco mujeres que se casaran con él. Empezaron a llamar y él me pidió que «me ocupara de esa situación». Además de eso, descubrí que estaba haciendo la colada de la ropa de una de las que acababa de salir de su vida justo cuando yo entré en ella. Él se enfadó de verdad cuando le dije que no era su secretaria ni su criada y que podía irse al infierno.

La piloto de treinta y tres años de edad, contestó:

–No me gustaría que esperase de mí que se lo hiciese todo, como pagar sus facturas y lavarle la ropa si no estamos casados. O que esperase que siempre estuviese allí cuando él quisiera. Yo trabajo con una agenda y no me gustaría que pretendiese que rompiera los planes que tengo programados por su culpa.

La dependienta de cuarenta y tres años de edad, opinó:

–Me disgustaría que pretendiese que estuviese allí para servirle en todo. Eso incluye sexo, comida, etc. Un tipo comando. Yo no he nacido para satisfacer todas sus necesidades. Estoy aquí para compartir. Mi trabajo no consiste en hacerle feliz. Si puedo ayudar, lo hago, pero no seré su criada.

Una de las asesoras matrimoniales, dijo:

–No me gustaría que esperase que me ocupara constantemente de él. Por otro lado, cuando mantienes una relación de amor, cada uno hace muchas cosas por el otro. Pero cuando eso se convierte en una carga y uno, el otro se cansa de que le utilicen, quiere decir que se acercan problemas.

La profesora de lengua inglesa, de cuarenta y cuatro años de edad, afirmó:

–No me gustaría que pretendiese convertirme en alguien que no soy, en una más de sus pertenencias de las que presumir. De vez en cuando está bien y no pasa nada. Pero que no me convierta en sólo eso para él.

Una mujer dijo:

–Si pretende moldearme es como si estuviese lanzando un mensaje que dice que no me encuentra atractiva, deseable, querida y valorada por lo que soy. Si quiere cambiarme, es evidente que no le gusta como soy. Eso me dolería de verdad.

La técnica de diagnóstico,s de cuarenta y un años de edad, apostilló:

–Que esperara convertirme en algo que no soy sería machacar lo más profundo de mi ser.

La empleada de televisión, sentenció:

–No me gustaría que me sometiese a exigencias sexuales que no son de mi agrado, o a exigencias domésticas sin razón de ser.

La vendedora de una emisora de radio, de cuarenta y cuatro años de edad, contestó:

–Odiaría tener que darle explicaciones, o pedirle permiso para todo, o explicarle cada minuto de mi jornada. Le llamaría si hubiese un cambio de planes, pero me negaría a hacerlo por miedo. Y no me gustaría verme obligada a mentirle ni ocultarle cosas. Todo eso son cosas que no me gustarían.

Otros comentarios fueron:

–No me gusta sentirme como una máquina... una muñeca hinchable para su uso y disfrute... su puta privada.

–Que no pretenda que le haga la colada y le tenga la comida lista *cada* día. Y que no espere que comprometa mi moralidad, porque va a perder siempre esa batalla.

–Que no espere que acepte participar en actividades de sexo escabroso.

–Que no pretenda que sea sexy y mona las veinticuatro horas del día, siete días a la semana y trescientos sesenta y cinco días al año.

–Odio que un hombre pretenda controlar cada minuto de mi vida. Si llego de la tienda y me dice: «Oh ¿acabas de llegar?»... odio la sugerencia que hay detrás de esa pregunta.

–Si le quiero, haría todo lo que me pidiese. Cuando estoy enamorada, consiento en todo.

–No me gustaría que pretendiese convertirme en quien no soy. Y muchos hombres están condicionados a esta premisa.

–¿Y entonces? –pregunté.

–Muchas veces, cuando una mujer piensa que un hombre es interesante, consiente en ser lo que él quiere que sea. A veces, ella es tan condescendiente que es como si prácticamente le dijera: «Dame diez minutos y seré lo que tú quieres que sea, señor.» Cuando una mujer llega a comprometerse de esta manera, acaba enterrando la persona que en realidad es. Eso está bien para las personas que están dispuestas a darlo todo de esta manera. Pero representa un gran problema para todas las que insistimos en no aceptar ser más que una extensión del hombre a expensas de nuestra propia persona.

La esposa que se describía como una «diosa doméstica» dijo:

–Yo se lo doy todo. Podría pedirme prácticamente cualquier cosa. Ningún problema.

–¿Trazaría los límites en algún tema? –pregunté.

–Sí. No me gustaría que pretendiese que lo apoyase económicamente. Y he necesitado equivocarme en dos relaciones para llegar a esa conclusión. –Acto seguido se echó a reír.

¿Qué podría hacer un hombre, inesperadamente, que la sorprendiera agradable o desagradablemente?

El cuarenta y seis por ciento dijo que recibir flores, desde un gran ramo hasta una sola flor, incluyendo incluso flores silvestres recogidas durante un paseo.

Otras preferencias fueron:

–Que pase a recogerme y me explique cosas sobre un sitio maravilloso donde quiere llevarme, y vayamos al instante.

–Compartir un descubrimiento con él, me comunica que me sitúa en su vida por encima de la media.

–Algo que me encantaría es que después de pasear por un centro comercial donde he visto un libro que me gusta, me trajera personalmente este libro otro día. Lo que me emociona es el hecho de que se percate de lo que me gusta y se acuerde. Le quiero porque se acuerda, mucho más que por el regalo.

–En una ocasión había estado de viaje. Los niños se quedaron en casa con mi marido. Cuando entré, todo estaba perfecto. Me emocioné.

–Que haga cosas que a mí no me gusta hacer. Como llenar el depósito del coche, lavarlo, arreglar la casa cuando no estoy. Son pequeñas sorpresas agradables que me comunican que soy especial para él.

–Que sea espontáneo. Que decida en un instante que salimos a cenar, o que me llame y me diga que pase a recogerlo por el campo de golf. Que me sorprenda con cosas que no hacemos normalmente.

–Que me regale una flor que él ha recogido, o cualquier cosa que sirva para decirme que ha estado pensando en mí.

–Que sin venir a cuento, aparezca con entradas para un espectáculo o billetes de avión para ir a algún lugar... solos, él y yo.

–Una flor curiosa, como un diente de león en un jarrón con gotitas de rocío. Una nota personal en el interior de la caja de los cereales. ¿Puedo pronunciar un discurso?

–Por supuesto –dije.

–Durante el noviazgo, las pequeñas sorpresas son frecuentes. Después del matrimonio suelen ir desapareciendo, y es una pena. Este elemento de flirteo debería mantenerse vivo durante el matrimonio. Los matrimonios que veo que funcionan son aquellos en los que ella me explica que su marido ha estado flirteando con ella antes de ir a trabajar. Conservan este elemento de travesura de las pequeñas cosas. Y estas pequeñas cosas llevan grandes mensajes, como: «Me importas, eres tan preciosa como el primer día que te conocí, pienso a menudo en ti...» Y es importante no esperar nada a cambio. Muchas veces nos abrazamos, o nos besamos, o nos hacemos un regalo, o mantenemos relaciones sexuales para recibir alguna cosa a cambio. Resulta más agradable y excitante cuando las pequeñas cosas se hacen a cambio de nada, simplemente porque nos apetece. Creo que es un elemento que escasea en las relaciones. Una sorpresa agradable que recuerdo es la de recibir un libro viejo de un chico que sabía que me gustaban los libros viejos. Había una nota en el interior que decía que esperaba que me gustase el libro. Estoy segura de que no esperaba nada a cambio, más que la alegría de enviármelo. Eso me decía que yo era una persona importante para él.

–Me encantaría que llegase a casa con vino y cocinara una cena romántica a la luz de las velas. Sería agradable que me sirviese la cena y que se ocupara de lo que normalmente consideramos mis responsabilidades. Eso me haría sentir realmente especial.

–Los regalos me hacen sentir incómoda, porque pueden pretender algo a cambio. Tengo la sensación de que cuando un hombre gasta dinero en mí es porque espera que yo le dé algo a cambio. He enseñado a mis hijos a dar sin esperar recibir. Un chico me pidió que fuese con él a esquiar. Le advertí que yo pagaría la mitad de la gasolina y mi forfait, y que no dormiría con él. Le pareció perfecto. Su actitud me gustó mucho.

–Mandar los niños a la cama un cuarto de hora antes y que no intente hacerme el amor, sólo abrazarme.

–Una sorpresa no planificada, que no sea en mi cumpleaños. Una muestra inesperada de cariño. Una flor, incluso del mismo jardín. La idea es lo que importa.

–Aparecer con una botella de cava y pedir que me arregle, que vamos de fiesta.

–Un picnic sorpresa en un lugar bonito, como un rincón tranquilo junto al lago, o en la montaña. Una vez me llevó a un lugar junto al lago y yo me pasé todo el rato pellizcándome y diciendo: «Dios mío, si esto es como en las películas.» Me encantó.

–Me encantaría que me sorprendiese diciéndome: «Cásate conmigo.»

¿Quién no ha oído comentar a amigos divorciados: «Nos separamos», o «Tomamos direcciones distintas». Para abordar esa cuestión pregunté:

¿Qué importancia tiene que usted y su pareja tengan intereses, incluso vocaciones similares?

La propietaria de una agencia de publicidad, dijo:

–Es importante tener algunos intereses en común. Yo juego al tenis, él no; a él le gusta la pesca, a mí no; yo leo, él no. Compartimos una casa, aunque yo estoy sola mucho tiempo y no me gusta. La vida podría ser mejor si compartiéramos más cosas. ¿Cómo es aquel viejo refrán? ... ¿Una alegría compartida es una alegría duplicada? –Me miró un momento pensativa y se encogió de hombros.

Una abogada de veintinueve años de edad, opinó:

–Pienso que intereses similares animan la relación. Abren espacios de conversación, además de los niños, de qué color pintar la habitación, etc. Les proporciona un área más que compartir. Eso no significa que puedan tener sectores de intereses separados. No deberían necesariamente ir unidos en todo, pero sí tener huellas comunes. En cuanto a las vocaciones, no me gustaría competencia por parte de mi marido.

La directora de ventas de la radio, afirmó:

–Para constituir una pareja llena de armonía y alegría, es importante poder jugar juntos. Resulta difícil jugar con alguien que no participa en tu mismo terreno.

La manicura de veintiocho años de edad, apostilló:

–Si a ti te gusta la ópera y a él los conciertos de heavy metal, significa que tienes un problema.

La empleada de televisión, sentenció:

–Los intereses similares son importantes en la relación. Por ejemplo, sentarse en el bosque en pleno invierno a la espera de cazar una manada de animales no es mi concepto de la diversión. Y entonces, si yo me quedo en casa junto al fuego, es un tiempo que perdemos de estar juntos y es una pena. O si él va a jugar al golf y yo de compras, al cabo de un tiempo empezaremos a distanciarnos. Creo que para que una relación prolongada tenga éxito, tú y tu pareja tenéis que tener uno o más intereses u objetivos similares. Piense en ello; es difícil mantener el contacto cuando ambos van siempre en direcciones distintas. En cuanto a las vocaciones, estaríamos en competencia y eso provocaría fricciones.

Una directiva de treinta y siete años de edad, cree:

–Si vais a ser un equipo y a permanecer juntos, es importante tener algunos intereses compartidos... algo que guste a los dos, que podáis compartir. En el extremo opuesto está la situación en la que a mí me gusta Beethoven y a él le gusta el jazz. En este caso, ¿qué vamos a escuchar juntos? Los intereses similares formarían parte del tejido de la relación. No puede ser el cien por cien de la misma, pero es importante para el tejido en su totalidad. No me gusta la idea de vocaciones similares... demasiadas oportunidades para que surjan fricciones.

La instructora aérea y esposa de piloto, de veintinueve años de edad, dijo:

–En nuestro matrimonio, los intereses similares han demostrado su importancia. Por ejemplo, si ambos no estuviéramos en el mundo de la aviación, no estoy segura de que pudiese vivir con mi marido sin comprender por qué a veces se siente frustrado después de algunos de sus vuelos. El hecho de que yo también vuele me permite apreciar el estrés de su profesión, especialmente después de un viaje con malas condiciones climatológicas. Si yo no fuera piloto, es posible que no comprendiese lo que significa comandar un avión lleno de gente. No tendría paciencia con sus frustraciones cuando llegara a casa.

Una directora de piezas de recambio de una empresa de servicios, reconoció:

–Me enseñaron que la mujer debería aprender a hacer aquello que al hombre le guste hacer. De modo que aprendí a cazar y pescar. Pero él nunca estaba dispuesto a hacer cosas que yo quería hacer. Con el paso de los años, el tema se ha convertido en un punto de conflicto. Si de entrada nos hubiesen gustado las mismas cosas, no habría tenido que aprender nada y él no tendría que haber cambiado... habríamos seguido el mismo camino, en lugar de tirar hacia direcciones contrarias. No estoy segura de que salgamos de esta y gran parte de la culpa es no tener intereses comunes. En un lío de este calibre, el sexo acaba perdiendo importancia. Al menos para mí. Y cuando no están los niños, no tenemos otra cosa qué hacer que permanecer sentados mirando las musarañas. Los intereses comunes son una obligación si la intención es seguir unidos.

¿Qué tipo de relación prefiere que mantenga su pareja con a) su madre, b) sus hermanas, c) sus hijas, d) su ex esposa?

De forma abrumadora, las mujeres querían que su pareja mantuviese una buena relación con su madre, pero no querían que fuese el niño de mamá. Los comentarios más típicos fueron:

–Quiero un hombre que ame y respete a su madre porque espero que me trate de igual manera.

–Los hombres que tienen buena relación con su madre son normalmente más sensibles.

–Los hombres cercanos a sus madres parecen conocer más a las mujeres. Parecen comprender mejor lo que quieren las mujeres. Quiero un hombre que se entienda bien con su madre.

–Madres, hijas y hermanas enriquecen la vida de mi marido. Cuanto más rica sea su vida, más podrá contribuir a la mía.

–Quiero que formen parte de su vida, pero debe cortar las ataduras que le unen al delantal de su madre. Yo quiero ser su número uno.

–Su madre murió y eso fue la mejor ayuda que recibió él en su vida. Era muy dominante... intentaba gobernar nuestras vidas. Me resulta difícil decirlo, pero su muerte mejoró mi vida.

–Quiero que esté cercano a su madre, pero no tanto como para que me compare con ella.

–Su manera de tratar a su madre es una pista del tipo de persona que es. Su interacción con ella puede ser una pista de cómo podríamos relacionarnos él y yo.

–Quiero un hombre que ame a su madre, porque eso le ayuda a amar a su esposa. Pero no deseo un niño de mamá.

–Las mujeres de su familia son mi propia familia.

–Gracias a Dios que en su vida hay otras mujeres.

Esta reacción fue también común en cuanto a la relación de su pareja con hermanas e hijas. La mayoría de las mujeres querían que fuesen buenas, «porque estas personas pueden enseñarle muchas cosas sobre las mujeres». Sin embargo, hubo distintos puntos de vista con respecto a las relaciones con las ex esposas. Sus comentarios fueron:

–Para mí es menos estresante que tenga una buena relación con su ex esposa a que se lleven como gato y perro.

–Si puede llevarse bien con su ex esposa, mejor. Si no puede, la quiero fuera de nuestra vida.

–Cuando ella le fastidia, es más difícil convivir con él.

–Si no están peleando constantemente, prefiero que tenga con ella una relación de tipo profesional.

–Si no hubiera hijos de por medio, lo mejor sería que desapareciese de su vida para siempre.

–Prefiero que tenga una relación educada y civilizada con su ex esposa. No hasta el punto de quedar para comer con ella, pero nunca una relación de odio.

–Me gustaría que tuviese una relación maravillosa con ella. Actualmente son enemigos, lo que resulta destructivo... horroroso. Afecta de forma negativa mi vida... y ella lo sabe y lo hace a propósito. Eso hiere a todo el mundo, incluyendo a los niños.

–Creo que estas mujeres son importantes en la vida de mi hombre... siempre y cuando no sean unas brujas.

–Defíname bruja –le dije.

–Posesiva es lo mismo que bruja.

Otros comentarios aleatorios fueron:

–Que se lleve bien con toda esa gente es señal de madurez. Sus antiguas novias son un elemento más de mi vida. Y me gustaría que alguno de mis antiguos novios fuera amigo de mi marido. Creo, sin embargo, que los hombres lo llevan peor en este sentido.

–No me gusta cuando dice que su ex esposa es una bruja después de hablar con ella. Debería ser más respetuoso con ella, sobre todo porque es la madre de sus hijos. Por respeto hacia la madre de sus hijos, debería como mínimo, simular que es una persona de su agrado.

–Si tiene necesidad de hablar a diario con su exesposa, me pregunto por qué se divorciaron.

–Desearía que su madre le hubiese criado para que fuese capaz de cuidarse solo, en lugar de tener a mamá haciéndoselo todo. Cuando nos casamos, él pensaba que podría ocupar el papel de su madre. Le informé de que yo no era su madre ni nunca lo sería.

Gracias a las preguntas anteriores, hemos aprendido que las prioridades de hombres y mujeres son distintas de forma innata. Para descubrir si existía una diferencia entre cómo piensan hombres y mujeres con respecto a otro tema, pregunté:

¿En qué orden considera que los hombres quieren las siguientes cosas en una mujer: a) cuidado de la casa / cocina, b) sexo, c) compañía?

¿En qué orden las prefiere él?

El cincuenta y siete por ciento de las mujeres pensaron que las *prioridades de los hombres* con respecto a las mujeres eran:

Sexo.
Casa / cocina.
Compañía.

Le di la vuelta a la pregunta y dije:

¿En qué orden lo preferiría usted?

El noventa y dos por ciento de las mujeres dijeron que sus prioridades eran:

Compañía.
Sexo.
Casa / cocina.

Una ama de casa, de treinta y seis años de edad, expresó:

–Antes decía que lo primero que querían los hombres era el sexo. Pero estoy descubriendo que más y más hombres quieren una pareja que sea además su mejor amiga. Los hombres están aprendiendo a valorar a la mujer en la que confían para descargarse en ella sin resultar heridos. Pienso que cada vez son más los hombres que desean primero la compañía y el sexo en segundo lugar.

La maestra de una escuela de Alabama, comentó:

–Creo que hay hombres que buscan una compañía fácil. Buscan mujeres que no sean tan inteligentes como ellos. Parecen querer mujeres con las que sea fácil convivir... que perdonen de verdad, que les cuiden y que sean dulces. Me gustaría que se decidieran por elegir una compañía que fuese para ellos algo más parecido a un desafío.

La recepcionista nocturna de un motel, observó:

–El sexo es importante para el hombre porque su mundo competitivo es duro. Su habilidad sexual es un parámetro en el cual puede demostrarse a sí mismo que es un campeón. –Sonrió para añadir–: Pero recuerde... en la cama, el hombre sólo es tan bueno como lo es la mujer que está con él.

La técnica de reparación de cámaras, cree que:

–Los hombres se casan con mujeres por una simple cuestión de logística. Tiene cena, sexo, colada... todo bajo un solo techo. Esto le ahorra perder energía buscando satisfacer individualmente sus necesidades. Y así conserva la energía para luchar en las batallas de la vida para él y *para mí*. Es totalmente lógico.

El doctor John Gottman afirma haber encontrado una correlación entre la cantidad de trabajos domésticos realizados por el hombre y su estado de salud: los hombres que realizan más trabajos domésticos gozan de mejor salud al final de un período de cuatro años que aquellos que realizan menos. Creé que parte de la razón puede ser que el hecho de solucionar este problema doméstico da como resultado menos conflictos en casa y, en consecuencia, menos estrés. Gottman descubrió, asimismo, que los hombres involucrados en los trabajos domésticos y el cuidado de los niños tienen una vida sexual mejor y un matrimonio más feliz que los hombres que realizan pocos o ningún trabajo doméstico, ni cuidan de los niños. Y Kule Pret, de la universidad de Yale, dice que un estudio de diez años de duración muestra que la involucración del padre en los primeros seis meses de vida del niño se relacionan con puntuaciones superiores en posteriores pruebas de habilidades motores e intelectuales de los hijos.

Muchos hombres se enorgullecen de su habilidad para «arreglar cosas». Para descubrir cómo puntuaban las mujeres esta habilidad, pregunté:

En una escala del cero al diez, ¿qué importancia le otorga a que su pareja sea un hombre mañoso?

El veintinueve por ciento de las mujeres puntuó esa habilidad con una calificación de nueve o diez. La importancia media, otorgada en una escala del cero al diez, fue de 6,3. Sus comentarios fueron:

–Preferiría llamar a un profesional para que hiciese el trabajo. Lo puntúo con un cuatro.

–No tiene ninguna importancia, si eres rico.

–Para mí, un hombre mañoso es un diez, pero no sería un factor que determinase la relación.

–Un diez para mí, porque demuestra que un hombre es trabajador, que no es perezoso, y si es capaz de seguir en un proyecto hasta terminarlo, me demuestra que tiene paciencia para seguir trabajando en algo hasta conseguirlo.

–Creo que es importante que uno o el otro sepan arreglar cosas. En mi matrimonio, la mañosa soy yo.

–Un hombre mañoso para arreglar las cosas que se rompen es algo que me motiva. Me excita.

–Es de gran ayuda. No me apetece desplazarme para que me reparen el coche.

–No espero que sea un as en todo. Puedo amar a una persona artística y poco mañosa.

–Un cero en cuanto a la fontanería, pero un diez si se trata del coche.

–Después de ver a mi padre, pensaba que todos los hombres tenían un gen mañoso. Eso fue hasta que mi primer marido empotró la máquina de afeitar en la pared al ver que no funcionaba después de repararla. Lo puntúo con menos de un siete.

–Si un hombre no es mañoso, no debería quejarse de las facturas de las reparaciones.

–Me gusta un hombre mañoso, del mismo modo que a un hombre le gusta una mujer que sepa cocinar. Yo tengo que saber cocinar y él tiene que saber reparar cosas. Así sobrevivimos. Cuando se está en una relación, debemos cuidarnos entre nosotros.

Poca gente discutirá la importancia de incluir una pregunta sobre el sentido del humor.

En una escala del cero al diez, ¿qué importancia le otorga al sentido del humor?

El setenta y tres por ciento de las encuestadas puntuaron con un diez la importancia del sentido del humor en un hombre.

El trece por ciento le otorgó un nueve.

El ocho por ciento puntuó la habilidad en un ocho.

El seis por ciento calificó el sentido del humor en un hombre con un siete o menos.

Los comentarios más típicos fueron:

–Le doy un diez. Eso no significa que tenga que ser Eddie Murphy o Robin Williams. Sólo que tiene que ser capaz de reírse de las cosas divertidas que nos pasan.

–Un nueve. Y no me refiero al humor tipo chistoso. Me refiero a un sentido del humor sobre la vida en general.

–Diez. Quiero un chico que me haga reír.

–Mis hombres favoritos son los que son capaces de reírse de ellos mismos. Eso me demuestra que poseen una cantidad tremenda de seguridad.

–No merece la pena dedicar mucho tiempo a hombres sin sentido del humor. La vida es demasiado complicada como para no ser capaz de reír cuando una situación exige un poco de humor.

–La habilidad de reírse de uno mismo es mucho mejor que echarse a llorar ante un pequeño problema que en realidad es de risa, relajándose y viendo el lado humano de la situación. El humor me ayuda a sobrellevar muchos días.

–Resulta difícil enfadarse cuando ríes.

–Tengo en mi casa un lápiz con una servilleta blanca atada en el extremo. Si él llega gruñendo y refunfuñando, cuelgo esa bandera blanca en alguna puerta para que él la vea bien. Normalmente sirve para romper la tensión y enseguida empezamos a reír y a charlar sobre lo que sea que le haya hecho ponerse de esa manera. Para mí, mi pareja tiene que tener la habilidad de reír.

La forma con que un hombre controla, o no, sus enfadosm parece ser un punto importante para las mujeres. Para obtener una guía, pregunté:

¿Cómo le gusta que el hombre controle sus enfados?

–Quiero que lo explique. Que no se limite a gritarme. Si siente necesidad de hacerlo, prefiero que se largue y que no vuelva hasta que sea capaz de actuar como un ser humano.

–Yo estoy aquí para escuchar. Quiero que ponga las cosas sobre la mesa, para que juntos podamos llegar a la raíz de su enfado.

–No quiero que se reprima la rabia, pero no quiero violencia, como lanzar cosas por el aire o tirar del cable del teléfono. Eso es una estupidez y una amenaza. Quiero que lo comente de forma civilizada.

–Que no lo descargue sobre mí. Si tan enfadado está, quiero que lo descargue de manera constructiva... que vaya a golpear unas cuantas bolas de golf o tenis o que dé vueltas corriendo a la manzana. Que lo expulse de su organismo hasta que podamos hablar como personas normales.

–Quiero que lo reflexione y lo solucione. Se lo respeto.

–No me importa que grite y monte un escándalo, pero no delante de los niños. Y no quiero que utilice la violencia física contra otra persona o contra un animal.

–Quiero que lo exteriorice... que no se lo guarde.

–Es importante que exprese su rabia hacia alguien en quien pueda confiar. Tener alguien que le escuche, suele solucionar el problema.

–Póngase en mi lugar... enfrentarse a un hombre violento de metro ochenta y ochenta kilos da miedo. Si empieza a dar bandazos por todas partes, yo podría ser la siguiente en recibir. Me alejo de él hasta que se enfría. Luego quiero que lo hablemos.

–Para un hombre resulta saludable liberar la rabia cuando la siente. No envidio al hombre que pierde los nervios. También me doy cuenta de que se trata de una locura temporal, de modo que le alejo hasta que se enfría.

–Creo que cualquier emoción, incluyendo el enfado, acaba siempre produciéndose. Bien. Es una experiencia más que no debería eliminarse, porque entonces te devoraría por dentro y probablemente devoraría también a todos tus seres queridos. Siéntela, acéptala, admítela y soluciona el problema.

–El enfado puede ser sano para una relación, siempre y cuando se exprese con la actitud de que *puede* que tengamos un problema y que, de ser así, qué vamos a hacer *ambos* para solucionarlo.

–Muchas veces, los enfados son consecuencia de malentendidos. Por lo tanto, explica las cosas. Tal vez así podamos mejorar el ambiente.

–A mi marido parece que nada es capaz de hacerle enfadar, y eso me preocupa. Debe guardarse la rabia embotellada. Preferiría que dijese: «No me gusta eso, o lo otro», así sabría a qué atenerme.

Preocupaciones. Para la mayoría de los hombres, la idea de compartir-las es como admitir una debilidad o, peor aún, exponer un flanco sin pro-tección a un «enemigo» real o imaginario. Para descubrir qué piensan las mujeres del hombre y sus preocupaciones, pregunté:

Un hombre que le expone abiertamente sus preocupaciones, ¿es para usted débil o fuerte?

El noventa y ocho por ciento de las mujeres consideraron que el hom-bre que comparte abiertamente sus preocupaciones es un hombre fuerte. Los comentarios fueron:

–Si dijera que en el mundo actual no hay nada que le preocupe, estaría mintiendo. Bajo mi punto de vista, es positivo que airee sus preocupaciones.

–Muchos hombres intentan proteger a su pareja al no compartir con ella sus preocupaciones. Pero reprimir las preocupaciones representa una amenaza para su salud. Además, la mujer sabe cuándo el hombre está pre-ocupado. Si no comparte los hechos, ella empezará a imaginarse cosas, lo que significa que podrá imaginarse cosas más allá del nivel de la verdade-ra preocupación. Entonces, puede que ella se decante excesivamente ha-cia un área errónea e ignore, sin quererlo, el sector que realmente merece su atención. No nos gusta imaginar... queremos hechos.

–No quiero que niegue sus preocupaciones, o que simule que no exis-ten, o que intente ocultarlas con el alcohol. Quiero que piense en lo que se debe hacer y que lo afronte de forma madura.

–La preocupación es una falacia. Soy una preocupada reformada. Los amigos me decían que me preocupaba por lo que iba a preocuparme a continuación. Después de reflexionarlo, me di cuenta de que las preocu-paciones no son la realidad. La realidad es la *inquietud*. Sentirse inquieta porque un adolescente regrese a casa sano y salvo es normal, pero preocu-parse por volverse calvo es perder energías. Quiero que él comparta con-migo sus inquietudes. Los problemas compartidos se dividen.

–Sus preocupaciones me afectan, me las cuente o no. Por lo que prefie-ro que me las cuente desde el principio.

–Quiero que actúe sobre sus preocupaciones, en lugar de incordiar constantemente. Que las solucione y siga adelante.

–Quiero que las comparta, en lugar de hacerse el hombre y el duro e intentar solventarlas solo. Por otro lado, tampoco quiero un quejica a quien le preocupen en exceso todas las cosas. Quiero que seleccione honestamente cosas amenazantes por las que preocuparse. No quiero que sea un macho fanfarrón que no desee compartir sus preocupaciones conmigo.

–Un tipo que comparte sus preocupaciones es confiado y seguro de su masculinidad. Eso le hace más sexy.

–La Biblia dice que el tonto escucha su propio consejo. En otras palabras, comenta las cosas con los demás. Si no le deja vivir algún tema del trabajo, o de lo que sea, le ofrezco mi opinión y eso le ayuda a tomar decisiones.

–Le cuesta más compartir sus preocupaciones que intentar esconderlas.

–Los chicos fuertes son los que solucionan los problemas a los que se enfrentan. Los débiles sólo se quejan de ellos.

–Ningún hombre es una isla. Si se guarda sus preocupaciones sólo para él, es que es un estúpido.

–El hecho de que comparta conmigo sus preocupaciones significa que piensa que tengo cerebro. Eso me hace sentir bien conmigo misma y con él. Es un ganador.

–Si me explica directa y abiertamente una preocupación legítima para obtener una solución, me parece estupendo. Por otro lado, si lo único que pretende es involucrarme para que yo le solucione el problema, voy a poner pies en polvorosa.

–Sus preocupaciones me afectan. Quiero saber lo que le preocupa por si tengo alguna posibilidad de ayudarle.

–Si no habla de sus preocupaciones, puede acabar sufriendo modificaciones de comportamiento o personalidad. Eso puede tener un efecto negativo sobre nuestra relación. Tiene que ser abierto con sus preocupaciones, porque también afectan mi vida.

Siendo como es el ego del hombre, intentamos mostrarnos «fuertes» delante de la mujer. Consciente de lo mucho que varían ciertas definiciones entre hombres y mujeres, pregunté:

¿Qué es lo que para usted caracteriza a un hombre fuerte?

–Un tipo dispuesto a compartir conmigo sus sentimientos y sus emociones.

–Bajo mi punto de vista, el hombre que no tema que yo pueda ver sus puntos vulnerables. El hombre débil es el que no es capaz de mostrarse a sí mismo. Hay muchas personas débiles interiormente que se dedican a atacar a los demás. Para mí, estos ataques son un signo de debilidad.

–Para mí, un chico fuerte es el que se siente seguro de sí mismo y no va besando el trasero a nadie. El que no tiene miedo a llorar. Ni a mostrar sus sentimientos. Un chico así, no sólo va a sufrir menos infartos, sino que además resulta más sexy.

La asesora matrimonial, dijo lo siguiente en relación al hombre fuerte:

–Tiene la sensación de que la vida funciona, de que los problemas no son motivo para tirar la toalla, sino más bien una razón para conseguir soluciones innovadoras y creativas. Blair Justice, un psicólogo de la escuela de medicina de Galveston perteneciente a la Universidad de Texas, realizó un estudio sobre el estrés. Descubrió que el estrés disminuía en tres áreas: 1) la persona que ve alternativas sufre menos estrés; 2) la persona que considera los obstáculos como retos y oportunidades de crecimiento, en vez de como una derrota, sufre menos estrés; 3) y la persona que está comprometida con alguien que no sea ella misma, como con la familia, o con Dios, o con quien sea, sufre menos estrés. Las personas con estas perspectivas presentaban menos problemas con la bebida, menos insomnio y problemas de relación u otros conflictos. Estas personas observan una situación de estrés y se dicen: «Muy bien, ¿qué podemos hacer con esto?» Entonces tiran un dado y juegan al juego de la vida. Por otro lado, pedir ayuda cuando se necesita es otra de las cualidades de la persona fuerte... buscar la experiencia de un terapeuta, de un contable, de un sacerdote, etc. la fuerza no consiste necesariamente en hacerlo todo solo. No significa ser una unidad autosuficiente. No se trata de ser una enciclopedia andante. El hombre fuerte no precisa ser eso.

Con tanta atención puesta en los efectos del tabaco sobre la salud, pregunté:

¿Tacharía a un fumador de su lista de objetivos?

Yo estimaba que una mayoría abrumadora de mujeres respondería que sí, pero estaba equivocado.

«No», respondió el sesenta y cinco de las mujeres, lo que me sorprendió. Pensé que estarían tan preocupadas por la salud de su pareja que la mayoría votaría en sentido contrario. Considero la cifra como un tributo a la habilidad de la mujer de doblegarse y dar su apoyo. Aparentemente, lo que desean es que su pareja sea feliz, incluso a expensas de una vida más corta. Sus comentarios fueron:

–No tacharía un fumador de mi lista de objetivos, pero me gustaría que no fumase.

–Yo no fumo, pero no descartaría obligatoriamente un pretendiente porque fuese fumador.

–No tengo ningún derecho de decirle cómo debe vivir. Conoce los riesgos y es decisión suya.

–Esperaría consideración por parte un fumador... que no me echara el humo a la cara cuando estuviéramos en recintos cerrados. Aunque es un hábito desagradable, no tacharía un fumador de mi vida sólo por ese motivo.

–La gente que fuma huele mal. Sale por sus poros y resultan desagradables al besar. Sí, tacharía un fumador de mi lista de pretendientes. De joven no lo habría hecho, pero ahora seguro que sí.

–Si fuma y tenemos otras cosas en común, no podría eliminarlo sólo por eso.

–Que no fumase sería un enorme punto positivo. Sería una declaración positiva sobre la totalidad de su carácter.

–Apuesta lo que quieras a que tacharía a un fumador de mi lista. No quiero a mi lado alguien que se cargue mis pulmones.

–Yo fumo, pero espero que él no lo hiciese. Si yo no fumase, sería tan perfecta que nadie me soportaría.

–No, no eliminaría un fumador, porque permito alguna imperfección. Pero no creo que él me tolerase si yo fumara.

–¿Me está diciendo que piensa que las mujeres son más tolerantes que los hombres? –pregunté.

–Exactamente. A las mujeres se les enseña a ser más flexibles y sufridoras, mientras que a los hombres no. Por ejemplo, mi padre dejó de fumar después de cincuenta y cinco años. Mi madre había luchado siempre por esto. Seis meses después de que lo dejara, ella le pidió por favor que volviese a fumar porque le quería más cuando estaba satisfecho que cuando estaba irritado. Dijo que prefería verle morir antes y feliz, que vivir con él más tiempo una vida miserable.

–Si estuviera considerando dos chicos con idéntico atractivo y uno de ellos fumara y el otro no, me decidiría por el que no.

–Aconsejo a mis hijos adolescentes que no salgan con quien no consideren una persona con la que casarse. Les digo que el amor puede convertirse en una barraca tan rápidamente como una mansión. Es decir, sino quieres un fumador o un bebedor, mejor que le cortes el paso y busques otra persona.

¿Qué opina sobre el alcohol y los hombres?

Mujer tras mujer fueron todas repitiendo: «No quiero un borracho.» Algunos comentarios fueron:

–Preferiría un chico que no bebiese. La luz de las velas y un poco de vino están bien, o tomar una cerveza en una fiesta. Pero no quiero borracheras todo el día.

–Los hombres son ya lo bastante estúpidos como para tener que tratar encima con ellos cuando son unos estúpidos borrachos. No me gusta que griten, su vulgaridad y la expectativa de que el mundo aceptará todo lo que hagan cuando estén borrachos. Cuando recuperan la sobriedad, odio las excusas por su comportamiento bebido y fuera de lugar de «no sabía lo que me hacía». Chorradas. Si saben que no van a poderse controlar estando borrachos, que no sean tan estúpidos y que no beban. Pero esto nos da una pista: lo que hacen ebrios es lo que les gustaría hacer estando sobrios. Ver el lado borracho de un hombre puede ahorrarme perder mucho tiempo en lo que de otro modo pensaría que es un buen pretendiente.

–La combinación del alcohol con un hombre me aterroriza.

–No hay nada mejor que tomar un par de copas con un hombre inteligente y ver cómo se relaja... normalmente se convierte aún en más interesante. Pero si no es lo bastante inteligente como para saber cuándo parar, me largo.

–Un poco de alcohol en un hombre puede ser delicioso.

–Disfrutar de una o dos copas es una cosa, pero utilizarlo para convertirse en un estúpido es otra.

–No me importa el alcohol y me encantan los hombres. Pero sólo si lo controlan.

–Los chicos que no controlan el alcohol son normalmente, en lo más profundo, mal asunto.

–No puedo estar con un hombre que sea incapaz de pensar, y nadie piensa correctamente cuando está como una cuba.

–Me perdí gran parte de 1970 y 1971 porque estaba colgada con las drogas y el alcohol. Me perdí tantas cosas que no quiero tener nada que ver con un hombre que quiera echar a perder su vida.

–Necesito poquísimo alcohol para que se fundan mis inhibiciones. Para una mujer, la mezcla de hombres y alcohol puede resultar explosiva y peligrosa. La mujer debería planteárselo bien antes de empezar a beber en compañía de un hombre. Si va de ligue, encontrará lo que busca mezclando hombres y alcohol. El alcohol puede llegar a justificarle el hecho de acostarse con alguien. Pero si no va de ligue, ni pretende acostarse con nadie, debería evitar la combinación de hombres y alcohol.

–Me gusta beber. Pero cuando bebo con hombres es como si quisieran excederse conmigo. Parece que lleven la cuenta de las copas que tomo. Cuando digo que ya tengo suficiente, ellos siguen bebiendo. Creo que tiene que ver con que quieren demostrar que pueden beber más que yo. Cuando llega esta fase, absolutamente siempre aparece delante de mí una copa que yo no he pedido. Me da tanta rabia... no hay forma de que me la beba. Si juegan conmigo... les dejo que ganen... si es que ganar es la palabra correcta.

Otra mujer dijo:

–Las copas están bien. Los borrachos no.

«Controla tu lenguaje... estás delante de señoras», una frase de advertencia que me repetían muchas veces de pequeño. A pesar de que hoy en día no lo oigo con tanta frecuencia, pensé que merecía la pena preguntar:

¿Qué opina sobre el lenguaje obsceno y los hombres?

El noventa y tres por ciento de las mujeres dijo que no le gustaba el lenguaje obsceno. Sus comentarios fueron:

–No me gustan los hombres que recurren a la fuerza, y el lenguaje obsceno es un tipo de fuerza.

–Profanar es un insulto para mis oídos, y una indicación de su nivel de inteligencia.

–Siento lástima por el hombre que utiliza un lenguaje obsceno. Me hace pensar que ese pobre chico no tiene otra forma de expresarse... que es un ignorante.

–El lenguaje colorido puede ser interesante. Utilizarlo de vez en cuando no lo veo mal. Pero no me gusta este lenguaje como estilo de vida.

–Si es incapaz de disciplinar su lengua, es probable que sea también incapaz de dominar otros aspectos de su vida. Ese tipo de persona no es para mí.

–Si no tienes nada inteligente que decir, maldice o di palabrotas. Si se aporrea el dedo con un martillo, puede soltar tacos. Para eso se inventaron... para esas ocasiones excepcionales en que no tiene sentido decir otra cosa.

–Un hombre con un vocabulario compuesto por cuatro letras tiene una mentalidad de cuatro letras.

–Considero que una boca sucia está guiada por una mente poco profunda, excesivamente emocional e irracional. Me parece que utilizan ese lenguaje, en lugar de decidirse a solucionar el problema.

–Esas palabras me desmotivan, sobre todo «j...» e «hijo de...».

–No me gustaría que el lenguaje obsceno fuera su idioma materno.

–Las cabezas simples hablan lenguaje obsceno.

–Probablemente, un hombre que utiliza ese lenguaje no tendría el mínimo interés por cenar a la luz de las velas.

–O bien tiene un vocabulario limitado, o bien, es que está muy enfadado. Sea como sea, no me interesa.

–Soy uno de ellos y su lenguaje no me molesta. Sin embargo, en un entorno profesional, prefiero que tengan la boca bien limpia.

–Desde que me he unido al mundo laboral, me limito a ignorarlo.

–No respeto a quien utiliza un lenguaje soez y sin darme cuenta me sorprendo diciendo, «Señor, perdónale».

–Lo acepto. Todo el mundo tiene derecho a expresarse como prefiera. Las palabras no son más que palabras. No me molesta oír la palabra «joder». Sin embargo, ejerzo mi derecho de no dedicarle tiempo a un hombre así.

–Un lenguaje aburrido equivale a un hombre aburrido.

–He descubierto que la gente que tiene una boca prácticamente siempre sucia, está prácticamente siempre enfadada.

–El lenguaje soez implica pereza, falta de inteligencia y falta de respeto. Cuando un tipo dice «joder» en mi presencia, me resulta estupendo que otro le recuerde que debe controlar lo que dice. Eso es agradable y lo aprecio.

¿Qué opina sobre la religión y su hombre elegido?

El ochenta por ciento de las mujeres manifestaron que querían que su pareja tuviese un mínimo de fe en un ser superior. Sus comentarios:

–Con respecto a la iglesia en la que me crié, albergo una mezcla de respeto y desilusión. Actualmente no formo parte de ninguna religión organizada, sin embargo, quiero un hombre con algún tipo de alma... algún reconocimiento de la posibilidad de que exista un poder superior. Pero no podría estar con un fanático religioso. Quiero un hombre de mentalidad abierta respecto a la religión y capaz de respetar la necesidad que la gente tenga de ella.

–Tiene que tener algún tipo de creencia. No quiero un fanático, una persona de miras estrechas en cuanto a la religión. No tenemos todas las respuestas de la vida y, por lo tanto, necesitamos algún tipo de guía externa.

–Sería difícil educar a los hijos en el caso de tener creencias religiosas radicalmente distintas.

–Quiero que tenga temor de Dios, pero no lo quiero consagrado a ningún culto.

–El problema es la espiritualidad, no la religión.

–La religión está bien, pero no quiero que sea la fuerza que domina su vida.

–Quiero que crea en una religión. No porque pueda pensar que yo lo empujo a ello, sino porque es importante para él.

–No podría relacionarme con alguien religioso. Son demasiado libre para pensar en eso.

–Tiene que tener fe en el Señor y sentirse agradecido por la vida que lleva, incluyendo nuestro matrimonio y nuestra relación.

–Esperaría que creyese que existen fuerzas espirituales que gobiernan el universo.

–Lo quiero religioso, pero no fanático. No quiero un obseso por Jesús cuya vida esté controlada por la religión.

–Si un hombre se siente tan a gusto con su religión como con su deporte preferido o su afición, me imagino que nos llevaríamos bastante bien.

Estuve vendiendo seguros durante una corta temporada. Durante ese tiempo conocí unos cuantos hombres casados que se negaban a asegurarse. Sus esposas no se sentían cómodas con la postura adoptada por sus maridos. Por eso pregunté:

¿Qué opina sobre el hombre que se niega a contratar un seguro de vida que cubra sus necesidades en caso de fallecimiento?

El ochenta y nueve por ciento de las mujeres afirmó que no les gustaba la idea de que su esposo no se hiciese un seguro de vida. Sus comentarios fueron:

–Mi ex marido pensaba que si me dejaba el dinero del seguro me lo patearía con cualquiera en cuanto él no estuviera. Pienso que era una postura tremendamente egoísta. No me sentó nada bien... se dará usted cuenta de que se trata de un «ex».

–Si se negara a hacerse un seguro, lo tomaría como que yo y los niños le importamos un rábano. Lo encuentro egoísta y desconsiderado.

–Tengo suficientes estudios como para tener un buen trabajo. Si él muriese, saldría adelante yo sola.

–Que no se contratara un seguro me preocuparía. Me gustaría tener suficiente como para cubrir el importe de dos años de facturas y así tener tiempo para saber cómo seguir adelante yo sola.

–Sería como si me dijese que está conmigo estrictamente por lo que pueda obtener de mí. Si descubriera una actitud así con respecto a los seguros de vida, acabaría con la relación lo antes posible.

–No creo en los seguros de vida, de modo que no me preocuparía en absoluto.

–Una inmensa tontería. Tenía una amiga cuyo marido era de estos. Decía que por qué tenía que hacerse un seguro si no iba a estar allí para disfrutarlo.

–Un hombre así demostraría ser un hombre sin amor.

–Si me hubiese casado con él y descubriese después lo que opinaba sobre los seguros de vida, me plantearía el divorcio.

–Si piensa que voy a ventilarme todo el dinero del seguro que me deje, entonces es que no merece estar conmigo en vida.

–El amor es eterno y debería venir también de la tumba.

–Fui una viuda joven. Nunca consideré un hombre que no creyese en los seguros de vida.

–Si no se contratara un seguro, pensaría que no se plantea un matrimonio a largo plazo y que, a lo mejor, lo que quiere es largarse cuanto antes.

–En las sociedades «tradicionales» (orientales), la novia pasa a vivir con la familia del marido. En caso de fallecimiento, los miembros masculinos de la familia, como hermanos, tíos y primos, asumen la responsabilidad de cuidar de ella y de sus hijos mientras vivan o alcancen la edad adulta. El seguro es un invento de la sociedad occidental y sirve el mismo objetivo. Las mujeres seleccionan al hombre, en parte, por su capacidad de generar recursos que estén disponibles al menos a lo largo de los años necesarios para criar a los hijos. En lugar de contar con los parientes masculinos, el seguro es la defensa de las mujeres contra la pérdida prematura del hombre en quien ha invertido sus estrategias sexuales.

Hay hombres que se sienten amenazados ante una mujer soltera que lleva un año o más viviendo sola. (En el fondo, creo que entre los hombres existe un temor no comentado de que necesitan la mujer más que la mujer los necesita a ellos.) Para descubrir por qué la mujer prefiere vivir sola, pregunté:

¿Qué es, o era, lo que más le gusta de estar soltera?

La respuesta que más escuché fue: «La *libertad* de ir y venir y hacer lo que yo quiera, cuando quiera y con quien quiera.» Algunos comentarios fueron:

–No tener nadie con quien reñir por las pequeñas nimiedades, como la forma de poner el papel de water. Y cuando está todo en silencio en mi casa, es evidente que no tengo que preocuparme de que el silencio se produce porque alguien se ha enfadado por una cagada insignificante.

–Libertad. Si recibo una multa de tráfico, puedo reír porque puedo pagarla y nadie va a tener oportunidad de criticarme o de hacer comentarios jocosos.

–Me gusta no tener que dar razones a nadie. Anoche fue divertido ir a la tienda de vídeos y elegir lo que me apetecía. Me sentía tan bien que casi sufrí una hiperventilación. Pero en otras ocasiones, tanta libertad me da miedo.

–Como soltera, me siento segura en mi mundo. Nadie entra en mi casa sin mi permiso y puedo echarlos cuando ya no quiero verlos más.

–Puedo jugar al golf todo el rato que quiera o quedarme en la oficina todo lo que desee sin tener que preocuparme por la cena ni por nada.

–Puedo gastar mi dinero como quiera, eso me encanta.

–Mi actitud es ámalos y abandónalos. Si pasan cosas que no me gustan o con las que no estoy de acuerdo, los alejo de mi vida de una patada.

–Acabé una relación hace un mes. Sin remordimientos, sin tristeza, ni sentimientos de que echaba en falta una parte de mí. Soy una soltera feliz de verdad.

–Me lo paso estupendamente de soltera. Viajo, ceno con vino y me trato como una reina.

–Me gusta estar soltera porque ni me pegan ni me controlan.

–Cuando estaba soltera no tenía preocupaciones, llegaron con el matrimonio.

–Cuando tengo sueño, puedo elegir: meterme en la cama o, si estoy de humor, en la de otro.

–Me gusta no tener que pensar mi vida alrededor de otra persona que tal vez no me importe en absoluto.

–¿Qué si me gustaba estar soltera? Estar soltera no tiene nada particularmente maravilloso. Me gustaba poder ir y venir como me apeteciese, pero estar sola no era tan buen negocio. Además, con el hombre con el que me he casado, también voy y vengo como me apetece.

¿Qué es lo que no le gusta de estar soltera?

La respuesta que más escuché aludía a *estar sola*. Otros comentarios fueron:

–Echo de menos no tener una compañía dependiente de mí.

–Echo de menos la sensación de familia.

–Echo de menos no tener a nadie con quien dormir y alguien con quien compartir la alegría de las buenas cosas y el dolor de las malas épocas.

–Echo de menos no tener esa persona. Y es una estupidez, porque con eso estoy diciendo que quiero mi pastel y además comérmelo. Pero de vez en cuando necesito un empujón mental y no tener una persona en quien apoyarme es duro.

–Estoy tan ocupada que intento no tener tiempo de estar sola. De vez en cuando, sin embargo, me siento extremadamente sola.

–Me siento insegura sin una relación comprometida... un matrimonio.

–Echo de menos no tener compañía al alcance de la mano.

–No tener otra cabeza con quien compartir sus ideas y las mías.

–Me asusta envejecer sola.

–Echo de menos lo que probablemente no es más que una necesidad animal y física, y no necesariamente el sexo, sino sentirme acunada por unos brazos cariñosos. Un vibrador sirve para mucho. Pero no puede acunar, ni abrazar, ni besar.

–Me frustra cuando pasa alguna cosa que soy incapaz de manejar, como la tapa de un tarro que no abre.

–No me gusta la escena de la cita. Es como un mercado de carne.

–No me gusta comer sola.

–El miedo al SIDA y al herpes son lo que menos me gusta de estar soltera.

–No me gustan las desventajas financieras.

–Es muy solitario llegar de noche a casa y no compartir con nadie lo que me ha sucedido durante la jornada. Esto suele provocarme infelicidad porque no tengo posibilidad de expulsar las emociones de mi organismo. Preferiría estar casada que soltera.

¿Qué hombre no ha querido impresionar a una mujer de tal manera que ha acabado actuando como un macho? Mi siguiente pregunta fue:

¿Cómo reacciona ante los hombres con actitudes de macho?

La pregunta provocó uno de los acuerdos más grandes entre las mujeres entrevistadas.

El noventa y nueve por ciento dijo que el comportamiento macho (fanfarrón) les desmotivaba. (Una lo encontró «mono».) Una mujer dijo: «Estos chicos no nos gustan». Otra trazó una línea entre el macho «de verdad» y el macho «fanfarrón». La fanfarronería parece desmotivar por completo a las mujeres, mientras que el macho de verdad, acreditado como ello por sus acciones, es aceptable. «Pero sólo cuando no actúa como un macho.»

Veamos más comentarios:

–Es deshonesto. Es una acción para disfrazar lo que en realidad son y desmotiva al instante.

–La confianza en uno mismo es muy importante para mí. Hacerse el macho es lo contrario a tener confianza. Me alejo porque me hace pensar que son inseguros.

–Pienso que tienen un problema interno.

–Me impresionan... me rió por dentro de ellos.

–Una desmotivación instantánea. La primera impresión es la última, sin posibilidades para que se produzca otra ronda.

–¿Qué intentan ocultar? Si se ven obligados a ser machos es que son poco profundos.

–Un pequeño macho está bien... la parte de la confianza en sí mismo. Pero un chulo no me gusta. Además, no quiero un hombre que quiera demostrar lo que es sacando sus esteroides por la boca.

–Un hombre masculino es sólido y seguro de sí mismo. Sabe quién es y lo qué es. Los chicos machos son vacíos.

–Un macho pelmazo es como un colador lleno de agujeros.

–En el colegio, los chicos presumían para llamar la atención. Los adultos que lo hacen es que están todavía por crecer.

–Muchos hombres piensan que ser macho es trabajar para obtener unos buenos músculos. Eso no es un macho para mí. Ni tampoco lo es un bocazas, ni los que inician peleas para demostrar su hombría, sea lo que sea eso. –Se echó a reír–. Me gusta que el hombre sea macho en el sentido masculino... un caballero que se siente a gusto abriéndome las puertas, y esas cosas.

–Un hombre macho de verdad me gusta, pero que no se lo haga. Que lo sea.

–Creo que un día se despertarán y descubrirán que han dejado pasar de largo buena parte de la vida... y muchas mujeres que valían la pena.

–Tontos del culo.

–La sexualidad de verdad es sutil. La falsa sexualidad (el macho) no es sutil. Te da en la cabeza o entre los ojos. Eso no es agradable para la mujer.

–Me río de ellos o les canto esa canción que dice: «A ella no le gustan los chicos duros, tienen el cerebro en el mismo lugar que utilizan para sentarse. Se creen llenos de fuego y ella piensa que están llenos de mierda.»

–Asocio lo masculino con la fuerza interna. El machismo sincero no sugiere fuerza... es una mentalidad limitada.

La portavoz de una empresa de servicios públicos, dijo:

–Un hombre es macho cuando es cariñoso con un bebé, o cuando interacciona sinceramente con alguien con quien no tiene nada que ganar. Es macho cuando es amable y no se muestra inseguro, ni tiene miedo de ser considerado un marica o un afeminado. Es macho cuando se aparta del papel que la sociedad comúnmente otorga a los hombres. Para mí es macho el que se muestre amable y tierno con un animal, sobre todo si se trata de un cachorro. O verlo mostrarse amable con una anciana enferma, una mujer que necesita cuidados y que no tiene nada que ofrecerle a cambio. Cosas como estas son de puro macho, con «M» mayúscula. Un hombre así me hace sentir un nudo en la garganta y querer decirle: «Bendito seas, te quiero tanto.» Un hombre así deja en la sombra al hombre duro, fanfarrón y autoritario.

La única mujer entre las cien que declaró que le gustaban los machos, arguyó:

–Creo que es una imagen que ellos han creado en su cabeza sobre lo que se supone que el hombre tiene que ser. Es mono que piensen que son tan fríos y tan duros. Y los que actúan haciéndose los más duros, son normalmente los que luego son como un osito, y eso resulta divertido.

A muchos nos ha resultado tentador tratar de impresionar a una mujer fanfarroneando. Para descubrir lo efectiva que puede llegar a ser esta estrategia pregunté:

¿Qué opina de los fanfarrones?

El noventa y ocho por ciento de las mujeres afirmaron que no les gustaban los fanfarrones. Sus comentarios fueron:

–Fanfarronear es una clara indicación de baja autoestima y de escaso valor sobre la imagen que se tiene de uno mismo. Fanfarronear indica que él, o ella, no se siente muy a gusto consigo mismo.

–Me demuestra que es una persona insegura y/o inmadura. Tiene un ego que necesita animar constantemente. No tengo tiempo para eso... los fanfarrones me desmotivan.

–Prefiero verlo que oírlo... las acciones dicen más que las palabras.

–Me gustaría llenarle la boca de algodón para que se callase. No sé qué creer y qué no creer, de modo que no puedo tomármelo en serio.

–Si hace el par del campo de golf, me alegraría de la noticia. Pero si se lo cuenta cinco veces a todo el mundo con quien tropezamos, sería insoportable.

–Si fanfarronean mucho, probablemente es que es precisamente eso lo que hacen mejor.

–Me gusta el hombre que tenga muchas cosas de las que poder fanfarronear, pero que no lo haga.

–Por mucho que sea el mejor coche del mercado, es incapaz de tocar él solo el claxon.

–Es como si se acariciasen a ellos mismos porque no tienen a nadie que los acaricie. Eso me comunica algo sobre su persona, y me preocupa.

–Si de verdad han conseguido salirse airosos en algo complicado, tienen derecho a fanfarronear un poco. De hecho, lo que puede parecer fanfarronear puede, en realidad, ser más compartir que fanfarronear. De modo que voy con cuidado antes de emitir mi opinión. Pero detecto rápidamente los faroles.

–Existe una línea muy sutil entre fanfarronear y la confianza adquirida gracias a haber hecho bien una cosa.

–Fanfarronear me parece bien, si lo ha hecho. Hay quien dijo: «Si lo has hecho, no es fanfarronear.» Me gusta el hombre que se siente lo bastante seguro como para fanfarronear sobre un cumplido... con moderación. Pero si fanfarronea sobre fantasías, ya es otra historia. Sólo adquiere el derecho de fanfarronear si ha conseguido esta hazaña.

Muchas veces nos referimos a las mujeres como las «creadoras del hogar». Cada vez son más los hombres que comparten esa actividad con sus parejas. Pero como los hombres tienen históricamente menos experiencia en estos quehaceres, podemos mejorar comprendiendo su punto de vista. Les pregunté a las mujeres:

¿Qué es lo que convierte una casa en un hogar?

Me pareció interesante que en ningún momento la mujer describiese el hogar mediante un concepto físico, como «un edificio de tres plantas construido con obra vista». Sin excepción, todas definieron el hogar en términos de su atmósfera. Veamos sus comentarios:

–El hogar es donde existe una unión de sus intereses y los míos en el seno de una atmósfera amorosa, cálida y de cariño. En mi primer matrimonio no llegué a tener un hogar. Tenía una casa bonita llena de cosas bonitas. Pero nunca fue un hogar porque faltaba el amor.

–Un lugar donde puedas decir y hacer en cualquier momento lo que quieras y te sientas libre y segura. Nuestro asesor matrimonial nos hizo la misma pregunta. Cuando mi esposo definió nuestro hogar como «cuadros colgados en la pared», fue el final.

–Cuando la gente que vive junta no se lleva bien, no forma aún hogar.

–El amor es lo que crea un hogar. Puedes tener un hogar mejor en una tienda de campaña llena de amor que en una mansión llena de frías emociones.

–El hogar es una atmósfera, no una planta física.

–En Santa Fe, la gente pensaba que nuestro hogar era un lugar seguro donde estar, donde podíamos ser nosotros mismos. Nada de cuentos, ni de chulerías, ni de tensiones, ni de estrés. Un lugar cálido, seguro y amistoso, donde podíamos ser tontos o estúpidos o lo que quisiéramos. Libres. Realmente libres.

–Es un hogar cuando *quieres* pasar tiempo allí con familiares y amigos.

–He descubierto que no es más que una casa cuando la gente que vive allí no se siente a gusto y sale a menudo al bar o a hacer otras cosas.

–La pintura empieza a desconcharse en ciertos lugares y los armarios de la cocina son viejos, pero tenemos la casa más cálida y maravillosa que he tenido en mi vida. El hogar no tiene nada que ver con el edificio. Mis padres vivían en un edificio con techos altos como los de una catedral y adornos de clase media-alta, pero no me sentía a gusto allí. Era un edificio bonito, caro, pero no era un hogar. Mi pequeño recinto desconchado es un hogar.

–Un hogar es un lugar donde poder relajarse y recargar pilas para las batallas del día siguiente. Un lugar de privacidad e intimidad. Una isla. Una casa segura.

–El hogar es un lugar donde poder sentirse en paz. Es un lugar donde puedes alejarte del mundo exterior.

–El hogar es donde prefieres estar antes que cualquier otro lugar del mundo.

–Si la gente se lleva bien y las cosas se solucionan de forma pacífica, entonces es un hogar.

–Es donde puedes relajarte y sentirte cómodo para quitarte los zapatos o tirarte un pedo o un eructo... sentirte cómodo.

–El hogar tiene reglas más relajadas que el puesto de trabajo. Si tienes reglas estrictas, como dónde *debe* estar el dentífrico, o esta puerta tiene que estar cerrada, o abierta, estás en un entorno restringido demasiado similar al puesto de trabajo. Al demonio con eso.

–Paz, amor, seguridad, honestidad. Todo lo que crea una buena relación, crea un buen hogar.

–Me crié pobre, con pocas cosas materiales. Pero tenía un hogar lleno de amor que tenía más calor y espacio para el crecimiento personal que el de la mayoría de mis amistades.

–En una *casa* vive una sola persona. Para crear un cálido hogar son necesarias dos o más.

–Cuando nos casamos, él vino a vivir conmigo al que había sido mi apartamento. Mi casa ya no me parecía un hogar desde el momento en que él se trasladó allí y ninguno de los dos se sentía cómodo. Intentamos cambiar la decoración, pero nunca estábamos de acuerdo... yo me sentía demasiado satisfecha de cómo era antes. Así que *juntos* elegimos un lugar distinto y nos trasladamos. Ambos contribuimos a la decoración sin ningún problema. Ahora estamos mucho más felices... en parte, porque es de los dos.

–El hogar es un lugar civilizado donde refugiarse de un mundo incivilizado.

–Espero que nuestros amigos tengan dos definiciones de dónde vivimos. En primer lugar, y lo que es más importante, que definan la atmósfera de nuestro hogar, y en segundo lugar y menos importante, que describan nuestra casa.

En una escala del cero al diez, ¿qué importancia le otorga a que una parte de su casa sea un espacio exclusivamente para usted?

El cuarenta y nueve por ciento de las mujeres le otorgaron una importancia entre nueve y diez a disponer de un espacio que pudiesen denominar suyo. La importancia media en una escala del cero al diez fue de 7,18. Sus comentarios fueron:

–Diez. Necesito un espacio que sea todo mío, con mi identidad. Entre el trabajo, los niños y las tareas de la casa, necesito una pequeña isla donde poder retirarme y ser yo.

–Soy genial creando mi propio espacio a base de apilar cosas y más cosas. Dicen que mis cosas son como una ameba que crece y se multiplica sola.

–Si tengo paz en mi vida, no necesito un lugar especial que sea sólo mío. Pero si me falta esa paz, necesito de verdad un espacio especial.

–Lo único que quiero que sea privado es mi correo. Si va dirigido a mí, quiero ser yo quien lo abra. Después él puede pasarse el resto de su vida leyéndolo, si es eso lo que quiere.

–Veo nuestro hogar como nuestro y no necesito ningún rincón especial sólo para mí.

–Cero. Es *nuestro* espacio.

–Todo el mundo necesita su propio espacio, aunque sea sólo entrar en el baño, echar el pestillo y sumergirse en la bañera. Un ocho.

–¿Espacio? Mientras no meta las narices en el cajón de mi ropa interior, ya me está bien.

–¿Mi espacio exclusivo? Si le amase, podría vivir con él en una única habitación, pero si no le quisiese, una mansión no me parecería suficiente.

La famosa frase de Greta Garbo: «Quiero estar sola», me animó a formular la siguiente pregunta:

¿Qué importancia le otorga a tener tiempo para usted de vez en cuando?

El ochenta y uno por ciento de las mujeres, puntuó la importancia de tener tiempo de vez en cuando para ellas con un nueve o un diez. La media obtenida fue de 9,3. Sus comentarios fueron:

–Cuando necesito tiempo para estar sola es un diez. En este año, de momento, me ha sucedido en una sola ocasión. Teníamos que ir a una fiesta y le dije que no quería ir, que quería estar sola. Le quiero por su comprensión.

–Un diez. Me gusta estar sola de vez en cuando. Me ayuda a tocar de pies al suelo y a centrar de nuevo las cosas. Me ayuda a desahogarme y a liberar el estrés, cosa que no solvento hablando con otra persona. Me gusta pasar un tiempo tranquila.

–Tiempo completamente sola... diez... veinte.

–Necesito un tiempo en el que nadie se interponga con mis pensamientos ni utilice mi energía pidiéndome que satisfaga sus necesidades. He enviado a mi esposo y a mi hija de camping para disponer de tiempo sólo para mí. Es importante no sólo para la mujer, sino también para el hombre.

He conocido hombres que pensaban que la dominación de la mujer era un signo de su amor hacia ella. Mi pregunta a las mujeres sobre la dominación fue:

¿Qué opina sobre sentirse dominada?

El noventa y seis por ciento de las mujeres afirmaron que no les gustaba la dominación, mientras que el cuatro por ciento se sentía encantada con ella. Una mayoría apuntó la dominación como un factor influyente en el final de sus relaciones y matrimonios.

La fotógrafa de televisión, admitió:

–Me educaron en la creencia de que creces, te casas con tu novio del instituto, tienes 2/3 niños, 1/5 perros, un garaje para dos coches, etc. Hice todo lo que tocaba, pero no era feliz. Mi infelicidad se debía al dominio que ejercía sobre mí. Seleccionaba mis amigos, mi ropa, decidía cómo debía reír y hablar, cuánto rato podía estar al teléfono, etc. Al principio lo aceptaba todo como normal. Luego, después de cuatro años infelices, dije: «Espera un momento... he jugado siguiendo las reglas... ¿por qué no soy feliz?» Llegué a la conclusión de que el principal motivo era porque había cambiado de opinión respecto a ser dominada. La dominación me robaba mi individualidad. Yo era simplemente la señora Bla Bla. Ni nombre tenía; no era más que un objeto, un robot monísimo que servía la comida, hacía la colada y tenía niños. –Hizo una pausa–. De la noche a la mañana empecé a odiarlo todo. Pero cuando puse los pies en el suelo y me responsabilicé de mi vida, lo envié a paseo. De modo que le dije que se fuera al infierno, cogí mis niños bajo el brazo y me largué.

Una ama de casa, de cuarenta y cinco años de edad, apuntó:

–Mi introducción a la dominación llegó a los seis años de edad. Mi padre me llevó al sótano. Me situó delante de una estufa de carbón, abrió la puerta de la misma, acercó mi cabeza al calor y a las llamas, y dijo que mejor que hiciese lo que me decía o me arrojaría allí. En aquel mismo momento juré no casarme nunca con un hombre dominante. (Mi padre creyó dominarme durante toda mi juventud. De hecho, le engañé para que así lo creyese.) Años después, entró un hombre en mi vida por el que me sentí tremendamente atraída. Resultó ser un dominante, así que educadamente le dije que no. Dijo que cambiaría para ser de mi agrado, pero supuse que estaba dispuesto a prometerme lo que fuese y que después de casarse haría lo que le apeteciera. Tenía razón. Se casó con la reina de belleza del colegio. Dos meses después, dejó embarazada a otra chica. Yo sonreí para mis adentros, seguí adelante con mi vida y llevo veinticinco años felizmente casada.

La esposa del médico, dijo de su primer y dominante marido:

–Estaba tan decidido a ir a la suya que a menudo recurría a la violencia. Deseaba matarle, y aún me gustaría.

–¿Influyo su modo de ser dominante en la ruptura? –pregunté.

–Por supuesto que sí. Y fue buena cosa que acabáramos, o habría muerto en mis manos... de hecho –puso mala cara–, el día en que me resistí a su dominio, me golpeó diciendo que me haría entrar a golpes el sentido común en la cabeza. Y lo hizo. Aquélla noche, mientras él dormía, me hice con un cuchillo de cocina. Intentaba localizarle la yugular cuando entró mi hermana en la habitación, gritó y me apartó. No soy ni de lejos ese tipo de persona. Pero permítame que le diga una cosa: todo hombre que mantenga una relación con una mujer, debería comprender que si la maltrata, mejor haría de dormir con un ojo abierto.

La oficial responsable de vigilar a presos en libertad condicional, contestó:

–La dominación es una esclavitud. La odio y no volvería a tolerarla... ni por un segundo. Cuando él se ponía dominante, podía muy bien decir que yo no tenía ni cerebro.

La contable opinó:

–Mi primer marido era un dominante. Yo tenía diecisiete años y él veintisiete y había estudiado. Yo pensaba que por eso tenía derecho a dominarme. Para empeorar las cosas, yo pensaba que la dominación equivalía a la protección, lo que en mi estupidez y mi juventud era un signo seguro de amor. No me permitía fumar, tocar el alcohol o escuchar chistes verdes. Aunque él sí lo hacía. Pero aprendí con la experiencia. Mi segundo marido es mucho menos dominante.

Otros comentarios sobre la dominación:

–En cierto sentido temía el dominio de mi padre, pero en otro me daba la sensación de que podía solucionármelo todo en la vida. Cuando murió me di cuenta de que tendría que ser yo quien solventara mis propias dificultades. Fue entonces cuando empecé a evitar las personas dominantes.

–Siempre y cuando siga pensando que soy yo misma, puedo aceptar una cantidad limitada de dominación. Pero si me veo empujada fuera de mi terreno, me largo.

–Pienso que muchas mujeres mantienen en secreto el hecho de que están siendo dominadas. Esperan que nadie se dé cuenta, lo que magnifica el problema. La dominación se alimenta sola. Es una trampa.

Una pelirroja dijo:

–Tardé un tiempo en comprender qué era la dominación. Ahora la calculo por si él *me pide* algo o *me dice* algo. Por ejemplo, si me dice «¿Podemos ir a tal fiesta?» o si me dice «¿Qué te parece ir al lago?», es que estamos bien. Darme una alternativa no es dominación. Pero cuando me anuncia, «Vamos a ir al lago... prepárate», eso es dominación. La clave aquí es: ¿tienes una alternativa o te lo ordenan?

Una mujer señaló que prácticamente siempre, la dominación es una actitud cooperativa. Otra dijo:

–La dominación es una humillación prolongada.

Me he dado cuenta de que algunos hombres tratan a sus esposas, y a veces a sus hijos, como una posesión, como un coche o cualquier otro objeto. También me he dado cuenta de que muchas de estas mujeres se limitan a apretar los dientes y aguantar. Así que les pregunté:

¿Qué opina sobre alguien que le hace sentirse como propiedad suya?

–¿Propiedad? Me pone la piel de gallina.

–Sí... ahora me siento como una propiedad. Me siento como una esclava; lo odio y estoy saliéndome de ello.

–Cuando era más joven me parecía bien. Pero me he hecho más inteligente y le dejé.

–Cuando un tipo intenta que sea su propiedad, es la guerra.

Otra mujer afirmó:

–Rompimos porque intentaba que fuese propiedad suya.

–El intento de hacer de la mujer su propiedad no es amor por parte del hombre, sino inseguridad. Quién necesita un estúpido inseguro.

–Gracias por la sugerencia, pero no, gracias.

–El hecho de que intentara poseerme fue el noventa y cinco por ciento del motivo de nuestra ruptura.

–Creía que yo era de su propiedad. No me gustaba, pero la gota que vino a colmar el vaso fue cuando empezó a llamarme «esposa». «Esposa haz esto o esposa haz lo otro». Le dije que mi apellido era el mismo que el suyo, que mi nombre era Janet y que sólo respondería a esos nombres. Desde entonces me ha llamado por mi nombre y nos llevamos bien.

–Acabo de romper con un chico que iba por ahí. Lo hizo gradualmente, haciéndome esperar cada vez más antes de aparecer cuando teníamos una cita. Aparentemente, creía estar controlándome. Se equivocaba. Hace unos días, después de una espera de tres o cuatro horas, me dije: «A la mierda, eso es de mala educación y humillante.» Cuando apareció, yo no estaba en casa. Fuera.

–En una ocasión me sentí como una propiedad y asumo parte de mi responsabilidad de que así fuese. Ahora me doy cuenta de que nadie tiene ese poder, a menos que él esté apuntándote en la cabeza con una pistola. Somos nosotras quienes permitimos que sucedan esas cosas... o decidimos que no vamos a permitirlas. En el momento en que decidí dejar de permitir que me considerara como una propiedad, aquello se convirtió en una guerra declarada por mí.

–¿Es la propiedad la forma de tratar a alguien a quien denominas tu pareja y tu igual? Ese tipo de tratamiento no me hace sentir igual que él, ni me transmite amor.

–Para aquel chico era como un trofeo. Estuvo bien hasta que descubrí que los trofeos no tienen permiso ni para hablar ni para pensar. Dejé de quedar con él.

–Mi segundo marido me trataba como un objeto. Yo no era más que una mujer para satisfacer sus necesidades, necesidades que *cualquier* mujer podía haber satisfecho. Yo no era más que un cuerpo y aquello era el sentimiento mayor de soledad que nunca he conocido.

La asesora matrimonial apostilló:

–Los hombres acaudalados parecen mostrar más esta actitud de propiedad que los demás. Es como si su dinero o estatus les permitiese la licencia de convertir a su pareja en un adorno. Por otro lado, los que no tienen mucho dinero pueden intentar colocar la mujer en la «caja» de la mujer.

–Explíqueme este concepto de la caja de la mujer –le pedí.

–Es la caja que ella utiliza para maquillarse antes de salir de la cama... ella no le permitiría verle sin sus mejores galas. En cierto sentido, ella juega también a ser un objeto. Pero lo que le sucederá al final es que si la caja se estropea un poco, él pasará de ella y buscará otra caja que contenga otra mujer. En este entorno, todas las mujeres son iguales en cuanto a peinado, maquillaje, reír cuando toca, etc. En términos generales, los hombres esperan que las mujeres de entre dieciocho y veintiséis años estén en una de estas cajitas, donde se supone que no tienen que pensar en nada que tenga sentido y ni tan siquiera expresar su posible enfado. Las mujeres en este escenario aumentan su rabia poco a poco y desconfían en los hombres. Entonces la mujer se torna manipuladora. Cuando ella se da cuenta de que la mejor manera de captar su atención es estando dentro de la caja, la utiliza porque es allí donde se siente más poderosa. Con el tiempo, empieza a ofrecer sexo a modo de recompensa a cambio de que su marido haga algo por ella. Eso equivale a pagar por tener sexo. A partir de ahí todo se convierte en una espiral. Ella se torna sexualmente vulnerable... esperando satisfacerle. Llegado este punto, ella se ha permitido convertirse en un objeto volátil.

Otra mujer dijo:

–Que me trate como un objeto o que intente que sea su propiedad, es lo más mal educado que puede hacerse.

Tengo un amigo de cuarenta y ocho años de edad que nunca se ha casado porque tiene la «idea fija» y el miedo de que cualquier mujer desearía cambiarle. Un miedo que a buen seguro comparten muchos hombres. Por eso formulé la siguiente pregunta:

¿Se casaría con un hombre con fallos, con la esperanza de que cambie más adelante?

El setenta y seis por ciento de las mujeres dijeron que no, que no intentarían cambiar a su pareja.

El catorce por ciento dijo haberlo intentado, pero que no volvería a hacerlo.

Únicamente el diez por ciento, en su mayoría mujeres jóvenes, afirmó que intentaría cambiar a su pareja.

Cuando averigüé que el noventa por ciento de las mujeres no intentaría cambiar a su pareja, me relajé en gran manera. Los comentarios que obtuve:

–No. Todos tenemos fallos. Lo intenté y aprendí que deben cambiar desde dentro de ellos mismos.

–Cuando tenía dieciocho años sí. Pero eso era cuando pensaba que podía cambiar el mundo.

–Sí. Si lo quisiera lo bastante, probablemente intentaría cambiarlo.

–No, porque nadie es perfecto. Yo no soy perfecta, pero sólo porque fumo. Cuando quieres a una persona, la aceptas, tanto los puntos buenos como los malos. Pienso que es la clave para saber si le quieres y si él te quiere a ti tal y como eres. Si posteriormente él cambia, quiero que sea sólo porque él así lo quiere, no porque yo se lo exijo. Y lo mismo reza para mí.

–Por mucho que lo intentes, es muy poco probable que consigas cambiarlo. –Se echó a reír–. Que se doblegue en cierto sentido, tal vez, pero cambiarlo, no. Y no tengo derecho alguno a pedirle que cambie. Te casas con él por lo que es. ¿Por qué destruirlo?

–No. Una vez empiezas a cambiar la persona, estás también cambiando parte de lo que te atrajo de él. En otras palabras, no se ha roto, por lo tanto, no intentes remendarlo.

–No se me pasaría por la cabeza ni intentarlo.

–Intenté cambiar dos maridos. No funcionó en ninguna de las dos ocasiones.

–Sí, intentaría cambiarlo y probablemente me arrepentiría de ello.

–Me imagino que no sería tan tonta como para pretender cambiarlo... o él a mí.

–Somos como somos. No probaría esa suerte.

–No, no, no. Los hombres no cambian. Puede que lleguen a doblegarse un poco, pero sea lo que sea que no te guste de ellos, ahí se queda. Normalmente empeora con el paso del tiempo.

–No. Nadie debería imaginarse con el derecho de cambiar a otra persona. Eso es jugar a ser Dios.

–Naturalmente que lo probaría. Lo haría despacio, dando lentamente la vuelta a las tuercas... poco a poco, para que no se rebelara ni se ofendiera.

–Cuando era joven, si. Pero ahora he aprendido a apreciar a las personas por como son, con sus defectos y todo eso. Además, lo que yo considere un defecto puede que otros no lo vean así. De modo que no te cargues su fondo... disfrútalo.

–Cuando me casé por primera vez, él redactó una lista con cosas mías que pensaba que estaría bien que cambiase. La verdad es que no reflexioné sobre el tema hasta nuestro primer aniversario, cuando me pasó su informe. Le dije: «Perdona, pero creo que ambos tenemos defectos. No me pidas que no sea sincera obligándome a ser lo que no soy.» Ese es el fondo de la cuestión... obligar a otra persona a ser algo que no es puede resultar peligroso. Además, si él tuviese algún tipo de valores, sería el primero en perder el respeto hacia ti si le engañases haciéndole pensar que eres algo que en realidad no eres. Por lo tanto, mejor sé tú mismo de entrada. Después de pisotear su lista, empezamos a llevarnos mucho mejor. De hecho, intuía que él sentía más admiración hacia mí por haber resistido aquel patinazo.

–Cuando era joven y tonta pensaba que sería capaz de moldear a cualquier hombre como a mí me apeteciese. Antes de tener claro lo contrario, estuve a punto de perder a mi pareja, y es una persona genial.

Si tuviera una varita mágica y pudiese realizar con ella un cambio en su pareja, ¿qué cambiaría?

–Que bebiese menos.

–Me gustaría quitarle de encima toda esa estupidez de macho.

–Le quitaría unos cuantos años para poder disfrutar de más tiempo con él.

–Más autocontrol... disminuir su pronto.

–Que yo pudiera ser el número uno en su vida, en lugar de ser el número dos después de su trabajo.

–Haría desaparecer su tozudez.

–Utilizaría mi único deseo para que fuese más abierto con lo que siente.

–Cambiaría su actitud respecto a la vida, que pudiese dedicar más tiempo a oler las rosas. Que tuviese tiempo para recordar los aniversarios. Para tomar unas vacaciones. Creo que si hubiese dedicado más tiempo a su familia en lugar de ir detrás del dinero, seguiríamos todavía casados.

–Que comprendiera que es posible confiar tanto como para llegar a caer de cabeza y enamorarse locamente de una mujer.

–Es estupendo en su trabajo para mejorar sus debilidades. Me costó mucho tiempo dar con él y no le cambiaría nada.

–Le daría la confianza para que me explicase si una rubia estupenda le lanzaba miradas y luego la invitó a una copa, antes de llegar a casa.

–Me gustaría que bajase la tapa del water, o que colocase el rollo de papel de recambio cuando lo terminase, o que tapara el dentífrico... pequeñas cosas.

–Acabaría con su actitud dominante.

–Le proporcionaría la habilidad de comunicar mejor.

–Conseguiría que no intentase tan desesperadamente complacer a su madre.

–Que aceptase mi espíritu independiente.

–Aumentaría su autoestima, lo que curaría muchos otros problemas.

–Que fuese más espontáneo.

–Agitaría la varita mágica y diría: «Sé más sensible.»

–Me gustaría que no me criticase siempre.

–Desearía que estuviese un poco mejor de salud.

–Me gustaría que fuese más pareja, que se involucrase más en las decisiones que afectan a la familia.

–Que olvidase mi pasado.

–Me gustaría verlo emocionado por algo... por trepar un árbol, lo que fuese.

–Desearía que saliese de su rutina. Que se abriese a nuevas ideas y a nuevos lugares y cosas. No quiero ser tan rutinaria. Me gustan las sorpresas.

–Le haría menos materialista.

–Le daría más paciencia.

–Me gustaría tener una varita mágica y que mi hombre sintiese suficiente fuerza interior como para ser capaz de demostrarme su cariño en público. Cuando estamos en un centro comercial, se adelanta para que nadie vea que vamos juntos. Cuando comemos no me habla, sino que mira por encima de mí para ver quién más corre por allí. Eso duele. Quiero que me reconozca en público.

–¿Por qué es tan importante para usted? –pregunté.

–Porque de ese modo sabría que el cariño que siente por mí es de verdad. Sólo se muestra cariñoso cuando quiere sexo. Eso me lleva a creer que no le importo... sólo piensa en él. Me tiene únicamente para utilizarme. Pero si le anunciase al mundo que me quiere, que se siente orgulloso de mí, sería real. De lo contrario, lo que comunica es: «Mirad, puedo ignorar a esta guapa mujer y ella me acepta porque soy estupendo.» Eso no va conmigo.

–Me gustaría que tuviese menos preocupaciones.

–Me gustaría que no se hubiese prejubilado. Era tan feliz trabajando...

–Me gustaría verlo más dispuesto a crecer... a mejorar y a aprender nuevas cosas cada día. Los cambios positivos llegan a partir del crecimiento personal.

–Me gustarían más abrazos antes del sexo, durante y después. Especialmente después.

–Si tuviese una varita mágica, conseguiría que su entorno de trabajo fuese más agradable. Le encanta su trabajo, pero odia el lugar donde lo lleva a cabo.

–Cambiaría su forma de decir que me quiere. Preferiría que me demostrase su amor con compañerismo de verdad. Una acción vale más que mil palabras.

–Le convertiría en una persona sexualmente directa.

–Tiene cierta amargura... me gustaría cambiar eso.

–Le haría económicamente independiente, para así poder viajar más.

–Me gusta tal y como es. Conozco sus defectos y me daría miedo tener que enfrentarme a los elementos desconocidos que me otorgara la varita mágica. Gracias, pero no deseo esta oportunidad.

Muchos hombres dedican tiempo y empeño al cortejo y a ir detrás de las mujeres. Y lo último que espera hacer es meter la pata hasta el cuello. Para evitar estas situaciones, pregunté:

¿Qué podría hacer su pareja que provocara en usted una sensación de falta de respeto o un desengaño?

El sesenta y seis por ciento de las mujeres respondieron que la mentira, el engaño o la falta de sinceridad serían la mayor causa de falta de respeto y desengaño.

El diecinueve por ciento respondió que la infidelidad o la inmoralidad sexual.

El cinco por ciento dijo que la humillación sería una muestra de falta de respeto o un desengaño. El diez por ciento anotó diversos comportamientos que indicarían falta de respeto o provocarían un desengaño. Algunos comentarios fueron:

–Perdería mi respeto si dijera que siente o piensa de una manera y luego actuara contrariamente a lo que dice. No quiero que me tomen el pelo.

–Odio cuando expone públicamente algo muy personal entre nosotros... como mis pequeñas planchas o algún asunto muy íntimo entre los dos que no estoy dispuesta a compartir con nadie más.

–Para mí la fidelidad es importante. Y eso incluye algo más que sólo la parte sexual. Si es más abierto con otra mujer que conmigo, también es infidelidad.

–Lo peor es la mentira. Si está interesado por otra persona, creo que sería capaz de manejarlo si me lo dijese de entrada. Al menos, en este caso, tendría oportunidad de adaptarme y quizá solucionarlo.

–Pierdo el respeto si hace algo ilegal... aunque sea mentir en la declaración de renta.

–Hacerle la pelota al jefe a la espera de obtener un ascenso. Eso no va conmigo.

–Me sentiría defraudada si comentase un problema con alguien sin yo saberlo. Creo que me merezco el respeto de tener la primicia y ayudarle.

–Lo que más me defraudaría sería que tonteara con otras.

El sueño de muchos de nosotros es mantener una relación estable y sin problemas. Pero por mucho que lo intentemos, de vez en cuando tenemos enfrentamientos con la pareja. Y a veces nos preguntamos: «¿Qué ha ocurrido?» En busca de la respuesta mágica a esa pregunta, dije:

¿Qué es lo que con toda seguridad desencadenaría el resentimiento o una pelea entre usted y su pareja?

Las críticas por parte del hombre fueron la respuesta mágica a «¿Qué es lo que más irrita a la mujer?» A continuación, enumero los tipos de crítica que más irritan a las mujeres y otros factores que el hombre debería evitar.

–Las críticas le conducirán a una discusión instantánea.

–Me convierto en un gato salvaje si primero me acusa de un crimen y luego se niega a escuchar mi versión.

–Cuando suelta «Mujeres... », eso me pone a cien. El mensaje implícito es que las mujeres son menos que los hombres y esta implicación no me gusta en absoluto.

–¿Quiere una discusión? Imagínese lo siguiente: Llego a casa del trabajo y no he dejado ni tan siquiera el bolso. Entonces él me pregunta: «¿Qué hay de cenar? ¿Cuándo estará listo?». Lo tomo como una crítica y, al instante, empieza una acalorada pelea.

–¿Qué desencadena las peleas? Muchas cosas. Declaraciones que me resultan humillantes. Reírse de mí en público. Que no me escuche. Que ignore mis sentimientos. Que pase de mí. Nos peleamos mucho.

–Me pongo peleona cuando me humilla, o cuando no valora que yo estoy contribuyendo también a una operación conjunta.

Una mujer resumió los peligros del criticismo con una cita de un santón hindú, Sri Sathya Sai Baba: «Si se te va el pie, sufres una fractura. Si se te va la lengua, fracturas la alegría o la fe de otra persona... una fractura que nunca llega a recuperarse. Esa herida perdurará para siempre. Por lo tanto, utiliza la lengua con cuidado. Tiene el extraordinario poder de herir y provocar dolor. Cuanto más despacio hables, cuanto más dulce hables, mejor para ti y para el mundo.» El doctor Gottman afirma que el fin de la relación se inicia con las críticas.

–Cuando llega borracho, sé que habrá pelea.

–Me enciende cuando me dice lo que yo pienso.

–Que no me escuche, o me interrumpa, eso desencadena una pelea.

–Discutimos sobre dinero, aunque mi argumento es muy simple: lo mío es mío, lo de él es mío, y lo nuestro es mío.

–Si me miente, le salto a la cara.

–Si me humilla desencadena una discusión. ¿Puedo decir algo sobre las humillaciones?

–Sí, por favor.

–Existe una diferencia entre ser humillada en público y ser humillada en privado. En público, él puede envalentonarse, intentar hacerse el superior ante los ojos de los demás, a expensas de mí. Si se inclina hacia una humillación burlona, sonrío y lo supero. Por otro lado, una humillación cuando estamos solos es un tema serio. En este caso, sí que va con toda la intención.

La viuda del contratista, dijo con respecto a las peleas:

–Durante nuestros primeros quince años, me peleé con él por asuntos bastante estúpidos. Luego decidí que aquello era una tontería y me dediqué al tema mucho más importante de vivir cada día con toda su plenitud. Pero lo que realmente me llevó a evitar esas llamadas peleas fue el inicio de las sesiones de diálisis. Con este hecho, que ya de por sí es una auténtica historia de horror, el sexo se perdió de vista. Una noche, después de su batalla contra aquella máquina, estábamos en la terraza y me dijo: «Quiero que inicies los procedimientos de divorcio.» Asombrada, le pregunté por qué. Respondió: «Eres joven y sé lo cariñosa y apasionada que eres en la cama. Que te olvides de esto por mi culpa es pedirte demasiado.» Aquella oferta fue una preciosa demostración de amor y comprensión. Casi me hizo explotar de orgullo hacia él y quererle todavía más. Lo que hizo es precisamente lo que tiene que ser una relación. Sus palabras me hicieron fuerte. Fui capaz de soportar cualquier cosa por él. Murió un año después de aquello. –Hizo una breve pausa–. Esa es mi respuesta a su pregunta sobre las discusiones.

La empleada de control de calidad, de treinta años de edad, arguyó:

–Las peleas constantes con mi primer marido me hicieron tomar la decisión de no volver nunca a casarme. Pero conocí a un chico. Le dejé claro que no volvería a casarme. Mi decisión casi lo manda todo al infierno. No obstante, me dijo que me amaba y que si quería ponerle a prueba, que lo hiciese. Pasó mis pruebas. Aunque teníamos ideas distintas respecto a muchas cosas, acabé casándome con él. Pero la diferencia con nosotros es que, en lugar de discutir, solucionamos las cosas de forma civilizada. Ambos estamos de acuerdo en que el matrimonio es algo que tiene que trabajarse, como una partida de bolos o de golf. Cuando hay dos bandos, cada uno de ellos tiene que estar dispuesto a *escuchar* y a considerar el punto de vista de la otra persona. Pienso que las mujeres son más conscientes de eso que los hombres. La discusión... la discusión *civilizada*, en lugar de las peleas, es la clave.

Aplicar esta respuesta a la relación, vale probablemente tanto como unos cuantos cientos de dólares de asesoramiento profesional.

Después de finalizar las encuestas, llegué a la conclusión de que había tres preguntas clave que revelaban la mayor parte de lo que estaba detrás del maquillaje y el rimel de toda mujer. En mi opinión, la respuesta a la siguiente pregunta (junto con la relacionada con el aspecto del «hombre ideal» y la de la fantasía infantil que vendrá más adelante) fue de las más reveladoras.

¿Cuánto tiempo es para usted un retraso en una cita? ¿Cuál es su reacción más probable si finalmente aparece su pareja, tarde?

La segunda parte de la pregunta es la parte importante. Si el primer impulso de la mujer es descubrir por qué ha llegado tarde y luego reacciona según ello, es probablemente una persona compatible y armoniosa. Por otro lado, si ella se pone como una fiera simplemente porque la pareja llega tarde sin saber por qué, la reacción indica que se hace ideas sin antes reunir todos los hechos. Una mujer así es difícil para convivir. La razón es muy sencilla.

Suponga que usted llega tarde porque se ha detenido a colaborar en el rescate de un niño de dos años de edad de las fauces de un perro pitbull rabioso. Aunque ella no sabe por qué, esta es en realidad la razón por la que se pone hecha una fiera. Más aún, imaginemos que usted llega con la ropa destrozada y ensangrentada. Es probable que si este tipo de persona está tan enfadada, ni tan siquiera se percate de que usted llega herido o se dé cuenta de su estado. Es probable que le espere de brazos cruzados, con la punta de uno de sus pies dando nerviosos golpecitos en el suelo y que empiece a gritarle. Es evidente que no le pasa por la cabeza descubrir primero los hechos que han llevado al retraso.

Una segunda pista que nos conduce hacia la idosincrasia de una persona que se pone como una loca sin saber por qué su pareja llega tarde es que puede tratarse de alguien muy egoísta. Una mujer así exigirá grandes cantidades de tiempo y atención. Un comentario más: después de entrevistar a esas mujeres, descubrí que ellas son personas que perdonan mucho más que los hombres. Sin embargo, con el tema de llegar a la hora a las citas vi que hacerlo desencadena algo que hace que la mayoría de las mujeres eche por la borda su naturaleza perdonadora. Veamos a continuación algunas de sus respuestas. Trate de discernir la construcción mental que se ha hecho cada una de estas mujeres.

–Llevo veinte minutos esperando. Estoy nerviosa, ansiosa y furiosa. ¿Y si me ha plantado? Me he molestado en arreglarme y maquillarme y ahora va a plantarme. Debería habérmelo pensado mejor antes de quedar con él. Hasta casi me duele el estómago. Cuando aparezca estaré feliz de verle, pero en cuanto salgamos, le recordaré sarcásticamente que ha llegado tarde.

–Treinta minutos y paso y hago sola lo que tuviéramos que hacer. Si tengo entradas en el bolso, puede que llame a alguien para ver si quiere ir donde pretendíamos ir. En otras palabras, cambio de planes.

–Diez minutos me irrita. Asumo entonces que ha surgido algo que estaba fuera de su control y que le obliga a llegar tarde. Pero si se trata de alguien a quien conozco bien y que tiene reputación de tardón, entonces no es tarde hasta que transcurren veinte minutos. Mi reacción cuando llega es valorar la originalidad de lo que probablemente sea una nueva excusa inventada.

–Treinta minutos. Transcurrido este tiempo pienso que me ha dado plantón.

–Una hora. –Rió–. Normalmente nunca estoy preparada a la hora de la cita, de modo que si me toca esperarlo no es ningún problema. Pero si de verdad quiero estar en un sitio puntualmente, podría ponerme un poco nerviosa. O si es crucial ser puntual y él no ha llegado todavía, me enfado. Pero no me preocupa en absoluto si sólo hemos quedado para tomar un par de copas.

–Llega tarde, aunque sea sólo un minuto de retraso. A los dos minutos lo clasifico ya como una falta de consideración.

–Después de treinta minutos, llegas tarde. Si no es más que esa media hora, me imagino que se ha visto pillado en un atasco o retrasado por la razón que sea. Si no llama, supondría que no consideraba importante nuestra cita.

–Quiero que sea puntual. Quince minutos no son de mayor importancia si se trata de una cita informal. De lo contrario, quiero que sea puntual. Mientras espero, me pregunto dónde estará y pienso que lo mínimo que podría hacer es llamar.

–Cuando descubro que un hombre llega habitualmente entre treinta y cuarenta minutos tarde, ya no espero. De más joven, sufría ataques de ansiedad, me espantaba que no fuese a aparecer. Me enojaba pensar que se retrasaba sólo para reírse de mí o jugar conmigo. Ahora voy un poco más relajada y pienso que, probablemente, si llega tarde es por un buen motivo.

–Veinte minutos es para mí llegar tarde. Pero lo comprendo, porque yo suelo llegar tarde. Cuando empieza mi jornada a las nueve de la mañana y empiezo ya a llegar tarde, a las cinco ya tengo el horario desfasado y voy seguro tarde.

–Si vamos a ser justos, la verdad es que quince minutos... media hora, quizá, no es gran cosa. Pero si tenemos que filmar un reportaje, quedar con un abogado, quiero puntualidad. Cuando él aparece, estoy enojada. Pero no digo apenas nada porque no quiero pelear.

–Pasado un cuarto de hora me largo... adiós.

–Si he quedado a las ocho, cualquier cosa después de eso es tarde. Mi reacción cuando él llega es no reaccionar. Espero que me cuente por qué ha llegado tarde.

–Quince minutos y no llega. Veinte y estoy que exploto.

–Le daría media hora. Mi reacción cuando aparece es preguntarle dónde estaba y por qué.

–Pasado un cuarto de hora resulta insultante y demuestra falta de respeto.

–Después de diez minutos empiezo a pensar que no soy tan importante para él como me imaginaba.

–Pasada media hora me pregunto si me he equivocado y me he confundido de día o de hora, o quizá pienso que le ha ocurrido algo. No me enfado porque cuando un hombre llega tarde, siempre es por algún motivo.

–Llego casi siempre diez minutos antes. Cuando él llega tarde, pienso que debe haberse quedado tumbado en cualquier sitio. Eso es exactamente lo que pienso.

–Pasado un cuarto de hora empiezo a imaginarme cosas malas, como que ha sufrido una avería, o un accidente... y más y más. Cuando aparece me siento aliviada.

–Después de un cuarto de hora me pregunto qué hago allí y me dispongo a largarme. Luego me planteo que quizá haya tenido que pararse a repostar gasolina o algo así, y me calmo.

–Si llega pronto, sé que está interesado. Si llega puntual, no pienso nada. Si llega tarde, sé que estoy perdiendo el tiempo porque no merece mi propio tiempo ya que, evidentemente, no me considera importante. Pasados cinco o diez minutos empiezo a enfadarme y me pregunto dónde demonios se ha metido. Luego me corrijo y me recuerdo que puede que tenga un buen motivo y merezca una consideración en este sentido. Conservo este estado hasta que llama a la puerta. Entonces quiero conocer el motivo *inmediatamente*. Si se ha retrasado por un buen motivo, ningún problema. Pero si lo ha hecho por alguna frivolidad, rompo la cita y le enseño la puerta.

–Quince minutos y mejor que tenga una buena excusa, firmada por sus padres o por el médico.

–A veces me ha costado tanto quedar que si aparece, ese día me siento feliz.

–La experiencia de una amiga me hizo ablandarme sobre el tema de que mi hombre llegue tarde. Un sábado estaba yo con ella e íbamos a quedar con mi pareja y un amigo para ir al cine. Llegó la hora y pasó de largo y mi amiga se puso hecha una fiera. Cuanto más tarde se hacía, más insistía ella en «enseñarle a mostrarme un poco de respeto». Pasada más o menos una hora, nos enteramos que de camino a la cita, ambos chicos habían muerto en una pelea callejera.

¿Qué es más importante para usted? ¿Los estudios de un hombre o su inteligencia?

El noventa y seis por ciento de las mujeres puntuaron la inteligencia del hombre como más importante que sus estudios oficiales. (Casi por unanimidad, las adolescentes votaron lo contrario, considerando más importantes los estudios.) Los comentarios fueron:

–Su inteligencia es más importante para mí porque es con lo que nace. Lo que se aprende en los libros se puede olvidar. Pero si es inteligente, siempre tendrá la habilidad de aprender y hacerse más listo.

–Voto cincuenta-cincuenta entre estudios e inteligencia. He conocido tipos inteligentes sin estudios que me han gustado. Sin embargo, tenían cantos por afilar que unos buenos estudios podrían haber pulido.

–Ambas cosas son importantes para mí, pero más lo es la inteligencia. Cualquiera con tiempo y dinero puede tener estudios... no es necesario ser inteligentes para tener una formación estudiantil. He conocido verdaderos imbéciles graduados por Harvard y Yale.

–Uno de mis personajes favoritos es Abe Lincoln. Abe no tenía estudios, pero era un hombre inteligente. Sin embargo, pienso que los estudios pueden marcar la diferencia en cómo el hombre actúa y se siente consigo mismo social o emocionalmente.

–Conozco hombres con estudios secundarios que eran seres humanos más interesantes que mi cuñado que es doctor en medicina. Me interesa más un hombre inteligente que siembre y abone su mente. Los estudios son un plus, pero me gusta que el hombre mantenga viva su curiosidad y siga creciendo más allá de los estudios que tenga.

–Mientras sea lo bastante inteligente como para aprender cada día de la vida, ya estoy contenta.

–Lo pasé mal con un tipo con estudios que era incapaz de manejarse fuera de su terreno. Creo que no merece la pena molestarse por gente así, mientras que la gente que asiste a la escuela de la vida suele tener toda la inteligencia necesaria.

–Quiero que sea lo bastante inteligente como para utilizar la cabeza, y que no se dedique sólo a gandulear y beber cerveza.

–Quiero los resultados de unos estudios, y no me importa cómo los obtenga.

–Creo que la gente puede aprender, tanto de la vida como de la universidad.

–Si él va a ser quien traiga el pan y yo el ama de casa, quiero que tenga estudios, simplemente desde el punto de vista de los ingresos.

–Quiero que sea inteligente. He conocido muchos tontos con titulación.

–Puede tener estudios y no tener ni idea de lo que es una lechuga.

–Unos estudios no significan tener cerebro. Mire la cantidad de universitarios que no saben ni leer ni escribir bien. Cuando un hombre es inteligente, puede hacerlo todo.

–He visto muchos chicos de los llamados inteligentes hacer un montón de tonterías. Si tan inteligente es, ¿cómo es que hace tonterías? Prefiero los estudios. Con los estudios aprendes cosas que la inteligencia natural no proporciona. Además, en el entorno estudiantil, también se aprende disciplina.

–Quiero que mi hombre lo tenga todo... que sepa de libros, que sepa de la vida de la calle y que sepa de la gente.

–Cualquier imbécil puede salir de la universidad... es posible comprar y seducir a profesores. Quiero un hombre inteligente para no tener necesidad de traducirle mis pensamientos para que los comprenda.

–Cuando llegue a los sesenta y cinco voy a querer un hombre con estudios, porque a lo largo de su vida profesional habrá adquirido más valor de mercado. Es decir, a esa edad quiero un médico o un abogado que haya amontonado dinero. Pero por ahora, a los cuarenta y cinco, me quedo con el chico inteligente, porque probablemente resultará más interesante pasar una velada con él.

–El hombre inteligente puede ser *más* sensible, o también totalmente insensible. Y tardo poco en descubrir a qué departamento pertenece.

–Para mí, la ausencia de inteligencia equivale a ausencia de relación, a únicamente una pareja de cuerpos calientes. Puedo con ello, pero será temporal y acabará cuando yo lo decida.

–Si es inteligente tendrás mejores conversaciones. Y eso es lo que cuenta. No me importa lo guapo que sea, o lo tenso que tenga el trasero.

–Por favor, Dios mío, dame un hombre inteligente... no me importa su aspecto.

¿Qué diferencia de edad desea tener con un hombre?

El sesenta y seis por ciento de las mujeres afirmaron que preferían un hombre de la misma edad o mayor. El veintisiete por ciento dijo que la edad del hombre no le importaba. El siete por ciento prefería hombres más jóvenes (las integrantes de este grupo acostumbraron a ser mujeres por encima de los cincuenta).

La propietaria de una tienda de modas, de cuarenta y cinco años de edad, dijo:

–Tiendo a sentirme atraída hacia hombres mayores que yo, pero me encantaría tener un hombre cinco años más joven.

La recepcionista nocturna del motel, expresó:

–La edad me importa poco. Pero si miras a tu alrededor, encontrarás mujeres de mi grupo de edad... de veintinueve a cuarenta y tres... con hombres o mucho más jóvenes o mucho más mayores. La razón de que así sea es que perdimos muchos hombres en Vietnam. Estas diferencias de edad son socialmente aceptables debido a la guerra.

Otros comentarios fueron:

–Cuando era más joven no quería hombres más jóvenes que yo. Pero ahora que soy mayor comparo mi libido con la del hombre y me resulta atractivo que sea algo más joven que yo.

–Tengo cuarenta y nueve años y me gustaría que esos chicos de veintidós años que tanto me divierten fueran mayores. La mayoría de chicos de mi edad no tienen la energía que yo tengo. Si uno de veintidós años es lo bastante hombre como para poder conmigo, ya me va bien. Por otro lado, si tuviese ochenta años y la energía que yo tengo, también me estaría bien. Por lo cual, supongo que la edad es menos un factor que lo es su nivel de energía.

–Tengo veintiséis años y soy mucho más madura que los chicos de mi edad, por lo tanto, ni me preocupo por ellos.

–Tengo cuarenta y tres y quiero que sea mayor que yo, al menos en diez años. A esa edad, los hombres han aprendido sobre la vida y las mujeres. No nos presionan. Y no piden muchas cosas relacionadas con el cuidado de la casa y de ese tipo. Se limitan a disfrutar de la compañía que podemos ofrecerles. Eso me gusta.

–Quiero alguien que sea joven de corazón. Alguien que pueda ir a esquiar, a caminar por la montaña, a jugar al golf. Aunque sea mucho más mayor.

–No me siento segura con un hombre más joven. Lo quiero de mi edad o mayor.

–Cuando era más joven me gustaban mayores. Ahora que soy mayor, me gustan jovencitos.

–La edad no es importante... mayor... igual... más joven... mientras todo lo demás esté en el lugar que corresponda.

Ya que yo soy tan bajito, podrán comprender por qué pregunté:

¿Quiere un hombre más alto o más bajo que usted? ¿Cuánto más alto o más bajo?

El sesenta y ocho por ciento respondió que quería un hombre de su misma altura o más alto. El veintiséis por ciento afirmó que no le importaba la altura del hombre, mientras que el seis por ciento prefería un hombre más bajo. Los comentarios destacables fueron:

–Los abrazos y los bailes son más divertidos con un hombre de mi altura.

–Me gustan los hombres treinta centímetros o más altos que yo. Alguien a quien tenga que levantar la cabeza para mirarle y que él tenga que bajarla para mirarme a mí... pero no de forma dominante.

–La estatura física no es importante. Lo que es más importante es la confianza en sí misma que tenga esa persona.

–He conocido hombres de metro ochenta tremendamente limitados y otros de metro cincuenta que me han parecido gigantes. Depende de lo qué están hechos.

–Quiero un hombre que sea cinco centímetros más alto que yo para poder llevar tacones.

–Si me siento a gusto con él, la altura no importa.

Estoy seguro de que en un momento u otro, muchos hombres se han planteado lucir algún tipo de vello facial. Y la mayoría se ha preguntado qué opinan las mujeres sobre barbas, bigotes y torsos velludos. Mi pregunta fue la siguiente:

¿Qué opina del bigote? Le gusta, no le gusta o le da igual. ¿Y de la barba? Le gusta, no le gusta o le da igual

Bigote:	Barba:	Pelo en el pecho:
Gusta, 37%	Gusta, 29%	Gusta, 36%
No gusta, 13%	No gusta, 25%	No gusta, 15%
Da igual, 50%	Da igual, 46%	Da igual, 49%

Comentarios diversos fueron:

–Me encantaría ver cómo es un hombre barbudo detrás de todo ese pelo.

–Me encanta el bigote, pero no me gusta besarlo.

–No rechazaría a un hombre porque tuviera pelo en el pecho, siempre y cuando su cabeza estuviera donde debe estar.

–Si es muy peludo me largo.

–No me gusta el pelo en el pecho porque atasca la bañera.

–El pelo en el pecho pica si quieres poner la cara allí. Por lo demás, carece de importancia. Por otro lado, no me gusta ver sus pelos si va con la camisa desabrochada.

–Bigotes, barbas y pelos en pecho me desmotivan.

–Si sus ojos están bien, su pelo en el pecho estará bien. Si no, tampoco lo estará su pelo en el pecho.

–No voy a tomar una decisión de matrimonio basándome en el pelo que tenga en el pecho.

–Pienso que el bigote es sexy de mirar, pero no me gusta besarlo. Es como un cuadro... puedo admirarlo, pero no lo colgaría en casa.

–Hay hombres que se esconden detrás de una barba. Si no está seguro de sí mismo, la barba puede ocultarlo.

Profundicé en las entrevistas cuando obtuve pistas que me hicieron preguntarme qué era lo que hacía pensar a esa mujer en concreto de aquella manera. A modo de experimento, añadí a la lista la siguiente pregunta:

Desde su infancia, ¿ha tenido siempre una fantasía sobre lo que sería su vida? De ser así, ¿hasta qué punto esta fantasía ha dirigido su vida de adulta?

Una de las asesoras estaba sorprendida de no conocer ningún tipo de información disponible sobre este concepto. Meditó y dijo que la comunidad de los psicólogos podría sacar provecho de abordar esta idea y creía que el tema era lo bastante intrigante como para ser merecedor de un estudio.

Esta es la tercera pregunta que considero de importancia para el hombre que se plantea desarrollar una relación prolongada con una mujer. El hecho de determinar si su vida adulta está regida por una fantasía infantil proporciona una pista sobre cómo podría ser la vida de casados. Por ejemplo, si su vida está enfocada a convertirse en bailarina, usted debe decidir si está dispuesto a ceder en sus ambiciones para acomodarse a las suyas. Recuerdo aquella mujer tan personal, bella y brillante que bailaba danza clásica antes de casarse. Decía:

–Ser bailarina me proporcionaba mi personalidad, mi identidad... mi alma.

El hombre con quien se casó estaba totalmente en contra de su sueño y quería que ella le ayudase a convertirse en un agente inmobiliario de primera categoría. Ella abandonó la idea de convertirse en bailarina, pero no quería con ello abandonar también la idea de salir a bailar con él. Pero su marido se negaba a bailar, y punto. A cada año que pasaba, ella le odiaba más y más por su postura. Acabaron divorciándose.

Si aquel caballero hubiese conocido la importancia de la fantasía de su mujer, lo habría tenido en cuenta en su decisión de contraer matrimonio con ella. La moraleja de la historia es que si la mujer con quien usted desea compartir su vida está *regida* por una fantasía cuyo origen se remonta a la infancia, debe tener en cuenta que la felicidad de ella dependerá de su voluntad por sincronizar parte de su vida con la consecución de su sueño. La palabra clave aquí es «regida». Prácticamente todas las mujeres dijeron que en un momento u otro tuvieron una fantasía sobre cómo iba a desarrollarse su vida. Sin embargo, en la mayoría de los casos, estas fantasías se quedaron en nada cuando la mujer pisó los abruptos acantilados de la realidad. Después de ello, las mujeres dibujaron de nuevo el mapa de sus sueños y, o bien se olvidaron de su antigua fantasía, o bien, la modificaron de forma tan importante que dejó de regir su vida. Algunos comentarios sobre las fantasías infantiles fueron los que vienen a continuación.

Una ama de casa, de treinta y siete años de edad, dijo:

–Mi fantasía de niña era licenciarme en derecho, casarme con un compañero de clase y vivir en una gran casa con una valla de madera de color blanco, niños y un perro. Bien, mi compañero de clase de derecho tuvo que ir a Vietnam. Aquello acabó con sus sueños, con nuestros sueños. Cuando regresó ya no creía ni en nuestro país ni en sí mismo. Su perspectiva había cambiado drásticamente, pero la mía no. De modo que me encontré en una posición en la que no podía llevar a cabo ni mis sueños ni mis objetivos. Para mí era tan importante alcanzarlos que terminé con la relación. No tengo garantía alguna de alcanzar mis sueños, pero algún día lo conseguiré, con o sin un chico.

La maestra de cuarenta y cinco años de edad, admitió:

–Mi fantasía de adolescente era casarme con un guapo caballero. Trabajé incluso en hospitales con la esperanza de encontrarlo allí.

–¿Hasta qué punto cree que ha arrastrado su fantasía adolescente hasta su vida de adulta y su matrimonio? –pregunté.

–Fuertemente. Y cuando mi fantasía no se hizo realidad, el matrimonio terminó.

–¿Qué porcentaje asignaría a su fantasía no realizada como causa de esa ruptura?

–Cerca de un setenta por ciento. Desde entonces, he modificado mi fantasía para acercarla al mundo real.

Una secretaria de treinta y cinco años de edad, arguyó:

–Mi fantasía infantil era ser profesora. Y sigue gobernando mi vida. Él estaba en contra de la misma y por eso me divorcié. Ahora estoy criando sola tres hijos, y de noche, o los fines de semana, asisto a clases para obtener el título de maestra.

–¿Cuál fue la influencia de querer alcanzar ese objetivo como factor de ruptura?

–Fue un factor importante. La realidad del trabajo necesario para conseguir el título fue demasiado para él. No creo que escuchara mis sueños antes de casarnos porque yo siempre fui muy abierta con respecto a lo que quería. No comprendió que para mí, no ir a ningún lado no era el tipo de vida que quería. Quizá mis amigas que abandonaron sus fantasías las obviaron a cambio de algo mejor. No lo sé. Ellas se adaptaron y yo no. Yo persigo mi sueño. Y siempre es más fácil tener alguien que te apoye en ello.

La directora de servicios de cuarenta y nueve años de edad, reconoció:

–Mi fantasía era un marido, yo y nuestros hijos viviendo en una casa rodeada de una valla blanca de madera. Condicionaba mi vida y no realizar esta fantasía causó estragos en mi matrimonio, que acabó naufragando.

La directora del turno de noche de un establecimiento abierto las veinticuatro horas, contestó:

–He aprendido que si fantaseo con una situación, la realidad acaba siendo un gran desengaño. De modo que ahora alejo las fantasías y lo que hago es planificar y esperar a que sucedan las cosas.

La esposa de un médico, de treinta y cuatro años de edad, afirmó:

–Mi fantasía infantil era ser bailarina hasta que un accidente de coche me fastidió las rodillas. Ahora ya no rige mi vida. Después del accidente, mi madre dijo que ser esposa y madre se compone de diversos elementos: tienes que ser un chef en la cocina, una monja en público, una puta en la cama y un camaleón el resto del tiempo, para de este modo poder adaptarte a lo que el mundo te depare. Ahora he aceptado el mundo real, en lugar de la fantasía que tuve de pequeña.

La empleada de un salón especializado en manicura, de veintinueve años de edad, comentó:

–Mi fantasía nació cuando iba a sexto. Una familia americana con un marido estupendo y un par de niños. Despertarte por la mañana en una casa preciosa con una cocina enorme y preparar el desayuno de la familia y todas las cosas que sólo diez mujeres a la vez pueden hacer. Ir a trabajar, volver a casa y ocuparme de mi familia, y luego salir de la ciudad. Ese sueño gobierna hoy en día mi vida.

La cosmetóloga de veinte años de edad, respondió:

–Cuando era pequeña quería que mi futuro marido fuese mayor, mucho más alto que yo y muy fuerte, que tomara las decisiones y se ocupara de mí. Una casa preciosa con todo lo que yo necesitara. –Se echó a reír–. Ahora soy práctica y realista. La fantasía no es más que un recuerdo.

La propietaria de una agencia de publicidad, de cuarenta y cuatro años de edad, apuntó:

–Yo quería ser princesa. Casarme con un príncipe y bailar toda la noche como Cenicienta.

–¿Qué parte de su vida se ha visto regida por esta fantasía?

–Ninguna.

La abogada de veintinueve años de edad, contestó:

–Quería tener una carrera profesional de éxito, en la que todo el mundo me hiciese preguntas y me pidiese opinión... donde hubiera hombres que dependieran de mí. Quería un papel dominante en una carrera profesional importante.

–¿Qué parte de su vida se ha visto regida por esta fantasía?

–Prácticamente toda.

Después de las charlas con este centenar de mujeres, quedó en evidencia que no todas sus relaciones con los hombres habían sido perfectas. Muchas habían sido apalizadas, violadas, humilladas, etc. Me preguntaba cómo se sentirían con respecto a los hombres después de que muchas de ellas hubieran sido tan mal tratadas. Esta pregunta acabó revelando otra faceta del maquillaje de la mujer... una faceta que me pareció destacable.

Mirando en retrospectiva todas sus experiencias con hombres hasta este momento, ¿podría decirse que su influencia total sobre su vida es positiva o negativa? Dé ejemplos de ambos casos.

El ochenta y uno por ciento convino que los hombres habían sido un factor positivo en su vida. El quince por ciento dijo que los hombres habían sido un factor negativo. El cuatro por ciento afirmó que los hombres habían sido para ellas tanto un factor positivo como negativo.

Bajo mi punto de vista, sus respuestas a esta pregunta revelan lo que es el fondo de las mujeres y lo que les da su marca distintiva. Veamos sus comentarios:

–Un poco, tanto de positivo como de negativo. Emocionalmente y en cuanto a llevar una relación ha sido negativo. Al mismo tiempo, de las malas relaciones he aprendido a reunir fuerzas para seguir adelante, y eso ha sido realmente positivo. Si no hubiera tenido relaciones negativas, no habría sabido cuando algo era una porquería sólo de verlo.

–Mis experiencias con los hombres han sido en su mayor parte negativas, pero han resultado ser experiencias de crecimiento. De hecho, las negativas me han ofrecido más oportunidades de aprendizaje que las positivas.

Una abogada, opinó:

–Positiva, porque los hombres han intentado rebajarme. Me negué a ello y me vi obligada a luchar duramente hasta llegar donde estoy hoy. Un negativo que se ha convertido en positivo.

–Positiva. He crecido aprendiendo de hombres que sabían exactamente lo que querían, que fueron a por ello y lo consiguieron. Eso me enseñó y me inspiró. Me ha guiado para enseñar a mis hijos lo que deben hacer para alcanzar el objetivo que se marquen en su vida. Ha habido puntos negativos. Estoy cansada de los hombres que piensan que la vida es únicamente para ellos, que esto es un mundo de hombres.

La secretaria ejecutiva de un banco, afirmó:

–Estuve casada con un tipo que me humillaba constantemente. Odiaba mantener relaciones sexuales con él. Era negativo. Con el tiempo tuve un romance. El hombre con quien tuve ese romance me enseñó que el sexo podía ser bueno y cariñoso y feliz. Me sentía bien y empecé a pensar que, al fin y al cabo, yo no era tan mala persona. Fue para mí un momento decisivo porque descubrí que si me sentía bien sexualmente, se reflejaba de forma positiva en otros aspectos de mi vida. Mi despertar sexual fue algo verdaderamente positivo para mí y se lo debo a aquel hombre.

La secretaria ejecutiva, dijo:

–En general, negativa. Pero que él me tratase negativamente me hizo ser más sensible, mirar más intensamente el interior de la gente y encontrar sus puntos buenos y doblegarme para no humillar a nadie. De modo que el hecho de que él me humillase me hizo mejor persona. Aunque me hiciera daño, aprendí de ello.

La técnica en reparaciones electrónicas, sentenció:

–Positiva. Los hombres han aumentado mi percepción de la gente. Los hombres son de una cosecha distinta a la nuestra. Pueden ver las cosas desde una perspectiva distinta. Por ejemplo, si comento una situación con una chica, y luego la misma situación con un chico, éste me ofrece opiniones que yo ni tan siquiera me he planteado. Los hombres amplían mi perspectiva.

La esposa del médico, dijo:

–Que mi primer esposo me pegara y me violara e intentara destruirme mentalmente a mí y a mis hijos fue negativo. Pero ese negativo fue también un aprendizaje porque resaltó zonas de vulnerabilidad que yo no sabía que tenía. Como resultado de todo ello soy más fuerte, lo cual es positivo. Pienso que a pesar de que los hombres son físicamente más fuertes que las mujeres, las mujeres son más astutas y pueden ser más retorcidas. La mujer es además más premeditada. La mujer puede hacer planes para destruir de forma calculada, mientras que el hombre se limita a lanzar la bomba directamente al tejado. La mujer empieza por la base y va subiendo, y no se detiene hasta destruir por completo a la persona en cuestión. No creo que sea el caso de los hombres. El hombre consigue un determinado nivel de sumisión y se detiene, mientras que la mujer busca conseguir la destrucción total. Creo que Dios lo hizo así porque puso a los hijos al cuidado de la mujer. En una manada de leones, es la hembra la que cuida los cachorros. Ella les defiende y les alimenta y no sólo a ellos, sino a toda la manada. El macho es más dominante, mientras que ella es más maliciosa. Creo que Dios nos hizo así porque las hembras tenemos que ser increíblemente suaves con nuestros hijos en los momentos de ternura, pero también sacar las uñas para protegerlos. Sus abusos con los niños son lo que me llevó a abandonar a mi marido. Cuando les pegaba, había algo en mi interior que me decía que huyera de allí. Después de aquello, cuando me convertí en la madre soltera de dos hijos, decidí que los hombres servían sólo para una buena cena y, si iba caliente, para un revolcón. No quería más. Después de eso, lárgate... me has servido para lo que quería.

No los quería rondando por casa alrededor de mis hijos. Finalmente, acabé casándome de nuevo, y si seguimos como estamos ahora durante cinco años más, consideraré mi experiencia con los hombres, en general, como algo positivo.

La vendedora de la emisora de radio, reconoció:

–Mi primera experiencia sexual fue extremadamente positiva. Todavía hoy mantengo el contacto con él, casi treinta años después, pero no en un sentido romántico. Le digo que creo que el motivo por el cual tengo una actitud tan sana con respecto al sexo es porque tuve la suerte de tenerlo como primera pareja sexual. Le he expresado mi gratitud y mi aprecio por la sensibilidad que siempre demostró. Para mí, los hombres han sido siempre positivos.

Otros comentarios fueron:

–Incluso las malas relaciones me dieron una base de la cual aprender, porque aun siendo negativas fueron positivas en el sentido de que me iluminaron respecto a algún tema. Entre otras cosas, aprendí a reconocer cosas en los hombres que podrían ser negativas para mí.

–Negativo, seminegativo, ¿a quién le importa? Todo depende de cómo manejes las situaciones. He visto gente, hombres y mujeres, utilizar sus experiencias para quejarse lastimeramente y repetir: «Pobrecito de mí. Mira lo que me ha pasado y por eso, todo me va mal.» ¿A quién le importa? He visto gente motivada gracias a sus malas experiencias. Personas que en lugar del «pobrecito de mí» lo que dicen es: «De acuerdo, esta vez me has pillado, pero no volverá a ocurrirme», y siguen adelante con su vida. Una actitud algo más inteligente, diría yo. Por lo que a mí refiere, todas mis experiencias con los hombres las considero positivas, o al menos, las enfoco así.

–Positiva. Incluso en las relaciones difíciles en las que me vi obligada a encontrar soluciones. Eso me hizo crecer. Pienso que las mujeres son mejores en este sentido que los hombres porque históricamente hemos estado siempre en una situación de menos fuerza, de modo que hemos tenido que ver las cosas bajo una perspectiva distinta, posiblemente mejor... para intentar buscar lo bueno en lo malo. Por otro lado, los hombres tienen una mentalidad más inclinada a ganar o perder. Sin embargo, los hombres poco a poco van cambiando e intentando también buscar lo bueno en lo malo.

–Positiva. Siempre podemos aprender de cualquier relación que hayamos tenido, buena o mala. Puedo haber tenido una experiencia negativa y convertirla en positiva. Mi ex marido fue negativo, pero me enseñó que soy capaz de hacer cualquier cosa para sobrevivir. Positivo, entonces, para mí.

Y a esto le pregunté:

–¿Se le ocurre alguna cosa directamente positiva, que no tenga que convertir a partir de lo negativo?

–Sí. Los hombres son en realidad muy atentos, si dedicas el tiempo suficiente a escucharles. Aunque sea una simple cita, o un amigo. Los hombres se preocupan por las mujeres, mucho más de lo que ellas piensan.

–Siempre hay cosas que aprender, incluso de los peores hombres. En general, los hombres son positivos.

La tendencia de las mujeres a recuperarse a partir de las malas experiencias es maravillosa, y encuentro admirable su capacidad para aprender tanto de lo bueno como de lo malo.

5

Diversas opiniones sabias extraídas de las cabezas de un centenar de mujeres

En el transcurso de estas entrevistas, hubo de vez en cuando alguna mujer que me explicó lo que puedo considerar como una perla de sabiduría. Bajo mi punto de vista, estas son las tres principales.

La abogada de veintinueve años de edad, ofreció la siguiente información a los hombres:

—Los hombres se encuentran en una desventaja injusta cuando le piden para salir a una mujer: la mayoría de las mujeres nunca le contará al hombre qué es lo que no le gusta de él. Ella, mentalmente, tiene un marcador de puntos negativos y habla con sus amigas sobre el chico en cuestión. Pero no le explica nada al chico de todo ello y tampoco le dice nunca por qué no quiere salir con él. Se limita a rechazarle. Las mujeres ejercen de juez y jurado del chico y mantienen el veredicto en secreto.

Una de las asesoras, dijo:

—Pienso que las mujeres jóvenes están mejor informadas que los hombres jóvenes sobre cómo comportarse en una relación y ello se debe a que leen revistas enfocadas al público femenino joven mientras ellos leen *Penthouse* o *Playboy*. Las revistas para el público femenino joven publican artículos y columnas de preguntas y respuestas que enseñan muchas cosas a las chicas. Lo único que enseñan a los jóvenes las revistas para hombres es sexo puro y duro, una cuestión que para la mujer es menos importante que la verdadera intimidad. Como resultado de ello, las mujeres entran en una relación con unos conocimientos muy superiores que los de los hombres con respecto a cómo hacerla funcionar. Después de casarse, las mujeres siguen leyendo revistas femeninas enfocadas a un tipo de público más adulto. De modo que depende prácticamente de la mujer enseñar a su pareja los pequeños detalles que proporcionan el éxito a la relación... y utilizo expresamente las palabras «enseñar a su pareja». Muchos hombres piensan que sus revistas les enseñan todo lo que necesitan saber y, además, los hombres creen que «si realmente me quieres, automáticamente sabrás lo que necesito», un concepto que es una locura para cualquier mujer. Y lo que es peor, muchos chicos se convierten en hombres pensando que el amor consiste en una cerveza fría seguida de sexo, mientras que el concepto que su pareja tiene del amor es de alguien que le dé cariño y atención. Y es por ello que la escena doméstica se repite: ella en el dormitorio, poniéndose guapa y preparando la cama. Ella piensa que haciendo esas cosas está demostrándole a él que le quiere. Pero mientras dan los anuncios en la tele, él la interrumpe gritando: «Nena, tráeme otra cerveza, ven y siéntate en el sofá a calentarme, después del partido nos pegaremos un revolcón». Eso es el amor para él. ¿Alguna pregunta sobre por qué hay tantas relaciones con problemas?

–¿Existe alguna solución? –pregunté.

–Sí. Los jóvenes pueden aprender muchas cosas sobre las mujeres y las relaciones leyendo las revistas femeninas por su cuenta. Después de casados, deberían leer también algún que otro ejemplar de las revistas de su esposa entre tantas revistas de señoras estupendas. Un hombre medianamente inteligente podría ser así más consciente del punto de vista de la mujer sobre los principales conflictos de la vida. Si es medianamente sensible, la lectura de sus revistas debería traducirse en una navegación más placentera a lo largo de su vida matrimonial.

La propietaria de una tienda de modas, de cuarenta y dos años de edad, dijo:

–No te vuelvas a casar hasta transcurridos como mínimo dos años después del divorcio, porque necesitas plantearte las cosas y poner en orden tus ideas y así evitar volver a cometer los mismos errores. Si esperas más de cinco años, lo más probable es que no vuelvas a casarte. Y ello se debe a que te acomodas con tu forma de vida y contigo mismo. Después de ocupar tu vida con diversas actividades para mantenerte distraída, acabas descubriendo que eres capaz de hacer muchas cosas sola, sobre todo si eres pintor, escritor, artista, etc. La productividad aumenta cuando no tienes un hombre de quien ocuparte.

Una mujer tenía la siguiente frase colgada en la nevera:

–Hay hombres que saben cómo amar a una mujer y otros que no. Hay hombres que saben que unas suaves caricias con la lengua, recorriéndola desde la punta de los pies hasta las orejas, prolongándose de la forma más delicada posible en diversos lugares en medio de ambos extremos, ofrecidas con la suficiente frecuencia y la suficiente sinceridad, servirían para aumentar de manera inmensa la paz en el mundo.

Las entrevistas personales con este centenar de mujeres me enseñaron que la mayoría de las mujeres tienen una reserva prácticamente ilimitada de receptividad, empatía, compasión, flexibilidad y ternura. He llegado a admirar su habilidad para poder operar a un nivel distinto del rasero de ego aparente que es común a tantos hombres. Respeto especialmente su capacidad no visible de percibir y respetar. Venero la energía femenina. Nuestro mundo es infinitamente más rico gracias a ella, y también yo.

Las preguntas de la entrevista

En el orden en que fueron formuladas

Esta es la lista de las preguntas que formulé a las mujeres. Aparecen en el orden en que fueron planteadas. Seleccioné ochenta y dos de ellas para presentarlas en este trabajo. Le invito a utilizar la lista para evaluar a la mujer por la que se sienta interesado.

1. ¿Por qué hombres y mujeres no se llevan siempre bien? (Causas de conflicto).

2. ¿Qué puede hacer un hombre que le haga sentirse bien consigo misma?

3. ¿Cuál es su concepto de pasar un buen rato, como una tarde o una noche, en compañía de un hombre?

4. ¿Qué puede hacer un hombre que a usted le moleste o la haga sentirse incómoda durante una cita?

5. ¿Quién fue el primer hombre que tuvo una influencia positiva, importante, en su vida? ¿Qué edad tenía usted?

6. ¿Cuál es el punto número uno que quiere usted del matrimonio, o de la relación con un hombre?

7. ¿Cuál es el punto número dos que quiere usted del matrimonio, o de la relación con un hombre?

8. ¿Cómo responde usted a los hombres que dicen que el dinero es lo primero que ustedes quieren de ellos?

9. ¿Quién gasta más dinero? ¿El hombre o la mujer?

10. ¿Cuál opina que es la debilidad que la mayoría de los hombres tiene en común?

11. ¿Envidia alguna de las cualidades o características comunes a todos los hombres en general?

12. ¿Su mejor amigo es hombre o mujer?

13. ¿Qué importancia tiene que usted y su pareja tengan intereses, incluso vocaciones, similares?

14. ¿Qué significa para usted «sentirse cuidada»? ¿Qué cree que significa para el hombre promedio?

15. ¿Cómo define usted la intimidad? ¿Qué cree que la intimidad significa para un hombre?

16. ¿Se ha sentido alguna vez dominada por un hombre? ¿Cuáles fueron las circunstancias? ¿Qué opina sobre la dominación?

17. ¿Siente ahora, o ha sentido alguna vez, que un hombre la tenía como de su propiedad? ¿Qué opina sobre sentirse como una propiedad?

18. ¿Piensa que algún hombre de su vida la ha considerado más un objeto que una persona? ¿Qué opina sobre ello?

19. ¿Qué podría hacer un hombre (o su pareja) que provocara una sensación de falta de respeto o un desengaño?

20. ¿Cuál sería su reacción si descubriera que su pareja le ha mentido?

21. ¿Qué es lo que con toda seguridad desencadenaría el resentimiento o una pelea entre usted y su pareja?

22. ¿Qué importancia otorga a la posición social de un hombre al elegir con quién sale o se relaciona? (0 al 10)

23. ¿Qué es más importante para usted? ¿El poder adquisitivo actual de un hombre o el potencial poder adquisitivo que pueda tener en un futuro?

24. ¿Qué importancia tiene que usted mantenga una amistad íntima con un hombre? (0 al 10)

25. ¿Qué importancia tiene para usted el sexo? ¿Qué importancia tiene el sexo para el hombre? (0 al 10)

26. Describa su versión de un hombre sexy

27. ¿Quiere un hombre más alto o más bajo que usted? ¿Cuánto más alto o más bajo?

28. Si tuviese que olvidar para siempre los abrazos y las caricias u olvidar para siempre el sexo, ¿qué olvidaría?

29. Cuando no alcanza el orgasmo, ¿qué porcentaje del problema asigna a su pareja?

30. ¿Qué opina de un marido que se cree que puede mantener relaciones sexuales con su esposa cuando le apetezca?

31. ¿Cómo definiría a un hombre amoroso?

32. ¿Cómo responde usted a un hombre desconocido que se la come con los ojos? ¿A un hombre con quien mantiene una intimidad?

33. ¿Qué importancia le otorga al sentido del humor en una relación? (0 al 10)

34. ¿Cree que hay hombres que tienen miedo de las mujeres? ¿De qué cree que tienen miedo?

35. ¿Qué importancia tiene el sexo en su vida? (0 al 10) ¿Hacer el amor? (0 al 10)

36. ¿Existe alguna característica física concreta que la excite cuando conoce o ve a un hombre en una tienda, un aparcamiento, en la oficina o en una película? (¿Tiene una idea fija del aspecto que debería tener el hombre ideal?)

37. ¿Qué es lo que le atrae de un hombre?

38. ¿Qué piensa de un hombre que sitúa revistas tipo *Playboy* o *Penthouse* en la cabecera de sus lecturas?

39. ¿Cómo le gusta que el hombre controle sus enfados?

40. Un hombre que le cuenta abiertamente sus preocupaciones, ¿es para usted débil o fuerte?

41. ¿Qué es lo que para usted caracteriza a un hombre fuerte?

42. ¿Quiénes son, en su opinión, más egoístas, los hombres o las mujeres?

43. ¿Qué opina del bigote? Le gusta, no le gusta o le da igual. ¿Y de la barba? Le gusta, no le gusta o le da igual.

44. ¿Qué opina del pelo en el pecho? Le gusta, no le gusta o le da igual.

45. ¿Qué opina sobre el lenguaje obsceno y los hombres?

46. ¿En qué orden considera que los hombres quieren las siguientes cosas en una mujer: a) cuidado de la casa / cocina, b) sexo, c) compañía? ¿En qué orden las quiere usted?

47. Si un hombre dice que la quiere, ¿qué significa eso para usted?

48. ¿Qué obtiene usted del sexo? ¿Qué obtiene usted de hacer el amor?

49. ¿Tiene alguna preferencia con respecto a quién debería iniciar el encuentro sexual?

50. ¿Qué importancia le otorga al orgasmo? (0 al 10)

51. ¿Qué importancia tiene el tamaño del pene? ¿Lo prefiere usted grande, o no tan grande?

52. ¿Qué piensa de ofrecerle sexo oral a un hombre?

53. ¿Qué piensa de recibir sexo oral por parte de un hombre?

54. ¿Qué es más importante para usted? ¿Los estudios de un hombre o su inteligencia?

55. ¿Preferiría tener una pareja con más estudios que usted, igual o menos?

56. ¿Debería ser su pareja más inteligente que usted, igual o usted más inteligente que él?

57. ¿Espera trabajar o seguir una carrera profesional después del matrimonio?

58. ¿Qué porcentaje de las tareas de la casa espera que realice su pareja, a) si ambos trabajan, b) si sólo trabaja él?

59. ¿Qué importancia tiene (o tuvo), en algún momento de su vida, tener hijos? (0 al 10)

60. Alcohol y hombres... sus comentarios.

61. ¿Tacharía a un fumador de su lista de objetivos?

62. En su opinión, ¿quién tiene mayor fuerza de voluntad, los hombres o las mujeres, por ejemplo, para dejar de fumar o seguir una dieta?

63. ¿Qué tipo de relación prefiere que su pareja mantenga con a) su madre, b) sus hermanas, c) sus hijas, d) su ex esposa?

64. ¿Cuáles son sus comentarios sobre otras parejas de cama en la vida de su pareja: a) antes que usted, y b) durante su relación con usted?

65. ¿Por qué motivo decidió tener su primera experiencia sexual: a) plenitud romántica, b) el calor de la pasión, c) para deliberadamente perder la virginidad, d) curiosidad, e) violación?

66. ¿Cuál es su nivel de preocupación con respecto al herpes (0 al 10), el SIDA (0 al 10) y otras enfermedades de transmisión sexual (0 al 10)?

67. ¿Preferiría que su pareja tuviese un trabajo en el que se sintiera infeliz, pero que estuviera bien remunerado, antes que un trabajo que le gustase, pero peor pagado?

68. ¿Qué piensa que sienten los hombres con respecto a la mujer que tiene un trabajo mejor remunerado que ellos y/o más prestigioso?

69. ¿Qué es lo que más le disgustaría que un hombre esperase de usted?

70. ¿Cómo gastaría o utilizaría una cantidad importante de dinero adicional que han conseguido reunir usted y su pareja?

71. ¿Qué diferencia de edad desea tener con un hombre?

72. ¿Cómo le gusta que vista su pareja?

73. ¿Cuánto tiempo es para usted un retraso en una cita?

74. Religión y su hombre... comentarios.

75. ¿Qué opina sobre el hombre que se niega a contratar un seguro de vida que cubra sus necesidades en caso de fallecimiento?

76. Modales y comportamiento social... ¿cuáles son sus comentarios?

77. ¿Qué opina de los fanfarrones?

78. ¿Qué importancia le otorga a que su pareja sea un hombre mañoso? (0 al 10)

79. ¿Qué importancia le otorga a que una parte de su casa sea un espacio exclusivamente para usted? (0 al 10)

80. ¿Qué importancia le otorga a tener tiempo para usted de vez en cuando?

81. ¿Qué es lo que convierte una casa en un hogar?

82. Nombre tres o cuatro elementos que crean 1) un buen matrimonio, 2) un buen marido.

83. ¿Qué podría hacer un hombre, inesperadamente, que la sorprendiera agradablemente?

84. ¿Le gustan generalmente los hombres, o generalmente no le gustan? ¿Los respeta o no los respeta?

85. Mirando en retrospectiva todas sus experiencias con hombres hasta este momento, ¿podría decirse que su influencia total sobre su vida es positiva o negativa? Dé ejemplos de ambos casos.

86. ¿Se casaría con un hombre con fallos, con la esperanza de que cambie más adelante?

87. Si tuviera una varita mágica y pudiese realizar con ella un cambio en su pareja, ¿qué cambiaría?

88. ¿Cómo reacciona ante los hombres con actitudes de macho?

89. ¿Cómo piensa que la mayoría de los hombres perciben a las mujeres?

90. ¿Qué podría hacer su pareja, o no hacer, que le hiciese plantearse tener una aventura de una noche o, incluso, un romance?

91. ¿Qué consejo le daría al hombre que quiere salir con usted?

92. ¿Qué cosas la desmotivan cuando sale por primera vez con un hombre y se hace una idea sobre él?

93. ¿Qué espera obtener de la vida?

94. ¿Se ha divorciado alguna vez?

95. ¿Quién inició su divorcio?

96. ¿Cuál fue la gota que colmó el vaso?

97. ¿Se ha divorciado más de una vez?

98. ¿La pegaron de pequeña? ¿Y de adulta?

99. ¿Sufrió palizas emocionales de pequeña? ¿Y de adulta?

100. ¿Se ha sentido en alguna ocasión emocionalmente necesitada? ¿Bajo qué circunstancias?

101. ¿Sufrió abusos de pequeña? ¿Por parte de quién?

102. ¿Fue violada de pequeña? ¿Y de adulta?

103. ¿Fue violada alguna vez por su marido?

104. ¿Se ha sentido alguna vez violada mentalmente?

105. Está usted:

¿Casada? a) felizmente, b) infelizmente

¿Separada? a) felizmente, b) infelizmente

¿Viuda? a) felizmente, b) infelizmente

¿Soltera? a) felizmente, b) infelizmente

¿Prometida? a) felizmente, b) infelizmente

106. ¿Qué es, o era, lo que más le gusta de estar soltera?

107. ¿Qué es lo que no le gusta de estar soltera?

108. ¿Qué estudios tiene? ¿Qué estudios tiene su marido o su novio?

109. ¿Cuál es su profesión? ¿Cuál es la de su marido o su novio?

110. Desde su infancia, ¿ha tenido siempre una fantasía sobre lo que sería su vida? De ser así, ¿hasta qué punto la fantasía ha dirigido su vida de adulta?

Se tomó debida nota de la edad, raza y lugar de residencia de todas las entrevistadas.